Robotik und Recht

Herausgegeben von

Prof. Dr. Dr. Eric Hilgendorf, Universität Würzburg
Dr. Susanne Beck, LL.M., Universität Würzburg

Band 1

Dr. Susanne Beck, LL.M. (Hrsg.)

Jenseits von Mensch und Maschine

Ethische und rechtliche Fragen zum Umgang mit Robotern, Künstlicher Intelligenz und Cyborgs

Nomos

Die Deutsche Bibliothek verzeichnet diese Publikation in der Deutschen Nationalbibliografie; detaillierte bibliografische Daten sind im Internet über http://dnb.ddb.de abrufbar.

ISBN 978-3-8329-7188-5

1. Auflage 2012

Vorwort

„Recht, Wissenschaft und Technik“ lautete das Motto des Weltkongresses der Internationalen Vereinigung für Rechts- und Sozialphilosophie (IVR), in dessen Rahmen der diesem Band zugrundeliegende Workshop stattfand. Es sei deshalb zunächst dem Vorstand der IVR sowie den Veranstaltern und Organisatoren des Weltkongresses für die spannende, inspirierende und lehrreiche Tagung gedankt. Sie war der perfekte Ort für die vertiefte Diskussion einer aktuellen technologischen Entwicklung, die die Gesellschaft in den nächsten Jahren stark prägen wird: Die Robotik und die Maschinisierung des Menschen. Gerade zukunftsträchtige Themen bedürfen eines derart offenen, interdisziplinären und im positivsten Sinne streitbaren Rahmens, wie er auf dieser Tagung geschaffen wurde. Dementsprechend und dank der kompetenten und kenntnisreichen Referenten verlief die Diskussion auf dem Special-Workshop „Person, Verantwortung, Grenzen des Rechts – alte Debatten im neuen Kontext ‚Robotik und Künstliche Intelligenz‘“ angeregt, tiefgehend und lieferte trotz oder gerade wegen der teilweise unterschiedlichen philosophischen Grundausrichtung der Beteiligten viele neue Erkenntnisse.

Der Workshop und auch dieser Band sind eng verknüpft mit verschiedenen Projekten der Forschungsstelle Robotrecht (Universität Würzburg), die von Prof. Dr. Dr. Eric Hilgendorf geleitet wird, insbesondere mit dem von der DFG finanzierten Projekt „Robotik und Recht“. Prof. Hilgendorf gebührt besonderer Dank dafür, dass er stets an die Bedeutung dieses zunächst ungewöhnlichen Themas glaubte, für seine zahlreichen inhaltlichen Vorschläge, die organisatorische Hilfe und den Freiraum, den er seinen Mitarbeitern für das Entwickeln, Diskutieren und Umsetzen verschiedenster Ideen schafft. Auch Prof. Dr. Klaus Schilling (gemeinsam mit Prof. Hilgendorf Leiter des DFG-Projekts „Robotik und Recht“) und sein Mitarbeiter Daniel Eck unterstützen uns Rechtswissenschaftler stets mit zahlreichen Informationen über den aktuellen Stand der Technik. Alle an diesen Projekten Beteiligten haben auf unterschiedlichste Weise, durch Anregungen, Unterstützung bei der Vorbereitung, Recherchearbeit oder Korrekturarbeiten die Entwicklung und Fertigstellung dieses Bandes ermöglicht. Ein spezieller Dank gilt Jan-Philipp Günther, der nicht nur in fachlicher Hinsicht, sondern dank seines unermüdlichen Engagements und seiner unerschütterlichen Gelassenheit für die Umsetzung von Projekten wie dem vorliegenden Band unverzichtbar ist. Herzlich gedankt sei ebenfalls Frau Anna Kristina Scheffner und Herrn Christian Krauße für die tatkräftige Unterstützung bei der Fertigstellung des Bandes.

Würzburg, im März 2012 Susanne Beck

Inhaltsverzeichnis

Roboter und Cyborgs – erobern sie unsere Welt?

Eine nicht-futurologische Einführung in die Thematik

Susanne Beck, Würzburg

> „Wie ist es denn nun: Bin ich eine bloße Intention, oder spricht zu euch die menschenleere Öde von ineinander verschlungenen Programmen, die sich durch semantische Selbstdestillation inzwischen so verfeinert haben, daß sie sich vor euren Augen zu etwas verpuppen, das euch ähnlich ist, um stumm geworden wieder in den Raum von Gedanken zurückzukehren, die von niemandem gedacht werden?"[1]

Wissenschaftliche Überlegungen zum rechtlichen Umgang mit Robotern und Künstlicher Intelligenz mit den griffigen Zitaten der unerschöpflichen Science-Fiction-Literatur einzuleiten, ist riskant: Die Bezugnahme auf ein literarisches Genre, das sich durch fantasievolles und geradezu bewusst surreales Ausmalen zukünftiger Welten auszeichnet, hinterlässt nicht gerade den Eindruck einer ernsthaften, gegenwartsbezogenen rechtswissenschaftlichen Betrachtung. Dennoch wird das Risiko hier eingegangen, denn zum einen haben Autoren wie *Isaac Asimov* oder *Stanislaw Lem* viele der Fragen, die in diesem Zusammenhang von Bedeutung sein könnten, bereits gestellt und diskutiert (und das nicht selten in einer dem typischen Wissenschaftler unzugänglichen Kunstfertigkeit im Umgang mit Sprache). Zum anderen unternimmt die folgende Einführung in die Thematik den Versuch, dem Leser nahezulegen, dass zumindest einige der Vorstellungen in den nächsten Jahren durchaus zu einer relevanten und diskussionsbedürftigen Wirklichkeit werden könnten.

Die Untersuchungen in diesem Band erfolgten in dem Bewusstsein, dass Diskussionen über technologische Entwicklungen immer die Gefahr eines „futurologischen Fehlschlusses"[2] mit sich bringen. Dennoch ist es nötig, sich mit Veränderungen, die die Gesellschaft bald prägen werden, auseinanderzusetzen. Und dass dies für die Entwicklungen in der Robotik, Künstlichen Intelligenz und der Maschinisierung des Menschen der Fall ist, kann bei Betrachtung der aktuellen Resultate und geplanten Forschungen kaum noch bestritten werden.

1 *Lem*, Also sprach Golem, 1986, S. 103.

2 *Sturma*, Autonomie. Über Personen, Künstliche Intelligenz und Robotik, in: *Christaller/Wehner* (Hrsg.), Autonome Maschinen, 2003, S. 38 (49).

A. *Künstliche Gelenke, Hirnschrittmacher, Nanobots – sind wir bereits Cyborgs?*

Die Maschinisierung des Menschen hat sich in den letzten Jahren deutlich weiterentwickelt.[3] Schon seit vielen Jahrzehnten werden in der Medizin künstliche Gelenke und Herzschrittmacher eingesetzt. Diese verändern möglicherweise bereits das Bewusstsein bezüglich des eigenen Körpers,[4] bewirken jedoch noch keine Veränderung der Persönlichkeit der Patienten.

Andere Auswirkungen hat dagegen der seit kurzem in der medizinischen Praxis zu findende „Hirnschrittmacher“. Durch Gehirnstimulation sollen diese Maschinen die Symptome von Parkinson reduzieren, haben jedoch nachweislich auch Auswirkungen auf die Stimmungen, Gefühle, möglicherweise auch die Gedanken der Patienten. Bei einigen von ihnen zeigte sich etwa eine Besserung der depressiven Symptomatik, weswegen die Maschinen im Folgenden auch bei stark depressiven Patienten unabhängig von sonstigen, körperlich manifestierten Krankheiten eingesetzt wurden. Überdies ergaben die – bisher nur in geringer Anzahl vorhandenen – Fallbeobachtungen, dass einige Patienten psychische Auffälligkeiten entwickelten (z.B. Manie, Kleptomanie) oder sich zumindest in ihrer Persönlichkeit insgesamt deutlich veränderten.[5]

Da die Anzahl von Patienten mit Hirnschrittmacher noch relativ gering ist, sind fundierte statistische Aussagen über die Wirkungen bisher nicht möglich. Es ist deshalb auch derzeit noch unklar, ob die persönlichkeitsverändernden Wir-

3 *Beck*, Enhancement – die fehlende rechtliche Debatte eines gesellschaftlichen Problems, MedR 2006, S. 95 ff.; *Merkel*, Neuartige Eingriffe ins Gehirn, ZStW 121 (2009), S. 919 ff.

4 Nach *Gesang*, Perfektionierung des Menschen, 2007, S. 25 versteht die Gesellschaft unter Cyborgs „Wesen […], bei denen es zu ihrem Wesen und Selbstverständnis gehört, keine rein biologische Lebensform zu sein“; auch im Beitrag von *Köchy/Norwig*, Von der Neuroethik zur Neuroanthropologie, in: *Scharifi* (Hrsg.), Brauchen wir eine neue Moral?, 2011, S. 47 ff. finden sich deutliche Hinweise auf diese Veränderung – die Rede ist von der „(Ver-)Technisierung des menschlichen Körpers“ (S. 49), dem „Status als Mensch […] in Abgrenzung zu technischen Artefakten (Maschinen)“ (S. 50). Nach Meinung der Autoren wird durch die aktuellen Entwicklungen „die Maschine-Mensch-Grenze […] tangiert“ (S. 64); vgl. überdies *Grunwald*, Neue Gehirn-Computer-Schnittstellen: Schritte auf dem Weg zur Technisierung des Menschen?, in: *Hildt/Engels* (Hrsg.), Der implantierte Mensch, 2009, S. 183 (201 ff.); *Rammert*, Technik – Handeln – Wissen: Zu einer pragmatischen Technik- und Sozialtheorie, 2007, S. 171 f.

5 *Gesang* (o. Fn. 4), S. 26 f. mit Hinweis auf *Bothe*, Neurobionik. Zukunftsmedizin mit mikroelektronischen Implantaten, 1998; *Groß*, Neuro-Enhancement unter besonderer Berücksichtigung neurobionischer Maßnahmen, in: *Wienke u.a.* (Hrsg.), Die Verbesserung des Menschen, 2009, S. 85 (91 f.).

kungen nur immer dann eintreten, wenn die Maschine eingeschaltet ist oder ob ihr Einsatz überdies zu dauerhaften Veränderungen der Hirnströme und damit der Persönlichkeit führt. Die Ergebnisse aus den bisherigen Fallstudien sind aber zumindest deutliche Anzeichen für die – auch nach Alltagserfahrung plausible – Annahme, dass die direkte Beeinflussung neuronaler Vorgänge von anderer Qualität ist als die maschinelle Ersetzung einzelner, spezifischer Körperfunktionen wie das Bewegen des Hüftgelenks oder der Herzschlag. Das zeigt sich nicht zuletzt an den aktuellen Forschungen: Menschenaffen werden mit derartigen Geräten dazu trainiert, nur mittels ihres Gehirns Maschinen steuern zu können und im Gegenzug die sensorischen Empfindungen dieser Maschinen zu fühlen.[6] Eine denkbare praktische Anwendung dieser Forschungen könnte die Wiederherstellung der Flexibilität für Querschnittsgelähmte sein.

Doch die maschinelle Durchdringung des Menschen wird in den nächsten Jahren noch weit über die „Tiefe Hirnstimulation“ (Deep Brain Stimulation, DPS) hinausgehen. Möglicherweise werden wir einen Chip in unseren Unterarm einpflanzen, in dem sich alle gesundheitsrelevanten Informationen finden (Allergien, Blutgruppe, Patientenverfügungen), falls wir in einem Notfall nicht mehr selbst Auskunft geben können. Es ist zudem durchaus im Bereich des Möglichen, dass unsere Körper, unsere Fähigkeiten, und damit wahrscheinlich auch unser Selbstverständnis, sich massiv verändern werden. So wird etwa bereits jetzt an sogenannten „Nanobots“[7] geforscht (andere Nanotechnologie wird bereits jetzt eingesetzt – etwa bei Deodorants – ohne dass man weiß, welche Folgen das für den menschlichen Körper haben kann). Diese Nanobots sollen Fehlfunktionen im Körper aufspüren und diese gegebenenfalls auch reparieren können.[8]

Nicht nur auf diese Weise werden Fehlfunktionen behoben werden: Bereits jetzt gibt es künstliche Sinnesorgane und Nervenverbindungen. Deren Entwick-

6 *Lebedev u.a.*, Cortical ensemble adaptation to represent actuators controlled by a brain machine interface. J. Neurosci. 25 (2005), S. 4681 ff.; *Kipke u.a.*, Advanced Neurotechnologies for Chronic Neural Interfaces: New Horizons and Clinical Opportunities, J. Neurosci. 28 (2008), S. 11830 ff.; Zur insoweit wegweisenden, wenn auch höchst umstrittenen Forschung von *Nicolelis* vgl. http://www.nicolelislab.net/; vgl. zudem im Überblick *Müller*, EEG-basierte Systeme und Brain Machine Interfaces: Direkte Steuerung von Geräten durch Gedanken, in: *Müller u.a.* (Hrsg.), Chancen und Risiken der Neurowissenschaften, 2009, S. 71 ff.

7 *Clark/Pazdernik*, Molekulare Biotechnologie, 2009, S. 636; vgl. auch http://www.crnano.org/; http://www.heise.de/tp/r4/artikel/16/16297/1.html.

8 Zu gewagt die Prognose von Kurzweil, dass auf diese Weise Unsterblichkeit erreicht werden könnte, vgl. etwa *Kurzweil*, The Age of Spiritual Machines, 1999.

lung und Einsatz wird stark zunehmen – und nicht zuletzt zu einer im Vergleich zu den natürlichen Sinnen „optimierten" Wahrnehmung der Außenwelt führen: Künstliche Augen, die den Blick eines Raubvogels nachahmen, bei Nacht sehen oder als Ersatz für ein gesundes Auge neben dessen Wahrnehmung der Realität zusätzlich den Inhalt eines Computerbildschirms einblenden könnten, werden insbesondere beim Militär auf große Resonanz stoßen.[9] Ähnliches gilt für eine Verbesserung des Gehörs, des Geruchssinns, des Tastsinns, etc. Exo-Skelette, die über das Gehirn gesteuert werden, könnten ebenfalls beim Militär oder bei bestimmten Berufstätigkeiten, bei denen schwere Lasten getragen oder lange Wege zurückgelegt werden, Einsatz finden.

Denkbar ist schließlich auch, dass die Verbindung zwischen menschlichem Gehirn und Maschinen dergestalt optimiert wird, dass wir mittels unserer Gedanken Fahrzeuge steuern[10], Waffen abfeuern, Computer bedienen, auf das Internet zugreifen und miteinander kommunizieren können.[11] Auch diesbezüglich ist davon auszugehen, dass das Militär Vorreiter bei Forschung und Finanzierung sein wird,[12] doch wie in anderen Bereichen werden die Ergebnisse schon bald ihren Einzug in das zivile Leben finden. Eine derartige maschinelle Ausweitung der Körpergrenzen wird die menschlichen Möglichkeiten erheblich erweitern.

Diese Entwicklungen zeigen deutlich, welche erheblichen Veränderungen der Gesellschaft durch die Maschinisierung des Menschen bevorstehen. Nicht nur das Selbstverständnis wird sich wandeln, der Mensch wird über völlig andere Fähigkeiten verfügen. Aber auch die Gefährlichkeit, die von Individuen ausgeht, wird sich im Vergleich zu heute deutlich erhöhen. Durch die Möglichkeit, sich maschinell zu optimieren, kann ein gesellschaftlicher Druck entstehen, diese Optionen wahrzunehmen, um mit den Leistungen der optimierten Maschinenmenschen mithalten zu können. Einerseits können derartige Möglichkeiten der Verbesserung dazu dienen, bestehende Ungleichheiten auszugleichen (etwa indem sich Menschen mit schlechtem Sehvermögen bessere Augen einsetzen lassen oder Konzentrations- und Gedächtnisschwächen maschinell verringert werden). Da sich jedoch nicht alle derartig teure Eingriffe leisten werden können, er-

9 Zu den Überlegungen des Militärs vgl. *Kaufmann*, Der digitale Soldat, in: *Apelt* (Hrsg.), Forschungsthema: Militär, 2010, S. 271 (277 ff.), wobei die aktuelle militärische Forschung noch primär auf die Ausrüstung des Soldaten, etwa eine Technologisierung seines Kampfanzugs, ausgerichtet ist.

10 In einem weiteren Sinne ist das bereits möglich (Brain Driver), wobei der Steuerungsmechanismus in diesen Fällen nicht in den Körper des Steuernden implantiert ist. Vgl. http://autonomos.inf.fu-berlin.de/news/brain-driver.

11 *Merkel* (o. Fn. 3), S. 927 f. m.w.N.

12 *Kaufmann* (o. Fn. 9), S. 271 ff.

scheint gleichzeitig eine Verfestigung bestehender materieller Ungleichheiten denkbar.

Dass derartige Entwicklungen ethische und rechtliche Probleme aufwerfen, lässt sich kaum bezweifeln.[13] Auf den ersten Blick stellen sich beispielsweise Fragen nach der Schuldfähigkeit von Menschen mit Hirnschrittmachern, nach der Reichweite der Aufklärungspflicht von Ärzten bei der Anwendung von extrem riskanten und kaum erforschten Methoden, nach der Finanzierung durch das Gesundheitssystem. Weiterhin ist zu diskutieren, welche Maschinisierungen überhaupt und unter welchen Bedingungen zugelassen werden sollen, ob eine Beschränkung auf Anwendungen für bestimmte Krankheiten erforderlich ist, bzw. ob es überhaupt zulässig ist, staatlicherseits Optimierungen des Menschen zu verbieten. Dies sind nur einige der Probleme, die sich der Ethik und der Rechtswissenschaft in diesem Kontext stellen werden. Es ist sicherlich streitbar, ab welchem Zeitpunkt man sich mit ihnen beschäftigen muss. Da die Entwicklung jedoch bereits begonnen hat und derzeit noch ohne kontroverse öffentliche Debatte ihren Lauf nimmt, erscheint es doch ratsam, frühzeitig zu überlegen, ob ihr Grenzen gesetzt werden sollten – zumindest bevor vollendete Tatsachen geschaffen wurden, die nicht mehr rückgängig zu machen sind.[14] Bei dieser Auseinandersetzung ist dann bewusst zwischen bereits vorhandenen, in der Forschung befindlichen und nur visionären Entwicklungen zu trennen.

B. Intelligente Maschinen – werden sie uns bald überholen?

Der Mensch der Zukunft wird also voraussichtlich immer mehr zu einer Maschine werden. Doch auch die Maschinen werden dem Menschen bereits jetzt immer ähnlicher. Die Forschung im Bereich der Robotik und Künstlichen Intelligenz orientiert sich vermehrt am menschlichen Vorbild – sowohl bezüglich des äußeren Erscheinungsbilds (nicht zuletzt aufgrund der stärkeren sozialen Akzeptanz) als auch bezüglich der Denkstrukturen,[15] Selbstwahrnehmung, Lösungsstrategien,[16] ja sogar möglicherweise bezüglich der Emotionen.

13 *Gesang* (o. Fn. 4), S. 129 ff.; zu einer vergleichbaren Debatte im Bereich des Neuro-Enhancements vgl. etwa die Beiträge in *Hildt/Engels*, Der implantierte Mensch, 2009; *Schöne-Seifert u.a.* (Hrsg.), Neuro-Enhancement, 2009.

14 Interessant diesbezüglich etwa die Vorschläge der *European Group on Ethics (EGE)*, Ethical Aspects of ICT implants in the human body, 2005, S. 33.

15 Zu einem Überblick über die verschiedenen Arten von künstlicher Intelligenz vgl. *Dietrich u.a.*, Neue Wege der kognitiven Wissenschaft im Bereich der Automation, Elektro-

Nicht alle Roboter der Gegenwart und Zukunft orientieren sich am Menschen. Insgesamt wird aber ihre Teilnahme am sozialen Leben erheblich zunehmen. Es wird Maschinen geben, die unseren Haushalt führen, die uns automatisiert von einem zu einem anderen Ort transportieren, in der Altenpflege mitwirken, in Katastrophensituationen nach Opfern suchen, selbständig Operationen durchführen. Unser Handy wird nicht nur unseren Alltag planen, sondern auch bei mehr oder weniger anspruchsvollen Problemen ein Ansprechpartner und Ratgeber sein. Die Wohnungen und Arbeitsplätze der Zukunft werden „intelligent" sein – Kühlschränke werden entsprechend den Vorlieben der Bewohner direkt über das Internet das Essen bestellen, bei älteren Menschen werden Sensoren ihre Gesundheit überwachen und sicherstellen, dass sie sich regelmäßig in der Wohnung bewegen.

Elektronische Agenten schließen schon jetzt selbständig Verträge nach bestimmten – mehr oder weniger konkreten – Vorgaben ab. Auch ihre Aufgaben und Kompetenzen werden in Zukunft deutlich zunehmen. Besonders komplex wird ihr Verhalten in der Interaktion: Multiagentensysteme mit mehr als tausend technischen Agenten lösen bereits heute Probleme kollektiv, orientiert an sozialen Systemen, und sind dementsprechend unvorhersehbar.

All diese Maschinen unterscheiden sich in ihrem Handeln und den Interaktionen zu Menschen deutlich von traditionellen Maschinen.[17] Letztere handeln umfassend determiniert, ausschließlich entsprechend ihrer Programmierung und ohne die Fähigkeit, sich auf Veränderungen ihrer Umgebung einzustellen. Ihre Handlungen sind umfassend vorhersehbar, und bei Fehlfunktionen ist zumindest in der Regel feststellbar, worauf sie basieren.[18] Sie erweitern die Handlungsmöglichkeiten des Menschen, haben selbst jedoch keine.

Diese Fakten treffen für moderne Maschinen bereits jetzt nicht mehr zu und werden in Zukunft noch seltener eindeutig vorliegen. Moderne Maschinen[19] entwickeln selbst Problemlösungen, nehmen ihre Umwelt wahr und treffen diesbe-

technik & Informationstechnik, 2008, S. 180 (191); vgl. überdies *Euchner*, Der künstliche verbesserte Mensch und die „künstliche Intelligenz" – Vorgeschichte und aktuelle Diskussion, Leviathan 33 (1), 2005, S. 40 (41); *Weng/Chen/Sun,* Toward the Human Robot Co-Existence Society: On Safety Intelligence for Next Generation Robots, International Journal of Social Robots, 2009, S. 267 ff.

16 *Ertel*, Grundkurs künstliche Intelligenz, 2009, S. 121 ff.

17 *Rammert*, Technik in Aktion: Verteiltes Handeln in soziotechnischen Konstellationen, in: *Christaller/Wehner* (Hrsg.), Autonome Maschinen, 2003, S. 289 (293).

18 Vgl. etwa *Schmitt-Thomas*, Integrierte Schadensanalyse, 2. Aufl. 2005, S. 10.

19 Zu einem Überblick über die bisherige und geplante Entwicklung vgl. *Brooks*, Menschmaschinen, 2002.

züglich bis zu einem gewissen Grad „autonom“[20] Entscheidungen. Diese Entscheidungen sind insbesondere nicht vorhersehbar und berechenbar, weil zumindest einige dieser Maschinen durch Wahrnehmung der Umwelt, Beobachtung, Versuche verschiedener Handlungsalternativen, etc., in einem gewissen Sinne dazulernen können. Auch wird retrospektiv gerade nicht mehr ohne Schwierigkeiten feststellbar sein, ob sich ein bestimmtes „falsches“ Verhalten direkt aus der Programmierung, aus der späteren Unterrichtung oder aus anderen Umwelteinflüssen ergibt. Bei neuronalen Netzen nachempfundenen Verknüpfungen ist die nachträgliche Veränderung dieser Verbindungen derart komplex, dass sie schon faktisch im Nachhinein nicht mehr nachvollzogen werden können. Dies wird voraussichtlich zu einer verstärkten Unkontrollierbarkeit und Unvorhersehbarkeit der Maschinen führen.

Doch auch die Beziehungen zwischen Menschen und Maschinen werden sich durch diese Entwicklungen verändern. Handlungen können oft nicht mehr eindeutig nur einem Menschen oder nur einer Maschine zugeordnet werden. Die Abhängigkeit der Menschen von den Maschinen wird zunehmen. Interaktionen werden sich verändern, wenn die konkrete Handlung der Maschine nicht immer vorhersehbar ist und wenn der Maschine menschenähnliche Fähigkeiten zugesprochen werden. Je menschenähnlicher die Maschinen aussehen,[21] sich verhalten und sich ausdrücken werden, desto stärker werden sie von den mit ihnen interagierenden Menschen in einem gewissen Sinne „personifiziert“ werden. Das sind derzeit zwar weithin noch bloße Vermutungen, einige Ansätze dieser Entwicklungen sind jedoch bereits erkennbar: Sei es die Phase, in denen man überall nur noch Kindern mit „Tamagotchis“ begegnete, sei es die vermenschlichte Sprache, die Roboterforscher und -hersteller oft verwenden, seien es die Untersuchungsergebnisse, die zeigen, dass Menschen einem androiden Roboter intuitiv eine ihnen ähnlichere Intelligenz unterstellen als Maschinen, denen man ihr „Maschine-Sein“ deutlich ansieht.[22]

20 Die Verwendung dieses Begriffs ist im diesem Zusammenhang problematisch, weil die Forscher und Hersteller im Bereich der Robotik ihn völlig anders verwenden als beispielsweise die Ethik oder die Rechtswissenschaften. Im Folgenden wird der Begriff im primär technisch-naturwissenschaftlichen Sinne der Robotik verwendet.

21 Zur Entwicklung von derartigen Robotern *Decker*, Ein Abbild des Menschen: Humanoide Roboter, in: *Bölker/Gutmann/Hesse* (Hrsg.), Information und Menschenbild, 2010, S. 41 ff.

22 *Bretthauer u.a.*, Mechatronische Konzepte zur Verbesserung der Mensch-Maschine-Interaktion, 2002, unterstellen eine bessere „Akzeptanz eines Roboters durch seinen Bediener oder Nutzer“, wenn der Roboter humanoid ausgestaltet ist (S. 1). Zudem „wird ein Mensch einen Roboter am ehesten als Partner und Mitarbeiter akzeptieren, wenn sein

Auch die Veränderungen der Maschinen führen zu praktischen und theoretischen Fragen in Recht und Ethik. Beispielsweise ist zu klären, wie weit die menschliche Verantwortung für eine Maschine, die innerhalb eines vorgegebenen Rahmens eigenständige Entscheidungen trifft, reicht. Wenn etwa trotz – oder gerade wegen – des Einsatzes einer Einparkhilfe ein Unfall verursacht wird, wird aktuell noch davon ausgegangen, dass grundsätzlich der Fahrer haftet.[23] Dies erscheint angesichts dessen, dass Sinn und Zweck einer immer stärkeren Automatisierung auch die Entlastung der Nutzer der Maschinen ist, zumindest reflexionsbedürftig. Verträge werden von elektronischen Agenten geschlossen, ohne dass geklärt ist, ob es sich dabei um eine rechtlich relevante Handlung dieser Agenten oder der ihn einsetzenden Menschen handelt.

Dies schließt die Frage an, ob es Bereiche gibt – etwa das Militär oder die ärztliche Heilbehandlung – in denen eine Übertragung der Entscheidungen auf Maschinen generell unvertretbar scheint. Es ist überdies erforderlich, bereits vorab neue Verantwortungskonzepte zu entwickeln, die eine klare Aufgaben- und Haftungsverteilung zwischen Mensch und Maschine ermöglichen. Die Haftung muss überdies zwischen den an Herstellung, Produktion und Nutzung der Maschine beteiligten Menschen aufgeteilt werden. Hierfür werden inzwischen unterschiedliche Konzepte diskutiert, von Haftungspools über ein Roboterregister bis hin zu einer juristischen Personen ähnlichen Konstruktion, bei der die Haftung zumindest symbolisch in der Maschine „gebündelt" wird.

Wenn die gesellschaftliche Wahrnehmung und Akzeptanz dieser neuen Maschinen sich dahingehend verändert, dass sie vermehrt als „Person" betrachtet werden, wird es überdies erforderlich sein, die gesellschaftliche Grenzziehung zwischen zugehörigen und externen Entitäten neu zu diskutieren. Sowohl die Ethik als auch das Recht müssen sich der Einordnung und Kategorisierung derartiger Phänomene stellen und sich in diesem Kontext mit Konzepten wie „Person" oder „Schuld" und den Mechanismen hinter diesen Konzeptionierungen neu befassen.

Einige Prognosen über das menschliche Zusammenleben mit Robotern lassen eine negative Entwicklung, etwa eine Entfremdung zwischen den Menschen durch Rückgriff auf perfekt programmierbare Sozialpartner oder einen erheblichen Kontrollverlust durch die zunehmende Verwendung von Maschinen in

Äußeres nicht furchterregend ist und wenn dessen Bewegungen für ihn berechenbar sind." (S. 1); Vgl. überdies *Burghart u.a.*, Kognitive Architekturen für humanoide Roboter: Anforderungen, Überblick und Vergleich, in: *Mikut* (Hrsg.), Proc.17.Workshop Computational Intelligence, Dortmund, 5.-7.Dezember 2007, S. 57 (57).

23 AG München, Urteil vom 19.07.2007 (Az 275 C 15658/07) = NJW-RR 2008, 40.

allen Lebensbereichen, befürchten. Ethik und Rechtswissenschaft sind aufgefordert, die Möglichkeit der Steuerung derartiger Gesamtentwicklungen zu diskutieren und gegebenenfalls Lösungskonzepte zu entwickeln.

C. Bisherige Diskussion und Weiterentwicklung der Debatte

Sowohl die Maschinisierung des Menschen als auch die Entwicklungen in der Robotik werden in der philosophischen und ethischen Debatte inzwischen verstäkt berücksichtigt. Schon lange finden sich philosophische Überlegungen dazu, ob und unter welchen Bedingungen Maschinen „denken", bzw. als intelligent bezeichnet werden können, wann sie als menschenähnlich anzusehen oder unabhängig davon als moralische Entität zu kategorisieren wären.[24] Auch über den Status und Umgang mit Mensch-Maschinen finden sich gelegentlich theoretische Diskussionen.[25] Die aktuelle Debatte unterscheidet sich von den traditionellen Überlegungen insbesondere dadurch, dass sie hinterfragt, ob der strikte Dualismus zwischen Mensch und Maschine in der bestehenden Form aufrecht erhalten werden kann oder ob die Debatte in Zukunft nicht vielmehr *Jenseits von Mensch und Maschine* stattfinden müsste. Als erforderlich wird im Anschluss an diese Vorfrage eine detaillierte Auseinandersetzung mit der Frage angesehen, wie sich die Auflösung des Dualismus auf die bestehenden sozialen Konzepte auswirken könnte.[26]

24 *Echterhoff/Bohner/Siebler*, "Social Robotics" und Mensch-Maschine-Interaktion, Zeitschrift für Sozialpsychologie, 37 (4), 2006, S. 219 (221, 223); *DiSalvo u.a.*, All robots are not created equal: The design and perception of humanoid robot heads, in: DIS Conference Proceedings, London, England, June 25–28, 2002, S. 321 ff.

25 Zu rechtlichen Fallgestaltungen *Beck*, Grundlegende Fragen zum rechtlichen Umgang mit der Robotik, JR 2009, S. 225 (227); vgl. hierzu auch das DFG-Projekt „Die Entwicklung von Servicerobotern und humanoiden Robotern im Kulturvergleich – Europa und Japan" unter der Leitung von *Lindemann* (http://www.robo-com.uni-oldenburg.de/).

26 *Faßler*, Hybridität: welche Realität wie?, in: *Christaller/Wehner* (Hrsg.), Autonome Maschinen, 2003, S. 268 ff.; *Rammert*, (o. Fn. 17) S. 291 ff.; eine ähnliche Debatte über den Dualismus zwischen Mensch und Tier findet sich bei *Singer* und *Cavalieri* (*Cavalieri/Singer* (Hrsg.), The Great Ape Project. Equality Beyond Humanity, 1993). Seit gut 15 Jahren wird diskutiert, ob Menschenaffen in die „community of equals" aufzunehmen, also als „Personen" anzusehen sind – unter anderem mit der Begründung, dass Menschenaffen sich in andere Wesen hineinversetzen und in die Zukunft denken können, weshalb ihre Leidensfähigkeit der menschlichen hinreichend ähneln dürfte, vgl. *Sommer*, Evolution ernst nehmen, in: *Oehler* (Hrsg.), Der Mensch – Evolution, Natur und Kultur, 2010, S. 39 (54).

Ethische Diskussionen finden sich zur Zulässigkeit der Entwicklung menschenähnlicher Maschinen, insbesondere wenn diese dann als eine Art „Sklaven" gehalten werden sollen und zudem in körperlicher Hinsicht beeinträchtigt wären.[27] Aber auch zum Schutz des Menschen könnte eine Einschränkung dieser Forschung geboten sein.[28] Weiterhin finden sich Überlegungen, welcher Umgang mit derartigen Maschinen, sollten sie künftig existieren, moralisch geboten wäre.[29] Auch die aktuelle Situation, nach der die Schädigungen durch Maschinen nicht ohne Weiteres einem Menschen zugerechnet werden können, wird aus moralischer Sicht diskutiert.[30]

Bezüglich der Maschinisierung des Menschen stellt sich zum einen die Frage, wie mit den damit verbundenen gesundheitlichen Risiken umzugehen ist.[31] Soweit diese therapeutisch angewandt werden, können hierauf bestehende Diskussionen zu neuen medizinischen Verfahren übertragen werden. Doch besteht grundsätzlich auch die Möglichkeit, diese Technologien zur Verbesserung des Menschen anzuwenden – die Zulässigkeit des Enhancement, dessen Grenzen und Bedingungen, sind in der Ethik aktuell stark umstritten.[32]

In der Rechtswissenschaft, insbesondere im deutschen Sprachraum, wurde die Problematik bisher in zumindest im Vergleich mit ihrer gestiegenen Relevanz eher geringem Ausmaß diskutiert. Einige Überlegungen finden sich zu einer möglichen Akteurseigenschaft von speziellen Maschinen sowie zur rechtlichen Einordnung der Verträge abschließenden elektronischen Agenten und dem Umgang mit Irrtümern bei diesen Vertragsabschlüssen.[33] Auch die Haftungsfragen beim Einsatz autonomer Maschinen wurden gelegentlich diskutiert.[34]

27 *Metzinger*, Der Ego-Tunnel, 2009, S. 268 ff.; *Matsuzaki*, Gehorsamer Diener oder gleichberechtigter Menschenfreund? Überlegungen zum gesellschaftlichen Status von humanoiden Robotern in Japan, Technikgeschichte 2010, S. 373 ff.

28 *Singer/Sagan*, Wenn Roboter den Menschen überflügeln, welt online vom 15.12.2009, http://www.welt.de/wissenschaft/roboter/article5540894/Wenn-Roboter-den-Menschen-ueberfluegeln.html.

29 *Christaller u.a.*, Robotik, 2001, S. 140 ff.

30 Zu Überlegungen bzgl. möglicher Pflichten und Rechte von Robotern vgl. *Matthias,* Automaten als Träger von Rechten, 2. Aufl. 2010.

31 *Christaller u.a.* (o. Fn. 29), S. 168 f.

32 Vgl. nur exemplarisch *Coenen u.a.* (Hrsg.), Die Debatte über „Human Enhancement", 2010; *Knoepffler/Savulescu* (Hrsg.), Der neue Mensch? Enhancement und Genetik, 2009.

33 *Gitter*, Softwareagenten im elektronischen Geschäftsverkehr, 2007; *Nitschke*, Verträge unter Beteiligung von Softwareagenten – ein rechtlicher Rahmen, 2010; *Wettig*, Vertragsschluss mittels elektronischer Agenten, 2010.

34 *Sester*, Vertragsschluss und Verbraucherschutz beim Einsatz von Software-Agenten, Informatik-Spektrum 2004, S. 311 (315 f.); *Wettig*, (o. Fn. 33), S. 323 ff., 403 f.

Bezüglich automatisierter Unterstützung im Verkehr (z.B. Einparkhilfen) geht die Rechtsprechung bisher von einer umfassenden Haftung des Nutzers aus.[35] Eine weitere Entscheidung, die im Kontext mit der Robotik einige Bekanntheit erlangt hat, findet sich im sogenannten „Robodoc"-Urteil[36]. In diesem ging es jedoch nicht um eine „autonome" Entscheidungen treffende Maschine, so dass die tatsächliche Neuartigkeit moderner Maschinen nicht problematisiert werden musste.

D. *Überblick über die Beiträge in diesem Band*

Die Autoren in diesem Band führen die bestehende Debatte weiter und beschäftigen sich insbesondere mit ihren Grundlagen. Aus theoretischer und praktischer Sicht werden einige der in dieser Einführung angedeuteten Probleme sowohl aus einem ethischen als auch aus einem rechtswissenschaftlichen Blickwinkel vertieft und erste Lösungsansätze diskutiert. Die Untersuchung fokussiert sich insbesondere auf einen möglichen Status der neuen Entitäten – also insbesondere Roboter und Cyborgs. Ebenfalls angesprochen werden jedoch die gesellschaftlichen Hintergründe, konkrete rechtliche Probleme der neuen Entwicklungen sowie die Auswirkungen, die die Entwicklungen auf alte Diskussionen – etwa zur Willensfreiheit – haben könnten.

Den moralischen Standpunkt künstlicher Intelligenz beleuchtet *Christian Neuhäuser*. Er stellt fest, dass KI derzeit Schwierigkeiten mit Intentionalität höherer Stufe und dem interaktionalen Charakter der Sprache hat. Dies disqualifiziere sie als konstitutives Mitglied der moralischen Gemeinschaft. Da KI nur in eingeschränktem Maße über normative Kompetenzen und moralische Urteilskraft verfügt, könne sie nicht den für Menschen typischen moralischen Standpunkt einnehmen. Dies schließe einen für KI spezifischen moralischen Standpunkt nicht aus, dieser müsste jedoch als stark regelbasiert und nur in sehr eingeschränkten Umwelten anwendbar bestimmt werden. Die moralische Bildung von KI durch Lernen aus praktischen Fehlern hält der Verfasser aufgrund der Vorrangigkeit des Nicht-Schädigungsgebots gegenüber Menschen für inakzeptabel.

Zentral für den rechtlichen Umgang mit den neuen Entwicklungen ist die Frage, inwieweit die bestehenden Konzepte und Begrifflichkeiten des Rechts

35 AG München, Urteil vom 19.07.2007 (Az 275 C 15658/07) = NJW-RR 2008, 40. Vgl. auch Vogt, Fahrerassistenzsysteme – Neue Technik – Neue Rechtsfragen?, NZV 2003, S. 153 ff.

36 BGHZ 168, 103 = NJW 2006, 2477.

(z.B. Autonomie, Schuld, Handlung) auf diese Veränderungen übertragen werden können. Hiermit setzt sich, aus sprachphilosophischer und rechtstheoretischer Perspektive, *Eric Hilgendorf* in seinem Beitrag auseinander. Er kommt zu dem Ergebnis, dass grundsätzlich nichts gegen die Verwendung dieser rechtlichen Begriffe und Konzepte auf Maschinen spricht – soweit dies im Einzelfall systematisch überzeugend und zielführend ist. Gerade dies überprüft er im Weiteren exemplarisch an einer möglichen Ausdehnung der genannten zentralen moralischen und rechtlichen Begriffe auf Maschinen und Mensch-Maschine-Systeme.

Ein solcher Begriff, der in dieser Debatte immer wieder Bedeutung erlangt, ist die menschliche „Willensfreiheit". Dieses Konzept als Ausdruck der Sonderstellung des Menschen in der Natur scheint eine notwendige Annahme für die bestehenden normativen Systeme der Moral und des Rechts zu sein. Begründete Zweifel an dieser Notwendigkeit hinterlässt jedoch der Beitrag von *Jan Schuhr.* Er zeigt, dass diese Annahme sehr viel seltener relevant wird, als zunächst vermutet. Überdies weist er nach, dass die Prinzipien, die gängigerweise mit dieser Annahme verbunden sind, auch für das Auswahlaxiom finden. Da es zumindest theoretisch denkbar ist, dieses Axiom auf die „Denkweise" von Robotern zu übertragen, ist es dann vielleicht auch möglich, für spezifische Maschinen ein vergleichbares normatives Konzept zu entwickeln.

Es ist für die Lösung der mit dem technologischen Fortschritt verbundenen Probleme jedoch nicht ausreichend, den Fokus auf die Eigenschaften, den normativen Status und den rechtlichen Umgang mit Maschinen oder Mensch-Maschine-Systemen zu richten, so *Beatrice Brunhöber*. Eine fundierte Diskussion der Frage, ob, unter welchen Bedingungen und wie weit wir autonom über unseren Körper mittels Maschinisierungen verfügen dürfen, bedarf einer kritischen Auseinandersetzung mit den Gründen des Bedürfnisses einer permanenten Optimierung des Menschen einerseits und der Einordnung abweichender Eigenschaften als (technisch zu behebende) Krankheiten andererseits. Dies muss nicht dazu führen, dass die Entwicklung verboten oder verlangsamt werden sollte. Die mit diesem Blick auffindbaren Fragen müssen jedoch in die philosophische Auseinandersetzung einbezogen werden.

Das Roboter und Cyborgs das Recht schon jetzt vor erhebliche Herausforderung stellen, verdeutlichen *Tade Spranger* und *Henning Wegmann* in ihrem Beitrag. Sie widersprichen insbesondere dem Anschein, dass die grundrechtliche Dimension des Themenkomplexes Roboter/Cyborg angesichts der anthropozentrischen Sichtweise des Grundgesetzes nur limitierter Natur sei. Vielmehr zeigt der Beitrag verschiedenste Implikationen der technologischen Entwicklung auf – nicht nur auf der Ebene unmittelbarer Grundrechtsgeltung bzw. -trägerschaft – sondern insbesondere bezüglich mittelbarer Grundrechts-drittwirkung oder staatlicher Schutzpflichten. Dies wirkt sich, wie sich zeigt, auf verschiedenen Ebenen des öffentlichen Rechts aus.

Malte Gruber befasst sich mit der informationstechnischen Entwicklung neuer Akteure. Er exemplifiziert die immer enger werdenden hybriden Verknüpfungen von Menschen und nicht-menschlichen Systemen an den bereits heute problematischen Haftungsfragen für die aus menschlicher Sicht immer weniger kontrollierbaren Prozesse informationstechnischer Systeme. Aus seiner Sicht ist es prinzipiell denkbar, diesen unter gewissen Voraussetzungen eine Art Personalität zuzuschreiben, welche aus juristischer Sicht etwa im Sinne einer "Teilrechtsfähigkeit" rekonstruiert werden könnte. Diese wird sich jedoch in absehbarer Zeit deutlich vom Status des Menschen unterscheiden.

Künstliche Intelligenz und ihr moralischer Standpunkt

Christian Neuhäuser, Bochum

Die Forschung zur künstlichen Intelligenz und Robotik macht rasante Fortschritte oder verspricht dies zumindest. Zwar sind die meisten aus Science-Fiction-Romanen und -Filmen bekannten Szenarien noch immer bloße Phantasie. Es gibt keine intelligenten Verteidigungsprogramme wie „Skynet“, keine Roboter mit zerrissener Gefühlswelt wie „Sonny“ oder in der kindlichen Identitätskrise wie der kleine „David“.[1] Derartig intelligente und gefühlvolle Computer und Roboter wird es in absehbarer Zeit auch nicht geben. Dennoch lässt die gegenwärtige Entwicklung der Forschung all dies zumindest nicht mehr ganz unmöglich erscheinen. Außerdem gibt es bereits künstliche Intelligenzen, die weniger avanciert sind, aber auf verschiedene Weise selbstständig handeln und mit Menschen interagieren, und zwar auf eine Art, die moralisch und rechtlich relevant ist. In der Militärtechnologie wird bereits mit autonomen Waffensystemen experimentiert, zugleich befinden sich in einem weniger martialischen Kontext die ersten Pflegeroboter in der Entwicklung. Außerdem, und das ist das derzeit praktisch relevanteste der Beispiele, fällen im Finanzwesen Computersysteme bereits selbständige Kaufentscheidungen.[2]

Diese Entwicklungen sind Grund genug, um danach zu fragen, welchen moralischen und rechtlichen Status robotische Akteure mit künstlicher Intelligenz haben bzw. in Zukunft haben könnten. Besitzen sie moralische und juridische Pflichten, vielleicht sogar Rechte? Diese Fragestellung ist von zentraler Bedeutung für die Entwicklung künstlicher Intelligenzen (im Folgenden KI). Denn je größer die Handlungs- und Entscheidungsspielräume von KI werden, desto drängender stellt sich auch die Frage, wer die Verantwortung für ihre Entschei-

1 „Skynet“ ist eine KI aus der Filmserie „Terminator“, deren Ziel es ist, die Menschheit auszurotten, „Sonny“ ist ein Roboter aus dem Buch „I, Robot“ von Isaac Asimov, der Gefühle entwickelt; „David“ ist ein Roboterjunge aus dem Film „A.I. – Künstliche Intelligenz“, der als Ersatz für ein komatöses Kind fungiert, bis dieses wieder aufwacht und er verstoßen wird. Einen guten Überblick über mögliche und umögliche Szenarien in Filmen, aber auch über tatsächliche Entwicklungen gibt: *Benford/Malartre*, Beyond Human, 2007, S. 129–191.

2 Vgl. *Wallach/Allen*, Moral Machines, 2009, S. 13–24.

dungen und ihr Handeln übernimmt. Eine gute Möglichkeit, sich dieser Fragestellung anzunähern, besteht darin, die Verantwortungsfähigkeit von KI auf den Prüfstand zu stellen. Nur wenn sie fähig sind, Verantwortung zu übernehmen, dann können sie auch moralische und rechtliche Akteure und insbesondere strafrechtlich belangbare Subjekte sein. Dies liegt einfach daran, dass Verantwortungsfähigkeit eine notwendige Bedingung dafür ist, in der Praxis Verantwortung für das eigene Handeln übernehmen zu können. Diese praktische Verantwortung ist wiederum eine notwendige Bedingung dafür, normativ Pflichten auferlegt bekommen zu können. Genau deswegen haben beispielsweise Tiere keine moralischen und rechtlichen Pflichten: Sie sind nicht verantwortungsfähig.[3]

Die für praktische Belange entscheidende Frage lautet also, ob KI verantwortungsfähig sein können. Was gehört zu solch einer Verantwortungsfähigkeit dazu? Meiner Einschätzung nach wirken für alle denkbaren Kandidaten als Träger von Verantwortung drei Eigenschaften mit: Erstens muss der Kandidat handlungsfähig sein, also selbstbestimmt in die Welt eingreifen können. Zweitens muss der Kandidat den moralischen bzw. rechtlichen Standpunkt einnehmen können. Nur so ist es für diesen Akteur möglich zu identifizieren, welche Handlungen und Entscheidungen sich im moralisch oder rechtlich erlaubten Raum befinden. Drittens muss jemand auch in der Lage sein, sich in seinem Handeln von diesem moralischen bzw. rechtlichen Standpunkt aus zu bestimmen.[4] Hier zeigt sich die zentrale Rolle des moralischen oder rechtlichen Standpunktes neben der grundsätzlichen Fähigkeit, frei handeln zu können und neben motivationalen Fragen. Ich möchte im Folgenden ausschließlich der Frage nachgehen, ob KI solch einen normativen Standpunkt einnehmen können und mich der Einfachheit halber auf den moralischen Standpunkt beschränken. Zwar wäre dann selbst bei einer positiven Antwort noch nicht etabliert, dass KI verantwortungsfähige Akteure sind. Aber es wäre doch ein wichtiger Schritt in diese Richtung geleistet, denn es spricht einiges dafür, dass Akteure, die den moralischen Standpunkt einnehmen können, auch potentielle moralische Akteure und Subjekte des Rechts, einschließlich des Strafrechts, sind.

In den folgenden Abschnitten werde ich in drei Schritten die Frage untersuchen, ob KI den moralischen Standpunkt einnehmen können. In einem ersten Schritt wird es ganz allgemein darum gehen, was es heißt, den moralischen Standpunkt einzunehmen und welche Eigenschaften dafür nötig sind. Dies ge-

3 Vgl. *Neuhäuser*, Unternehmen als moralische Akteure, 2011, S. 107–119. Dort geht es in den ersten bieden Kapiteln um den Begriff der Verantwortung und die Verantwortungsfähigkeit nichtmenschlicher Akteure.

4 *Neuhäuser* (o. Fn. 3), S. 56–70.

schieht in Auseinandersetzung mit den uns als paradigmatisch bekannten moralischen Akteuren, also Menschen. In einem zweiten Schritt werden die Ergebnisse in zweifacher Weise auf KI angewendet. Erstens werde ich grundsätzlich danach fragen, ob es überhaupt für KI denkbar ist, solche Eigenschaften oder funktionale Äquivalente zu entwickeln. Zweitens werde ich diskutieren, ob gegenwärtige KI diese Eigenschaften vielleicht schon besitzen, zumindest in Ansätzen. In einem dritten und abschließenden Schritt werde ich allgemeine rechtsphilosophische Konsequenzen ziehen und insbesondere darauf abstellen, dass es für KI möglichweise einen spezifischen moralischen Standpunkt geben könnte. Allerdings bleibt offen, ob es auch wünschenswert ist, KI gezielt als Akteure zu entwickeln, die diesen moralischen Standpunkt einnehmen können.

A. Der moralische Standpunkt bei Menschen

Was heißt es, den moralischen Standpunkt einzunehmen und wann nehmen Menschen den moralischen Standpunkt ein? Beispielsweise kann man von einem Menschen – vielleicht einem Journalisten – sagen, er bewerte die Rüstungsindustrie nicht unter ökonomischen oder politischen, sondern unter moralischen Gesichtspunkten. Dann nimmt er den moralischen und nicht den ökonomischen oder politischen Standpunkt ein.[5] Doch was ist damit gemeint? Es geht dabei offensichtlich darum, Handlungen, Ereignisse und Zustände unter bestimmten Gesichtspunkten, nämlich moralischen Kriterien, zu beschreiben und zu bewerten. So kann der Journalist beispielsweise behaupten, dass die gegenwärtigen Praktiken der Rüstungsindustrie aus moralischer Perspektive nicht zu befürworten und insbesondere die zunehmende Technisierung des Krieges und die Entwicklung robotischer Waffensysteme in höchstem Maße bedenklich seien. Wenn ein Journalist dies tut und sich auf diesen oder einen anderen moralischen Standpunkt stellt, dann kommen dabei eine ganze Reihe zentraler menschlicher Eigenschaften zum Tragen.

Er muss zumindest über Wahrnehmung, Sprache, Intentionalität höherer Stufe, normative Kompetenz und Urteilskraft verfügen. Dies legt den Schluss nahe, dass Roboter all diese Eigenschaften ebenfalls benötigen, wenn sie in der Lage sein sollen, den moralischen Standpunkt einzunehmen. Daher will ich diese fünf

5 Beim ökonomischen Standpunkt würde er danach fragen, ob die Rüstungsindustrie Profite macht. Beim politischen würde die Frage, je nach Politikverständnis, vielleicht lauten, ob die Rüstungsindustrie zur Selbstverteidigung nötig ist, dazu dient die richtigen Bündnisse zu schließen oder Teil einer imperialistischen Strategie ist.

Eigenschaften der Reihe nach diskutieren. Man könnte an dieser Stelle vielleicht kritisch rückfragen, warum es ausgerechnet um diese fünf Eigenschaften gehen soll und beispielsweise nicht um Selbstbewusstsein oder Autonomie. Die Antwort darauf zerfällt in zwei Teile. Erstens ist die philosophische Untersuchung mentaler Konzepte ziemlich spekulativ und hat stark modellhaften Charakter. Trotzdem kommt man daran nicht vorbei, weil auch die empirische Psychologie auf derartige Konzepte und Modelle angewiesen ist.[6] Zweitens bietet es sich mit Blick auf KI an, möglichst deflationär mit mentalen Konzepten umzugehen. Einerseits sollten die verwendeten mentalen Konzepte hinreichen, um wirklich einen genuin moralischen Standpunkt begründen zu können. Andererseits sollten sie nicht so dicht sein, dass sich losgelöst von einer etablierten sozialen Praxis gar nicht sagen lässt, ob es dafür funktionale Äquivalente in KI geben kann oder nicht. Im Gegensatz zu sehr dichten Konzepten wie Autonomie und Selbstbewusstsein, hoffe ich, dass die fünf hier diskutierten mentalen Konzepte weniger anspruchsvoll sind und trotzdem hinreichen, um ein Modell des moralischen Standpunktes zu bilden, an dem sich untersuchen lässt, ob KI über einen derartigen Standpunkt verfügen können oder nicht.[7]

Wahrnehmung. Es scheint ziemlich klar, aber auch relativ unproblematisch zu sein, dass man zunächst über irgendeine Form von Wahrnehmung verfügen muss, um den moralischen Standpunkt einnehmen zu können. Wer eine Handlung, ein Ereignis oder einen Zustand überhaupt nicht wahrnehmen kann, der kann sie auch nicht aus moralischer Perspektive betrachten. Nicht ganz unwesentlich hingegen ist die Frage, welche Art von Wahrnehmung dazu nötig ist. Bestimmte Formen der Sinneswahrnehmung können offensichtlich durch andere ausgeglichen werden, andere vielleicht aber nicht. Beispielsweise sind blinde oder gehörlose Menschen zweifelsohne in der Lage, den moralischen Standpunkt einzunehmen, obwohl sie über bestimmte Wahrnehmungen nicht verfügen. Wie allerdings steht es mit einem Menschen, der überhaupt keine haptische Wahrnehmung besitzt und daher auch keine Schmerzen empfinden kann? Hier stellt sich sofort die Frage, ob solch ein Mensch die moralische Signifikanz von

6 Vgl. *Beckermann*, Analytische Einführung in die Philosophie des Geistes, 2001, S. 1–19.

7 Autonomie und Selbstbewusstsein sind gewissermaßen dichte philosophische Begriffe, mit denen zentrale Eigenschaften des Menschen gebündelt erfasst werden sollen. Sie sollen gewissermaßen seine Besonderheit auf den Begriff bringen. Vgl. dazu besonders dringlich: *Koorsgard*, Self-Constitution, 2009.

Schmerzen erkennen und beispielsweise den zentralen Stellenwert des Schädigungsverbots richtig einschätzen kann.[8]

Da Ereignisse nicht zwingend direkt wahrgenommen werden müssen, um sie moralisch beurteilen zu können, sondern eine indirekte Wahrnehmung hinreicht, sind auch für komplexere Fälle Wahrnehmungssubstitute vorstellbar. Ein Mensch ohne Wahrnehmung von Schmerzen könnte beispielsweise erklärt bekommen, warum andere Menschen Schmerzen als unangenehm empfinden und vermeiden wollen. Dann kann er sich auf die Wahrnehmung anderer Dinge konzentrieren, die mit Schmerzen einhergehen, beispielsweise charakteristische Körperhaltungen, Gesichtsausdrücke oder Schmerzensschreie. Er kann lernen, welche Handlungen bei anderen Menschen Schmerzen verursachen und diese vermeiden, auch wenn er selbst nicht weiß, was es heißt, Schmerzen zu empfinden. Das spricht dafür, dass in vielen Fällen fehlende Wahrnehmungsfähigkeit auf der Grundlage von Lernprozessen substituiert werden können, wenn es darum geht, die moralische Signifikanz von Ereignissen zu erkennen. Irgendeine hinreichend komplexe Form von Wahrnehmung, um verschiedene Handlungen, Zustände wahrnehmen und in moralisch relevanter Weise kategorisieren zu können, scheint aber in jedem Fall nötig zu sein.

Sprache. Die differenzierte Wahrnehmung von Handlungen allein reicht für den moralischen Standpunkt jedoch natürlich noch nicht aus. Denn dafür muss es auch möglich sein, eine Handlung als moralisch gut oder schlecht, bzw. richtig oder falsch zu beschreiben. Handlungen sind nämlich ohne solche eine begriffliche Erfassung gar nicht als moralisch gut oder schlecht wahrnehmbar. Der moralische Standpunkt bedarf vielmehr eines moralischen Vokabulars und das wiederum setzt ganz allgemein Sprache voraus.[9] Die Differenzierung zwischen richtigen, falschen und erlaubten Handlungen beispielsweise setzt erstens einen Begriff von Handlung voraus und beruht zweitens auf den Begriffen der Richtigkeit, Falschheit und Erlaubtheit. Dabei müssen Handlungen begrifflich von anderen Ereignissen unterschieden werden, wie etwa dem nicht-intentionalem Verhalten von Tieren oder bloßem Naturgeschehen. Außerdem muss bestimmt wer-

8 Es gibt tatsächlich einzelne Menschen, die aufgrund eines genetischen Defekts keine Schmerzen empfinden können, in Notdpakistan wohl eine ganze Gruppe von Menschen. Vgl. *Imman*: Feeling No Pain: New Form of Rare Gene Disorder Decoded, National Geographic News 13.12.2006. Vgl. zu der Bedeutung von Empfindungen und insbesondere Schmerzen für die Moralentwicklung: *Prinz*, The Emotional Construction of Morals, 2009, S. 50–62.

9 Die Bedeutung der moralischen Sprache deutlich herausgearbeitet hat: *Hare*, Die Sprache der Moral, 1983, S. 19–36.

den, was eine Handlung mit der Eigenschaft ausstattet, richtig, falsch oder erlaubt zu sein. Dies könnte beispielsweise sein, dass sie einem empfindungsfähigen Wesen Schaden zufügt oder abwendet oder aber weder das eine noch das andere. Dafür wiederum bedarf es eines allgemeinen Begriffs davon, was ein Schaden, ein Wesen und Empfindungsfähigkeit sind. Dieses Sprachspiel geht eine ganze Weile so weiter, bis schließlich eine ziemlich komplizierte Sprache einschließlich eines verzweigten moralischen Vokabulars vorliegt.[10]

Das entscheidende Moment ist hierbei, dass sich Sprache in eigentümlicher Weise auf die Welt bezieht, nämlich einerseits beschreibend und andererseits ordnend. Weder beschreibt Sprache einfach nur eine von ihr unabhängige Welt, die sie bloß vorfindet, noch erschafft sie einfach so eine eigene Welt, ohne Bezug zu einer äußeren Wirklichkeit. Diese Zweiseitigkeit macht Sprache kompliziert und es bereitet ziemlich große philosophische Schwierigkeiten, korrekt zu beschrieben, wie genau sich Sprache auf die Welt bezieht, wie also sprachliche Bedeutung zu verstehen ist.[11] Ziemlich allgemein lässt sich vielleicht sagen, dass es sich bei sprachlicher Bedeutung um eine konstruierte, aber wirklichkeitssensitive Ordnung von Welt handelt. Dann ginge es bei dem moralischen Standpunkt darum, die Welt durch Sprache nach moralischen Gesichtspunkten auf wirklichkeitssensitive Weise zu ordnen. Genau diese sprachliche Fähigkeit ist also von Menschen gefordert, wenn sie den moralischen Standpunkt einnehmen, weswegen Säuglinge dazu nicht in der Lage sind und kleine Kinder es im Laufe ihrer Sprachentwicklung erst lernen müssen.

Intentionalität. Für den moralischen Standpunkt ist drittens Intentionalität höherer Stufe zwingend erforderlich. Damit ist gemeint, dass jemand nicht nur sich selbst, sondern auch andere als bewusste und absichtlich handelnde Akteure einstufen kann. Ein Beispiel für Intentionalität der zweiten Stufe wäre dies: Ich denke, dass Du beabsichtigst, dieses oder jenes zu tun. Für den moralischen Standpunkt reicht solch eine Intentionalität der zweiten Stufe jedoch noch nicht aus, sondern es ist mindestens Intentionalität der dritten Stufe erforderlich: Ich denke, dass Du glaubst, dass ich beabsichtige dieses oder jenes zu tun.[12] Warum ist das so? Nur wenn ich anderen Akteuren zuschreibe, dass sie mir einen Status

10 Der Gedanke des Sprachspiels und damit die Idee, dass sprachliche Bedeutung nicht durch eine Beziehung von einzelnen Wörtern mit der Wirklichkeit, sondern durch ganze situationsabhänge Vokabulare zustande kommt, geht auf Wittgenstein zurück. Vgl. *Wittgenstein*, Werkausgabe Band 1: Philosophische Untersuchungen, 1984, §§ 7–66.

11 Einen guten Überblick über diese Problematik gibt: *Bertram*, Sprachphilosophie zur Einführung, 2011, S. 27–33.

12 Vgl. *Dennett*, The Intentional Stance, 1989. S. 243–255.

als bewusst handelnder Akteur zugestehen, kann ich in moralische Kommunikation mit ihnen eintreten und sie mit mir. Nur dann können wir uns wechselseitig als Akteure mit eigenen Plänen und Interessen, die prinzipiell gleichrangig sind, betrachten.

Genau das ist jedoch eine Grundvoraussetzung von Moral überhaupt. Wenn es nur einen einzigen bewusst handelnden Akteur mit höherstufiger Intentionalität gäbe, dann könnte dieser niemals einen moralischen Standpunkt entwickeln.[13] Er kann mit niemandem über Moral kommunizieren; niemand wird also sein Handeln von einem externen Standpunkt aus kritisch bewerten. Moral gäbe es dann nicht, weil sich keine moralische Praxis entwickelt hätte. Der moralische Standpunkt ist demnach kein atomistischer, sondern immer schon ein sozialer Standpunkt.[14] Solch ein sozialer Standpunkt beruht jedoch zwingend auf der wechselseitigen Annahme von Intentionalität höherer Stufe. Nur weil sich Menschen gegenseitig die Fähigkeit zuschreiben, bewusst und absichtlich zu handeln, können sie ihr Verhalten auch moralisch bewerten. Der moralische Standpunkt zur Betrachtung und Bewertung menschlichen Handelns sowie bestimmter Ereignisse und Zustände beruht also gewissermaßen auf einer gemeinsamen intersubjektiven Konstruktion. Übrigens ist aus diesem Grund die Kategorie der moralischen Handlung gegenüber moralischen Ereignissen und Zuständen auch grundlegend. Ereignisse und Zustände können nur moralisch bewertet werden, weil und insofern sie durch absichtliches Handeln beeinflussbar sind, das wiederum vom moralischen Standpunkt aus betrachtet wird.

Normative Kompetenz. Man muss viertens über normative Kompetenz verfügen, um den moralischen Standpunkt beziehen zu können. Damit ist nicht gemeint, dass man immer oder fast immer richtig liegen muss, wenn man Handlungen, Ereignisse und Zustände als gut oder schlecht, richtig oder falsch usw. beurteilt. Es kann sogar sein, dass man praktisch fast immer falsch liegt und trotzdem über normative Kompetenz im grundsätzlichen Sinne verfügt. Denn damit ist bloß gemeint, dass man mit normativen und insbesondere moralischen Kategorien und Begriffen überhaupt etwas anfangen kann. Ein Akteur muss also zumindest praktisch verstehen, was Normativität ist, um den moralischen Standpunkt einnehmen zu können. Man könnte es auch so sagen: man muss den besonderen Witz des moralischen Vokabulars als Teil einer normativen Sprache

13 Es wird auch dafür argumentiert, dass Intentionalität höherer Stufe eine Voraussetzung für Sprache ist oder zumindest, dass sich sich beide wechselseitig bedingen. Vgl. *Quante*, Person, 2007, S. 17–34.

14 Vgl. dazu im Anschluss an George Herbert Mead: *Joas*, Praktische Intersubjektivität, 1989.

verstehen können. Denn Normativität steht im Gegensatz zu Faktizität. Bei Faktizität geht es um die Frage, was der Fall oder nicht der Fall ist. Bei Normativität hingegen geht es um die Frage, was der Fall sein oder nicht sein soll. Moral ist offensichtlich dem Bereich der Normativität zugeordnet. Wenn wir Handlungen, Ereignisse und Zustände als moralisch schlecht oder falsch bewerten, dann sagen wir damit etwa, dass es sie nicht geben sollte.

Allerdings ist an dieser Stelle eine Einschränkung nötig. Obwohl ein Akteur normative Kompetenz besitzen muss, um den moralischen Standpunkt einnehmen zu können, muss er nicht über eine explizite Theorie der Normativität oder Moral verfügen. Vielmehr reicht es, dass er in der Praxis kompetent den Unterschied zwischen dem, was der Fall ist, und dem, was der Fall sein sollte, ziehen kann. Dafür benötigt er einen impliziten normativen bzw. moralischen Maßstab, aber keine explizite Theorie. Nur mithilfe eines solchen Maßstabes jedenfalls kann er überhaupt einschätzen, ob etwas der Fall sein soll oder nicht. Aber woher kommt dieser Bewertungsmaßstab? Genau in diesem zentralen Punkt gibt es stark divergierende philosophische Ansichten.[15] Ich möchte nur einen zentralen Streitpunkt herausstellen, weil er besonders wichtig wird, wenn es im nächsten Abschnitt um KI geht. Der ersten Position nach muss jemand in der Lage sein, selbstständig zu identifizieren, was der moralische Maßstab zur Bewertung von Ereignissen etc. besagt. Er muss mithilfe seiner Vernunft oder seiner Gefühle selbst bestimmen können, welche moralischen Regeln gültig sind. Der zweiten Position nach muss jemand bloß fähig sein, Regeln als moralisch geltend zu erkennen und anzuwenden. Er muss sie nicht selbst mithilfe seiner Vernunft oder Gefühle als gültig identifiziert haben.[16]

Moralische Urteilskraft. Die fünfte notwendige Eigenschaft für den moralischen Standpunkt ist schwer allgemein zu beschrieben, weil sie stark situationsbezogen ist. Genau das ist auch mit moralischer Urteilskraft gemeint, nämlich die Fähigkeit in einer konkreten Situation moralisch relevante von irrelevanten Gesichtspunkten unterscheiden zu können. Wenn man in einer konkreten Situation bestimmen möchte, wie eine Handlung, ein Ereignis oder ein Zustand moralisch zu bewerten ist, dann müssen mindestens zwei Dinge zusammengebracht werden: Erstens kommt es darauf an, die Situation richtig zu beschreiben. Wer beim Geschäft mit intelligenten Raketen beispielsweise nur das Gewinnpotential

15 Vgl. *Wallace*, Normativity and the Will, 2006, S. 144–164; und *Kolodny*, The Myth of Practical Consistency, in: European Journal of Philosophy 16:3 (2008), S. 366–402.

16 Dies entspricht im Schema der Moralentwicklung von Kohlberg etwa der Unterscheidung der konventionellen und der postkonventionellen Ebene. Vgl. *Kohlberg*, Die Psychologie der Moralentwicklung, 1996, S.133–141.

in den Blick nimmt, nicht jedoch die Fehlerquote der Waffen und damit ihr Gefahrenpotential benennt, der lässt wesentliche Gesichtspunkte außen vor. Wenn er dies absichtlich tut, dann handelt er einfach nur schlecht. Wenn er es jedoch nicht absichtlich tut, dann mangelt es ihm offensichtlich an moralischer Urteilskraft, weil er moralisch relevante Aspekte der Situation gar nicht als solche erkennt.

Moralische Urteilskraft schließt zweitens die Fähigkeit ein, einschätzen zu können, welche moralischen Regeln eine Rolle spielen und wie verschiedene moralische Gesichtspunkte gegeneinander abzuwägen sind. Beim Beispiel der intelligenten Raketen muss etwa berücksichtigt werden, dass solche Raketen Unschuldige verletzen und töten können und dass dies verboten, vielleicht sogar kategorisch verboten ist. Außerdem muss richtig bestimmt werden, in welchem Verhältnis verschiedene moralische Gesichtspunkte zueinander stehen.[17] Gewinnstreben beispielsweise kann abstrakt durchaus positiv beurteilt werden, insofern es zum allgemeinen Wohlstand beiträgt, Arbeitsplätze schafft etc. Aber es rechtfertigt natürlich nicht das Töten und Verletzen von Unschuldigen und ebenfalls nicht, dazu auch nur einen Beitrag zu leisten oder davon zu profitieren. Übrigens hat bereits Aristoteles betont, dass für moralische Urteilskraft ein gewisses Maß an Erfahrung und Vorstellungskraft zentral sind. Wenn man in der Lage ist, eine Situation mit anderen Erfahrungen zu vergleichen und Analogien zu ziehen, aber auch Unterschiede zu identifizieren und mögliche Verläufe zu durchdenken, dann fällt es einem auch leichter, diese Situation in ihrem ganzen Facettenreichtum zu betrachten und ein ausgewogenes moralisches Urteil zu fällen.

Menschen verfügen offensichtlich über die hier aufgezählten fünf Eigenschaften, zumindest normalerweise. Sie besitzen Wahrnehmung, Sprache, Intentionalität höherer Stufe, normative Kompetenz und moralische Urteilsfähigkeit. Daher können sie auch den moralischen Standpunkt einnehmen. Es mag vielleicht verwirrend erscheinen, dass die Fähigkeit, frei handeln zu können, nicht zu den aufgezählten Eigenschaften gehört. Natürlich ist diese Fähigkeit dafür, überhaupt Verantwortung haben zu können, genauso zentral, wie der moralische Standpunkt. Nur frei handelnde Akteure können in die Welt eingreifen und diese Eingriffe selbst steuern. Nur sie sind also verantwortungsfähig, weil nur bei ihnen die Zuschreibung von Verantwortung Einfluss auf ihr Handeln haben kann. Für den moralischen Standpunkt ist die Eigenschaft, frei handeln zu können, jedoch

17 *Gert*, Morality: Ist Nature and Justification, 1998, S. 115f., 136f. . *Hurley*, Susan L.: Natural Reasons, 1989, S. 30–54, S. 125–135.

keine Voraussetzung. In der Praxis verfügen die meisten Menschen zwar über beide Fähigkeiten, aber streng genommen sind sie nicht verbunden. Beispielsweise kann eine Person vollständig paralysiert sein und nicht fähig, in die Welt einzugreifen. Zugleich ist denkbar, dass sie weiterhin den moralischen Standpunkt einnimmt und beispielsweise beurteilt, wie mit ihr verfahren wird. Oder eine andere Person kann ihr eigenes Handeln vom moralischen Standpunkt aus durchaus als falsch beurteilen und trotzdem nicht in der Lage sein, etwas dagegen zu tun, beispielsweise weil sie unter Willensschwäche oder einer Obsession leidet. Die Fähigkeit, den moralischen Standpunkt einnehmen zu können, ist also keine hinreichende Bedingung für Verantwortungsfähigkeit. Dafür muss noch freies Handeln hinzukommen. Aber der moralische Standpunkt ist für Verantwortung notwendig, und daher lohnt sich die Frage, ob KI ihn einnehmen können oder dies zumindest denkbar ist.

B. Der moralische Standpunkt und künstliche Intelligenz

Wenn KI den moralischen Standpunkt einnehmen sollen, dann bedeutet dies, dass sie über die fünf folgenden Eigenschaften verfügen müssen: Wahrnehmung, Sprache, Intentionalität, normative Kompetenz, moralische Urteilskraft. Diese Eigenschaften müssen nicht genauso beschaffen sein wie bei Menschen, sondern es genügt, wenn sie funktional äquivalent vorhanden sind.[18] Aber diese fünf Eigenschaften sind einzeln notwendige und gemeinsam hinreichende Bedingungen dafür, dass KI den moralischen Standpunkt einnehmen können. Existiert also eine KI oder ist zumindest eine vorstellbar, die über Wahrnehmung, Sprache, Intentionalität, normative Kompetenz und moralische Urteilskraft verfügt? Abstrakt ist dies durchaus denkbar und sollte daher nicht von vornherein vom Tisch gewischt werden. Das physikalische Weltbild legt immerhin nahe, dass mentale Eigenschaften auch bei Menschen physisch realisiert sein müssen.[19] Warum also sollte es nicht denkbar sein, diese Eigenschaften künstlich zu reproduzieren? Praktisch geht dies jedoch mit einigen Herausforderungen einher, wie die Diskussion der fünf notwendigen Eigenschaften veranschaulicht.

KI und Wahrnehmung. Menschliche Wahrnehmungsfähigkeiten künstlich zu reproduzieren, stellt an manchen Stellen hohe technische Anforderungen. Das

18 Vgl. *Dennett* (o. Fn. 12), S. 341f., 345f.

19 Das bedeutet jedoch keinen eliminativen Reduktionismus in dem Sinne, dass mentale Eigenschaften nichts anderes seien als physikalische Eigenschaften; sie müssen nur darauf beruhen.

Sehorgan kann durch Kameras, das Hörorgan durch Mikrophone und selbst taktile Eigenschaften durch entsprechende Sensoren substituiert werden. Obwohl das nicht immer ganz leicht ist, so ist es jedoch möglich und die Technik macht deutliche Fortschritte.[20] Problematischer hingegen erscheint es, den Geruchssinn und den Geschmackssinn nachzubilden. Eigentlich stellt es natürlich kein prinzipielles Problem dar, die Differenzierung und Kategorisierung von Geschmäckern und Gerüchen auf Grundlage chemischer Analysen nachzuahmen. Allerdings ist die Wahrnehmung von Gerüchen und Geschmäckern bei Menschen phänomenal unmittelbar mit Gefühlseindrücken verbunden. Genau diese emotionale Komponente in der Wahrnehmung ist bis jetzt jedoch noch nicht technisch reproduzierbar. Bisher ist noch nicht klar ob und wie KI mit Emotionen oder funktionalen Äquivalenten ausgestattet werden können.[21] Das ist besonders für haptische Fähigkeiten der Schmerzwahrnehmung relevant, die KI bisher vollständig fehlt.

Auf den ersten Blick erscheint es vielleicht so, als könnten KI ohne diese Fähigkeit den moralischen Standpunkt nicht einnehmen, weil ihnen die dafür notwendige Sensibilität bereits in der Wahrnehmung von Schmerzen abgeht. Allerdings hatte sich bereits bei Menschen gezeigt, dass sie etwas nicht unmittelbar wahrnehmen müssen, um dessen moralische Signifikanz zu erkennen. Dafür reicht vielmehr eine indirekte Wahrnehmung aus. Eine KI beispielsweise muss es nicht selbst als unangenehm erleben, wenn ihr jemand auf den Fuß tritt (oder auf das, was ihren Füßen entspricht). Vielmehr reicht es aus, wenn sie wahrnehmen kann, dass einem Menschen auf den Füßen herumgetreten wird und wenn sie weiß, dass dies für ihn unangenehmen ist. Prinzipiell steht dem Gedanken, dass KI alle für den moralischen Standpunkt wesentlichen Informationen durch direkte oder indirekte Wahrnehmung aufnehmen können, daher nichts im Wege.

20 Vgl. für einen Überblick: *Allen/Wallach/Smit*, Why Machine Ethics?, in: *Anderson/Anderson*, Machine Ethics, 2011, S. 51–61; und: *Benford, Malartre*, Beyond Human, 2007, S. 129–191.

21 Es gibt erste Versuche, Roboter zu konstruieren, die zumindest den Anschein erwecken, über Gefühle zu verfügen. Dies wird durch Gesichtsausdrücke und bestimmte sprachliche Reaktionen erreicht. Der Roboter „Kismet“ verfügt beispielsweise über ein süßes Gesicht und traurige und fröhliche Gesichtsausdrücke. Allerdings sind diese Gefühlsausdrücke „geheuchelt“, der Roboter empfindet in Wirklichkeit nichts. Dies ist selbst ein ethisches Problem, denn es stellt gewissermaßen eine Täuschung derjenigen Menschen dar, die tatsächliche eine emotionale Bdinung zu solchen Robotern aufbauen. Vgl. dazu *Turkle*, Authenticity in the Age of Digital Companions, in: *Anderson/Anderson*, Machine Ethics, 2011, S. 62–76.

Ob es allerdings möglich ist, dies auch praktisch umzusetzen, hängt von bisher noch nicht gut realisierten technischen Weiterentwicklungen ab.[22]

KI und Sprache. KI sind zumindest oberflächlich betrachtet sprachfähig. Computer beispielsweise reagieren auf Sprache und sind selbst in der Lage, Sprache zu produzieren. Sie können Fragen stellen und beantworten und sie können auf sprachliche Aufforderungen reagieren und ihrerseits zum Handeln auffordern. Dies sind für den moralischen Standpunkt wichtige Fähigkeiten, doch alleine reichen sie noch nicht für die moralische Sprache aus, denn diese Form von Computersprache ist noch zu schematisch und semantisch gewissermaßen zu wenig gewitzt, zumindest für den moralischen Standpunkt. Angenommen ein Mensch erzählt einem sprachfähigen Roboter mit KI, dass ihm sein Fuß schmerzt und der Roboter fragt nach, warum das so sei. Die Antwort lautet: Weil der darauf herumgestanden hat. Der Roboter kennt jetzt die Ursache für die Schmerzen. Doch es kommt darauf an, dass diese ganze Situation moralisch problematisch ist und er schleunigst von dem Fuß heruntergehen sollte. Die dafür nötige Sprachkompetenz, lässt sich gut mit der Sprechakttheorie von Austin beschreiben.[23] Demnach müssen KI in der Lage sein, die illokutionäre (nicht nur aussagen, sondern auffordern oder fragen oder behaupten) und perlokutionäre (überzeugen, verärgern, trösten, beschwichtigen) Dimension eines Sprechaktes zu verstehen: Was will mir der Sprecher neben der bloßen Information noch mitteilen? Was erwartet er von mir?

Abstrakt scheint nichts dagegen zu sprechen, dass KI über eine Sprache in einem funktionalistisch auf Information bezogenen Sinne verfügen. Aber wie steht es mit den anderen Dimensionen von Sprechakten? Es ist zumindest nicht undenkbar, dass KI auch illokutionäre und perlokutionäre Sprechakte beigebracht werden können. Letztlich basieren auch diese Sprechakte auf der kommunikativen Übermittlung von Informationen, nur auf weniger direkte Weise. Eine bestimmte Färbung der Stimmlage beispielsweise liefert die nötige Information dafür, ob die Mitteilung, dass jemand Schmerzen verspürt, Mitleid erregen soll oder eher Empörung oder eine bestimmte Handlung provozieren soll, beispielsweise von dem Fuß herunterzugehen. Allerdings entsteht hier das Problem, dass sich nicht leicht eine schematische Heuristik in dem Sinne erstellen lässt, dass bestimmte Stimmfärbungen oder Satzkonstruktionen oder Gesichtsausdrücke immer mit bestimmten Aufforderungen und indirekten Informationsgehalten

22 Vgl. z. B. *Mackworth*, Architectures and Ethics for Robots, in: *Anderson/Anderson*, Machine Ethics, 2011, S. 335–360.

23 Vgl. *Austin*, Zur Theorie der Sprechakte, 1986; Searle, Sprechakte, 1983.

einhergehen. Solch eine Heuristik wäre unterkomplex und würde in vielen Fällen falsch liegen. Denn für die richtige Interpretation von Sprechakten kommt es vor allem darauf an, Intentionalität höherer Stufe zu besitzen.

KI und Intentionalität. Ein kompetentes Verständnis illokutionärer und perlokutionärer Akte scheint Intentionalität der dritten Stufe vorauszusetzen: Man muss den Kommunikationspartner als intentionalen Akteur sehen, der einen selbst wiederum als intentionalen Akteur sieht und weiß, dass sein Verhalten als intentional aufgefasst wird. Sonst könnte die Mitteilung von Information nicht auch noch eine bestimmte weitere Wirkung beabsichtigen und erzielen. Man will ja absichtlich durch seinen Sprechakt erreichen, dass der andere aufgrund dieser Absicht selbst etwas absichtlich tut. Dies passt gut mit dem Ergebnis aus dem vorherigen Abschnitt zusammen, dass der moralische Standpunkt einen sozialen Charakter besitzt. Verfügen KI also über die für den moralischen Standpunkt erforderliche Intentionalität der dritten Stufe? Das erscheint ziemlich unwahrscheinlich. Derzeit jedenfalls spricht nichts dafür, dass KI davon ausgehen, dass wir sie als intentionale Akteure auffassen. Sie können sich uns daher auch nicht als moralische Akteure vorstellen. Das ist ein gravierendes Problem für die Fähigkeit von KI den moralischen Standpunkt einzunehmen.[24]

Dies gilt jedoch nur solange sie den moralischen Standpunkt genauso einnehmen sollen wie Menschen. An dieser Stelle ergibt sich daher die Frage, ob sich für KI ein anderer moralischer Standpunkt finden lässt, der sich von dem menschlichen unterscheidet. Ich glaube, dass dies möglich ist. Intentionalität dritter Stufe ist vor allem nötig, um als gleiches Mitglied an der Formierung einer moralischen Gemeinschaft beteiligt zu sein. Nur Akteure, die sich in den Augen anderer als moralische Akteure sehen, können sich selbst und die anderen als Mitglieder solch einer Gemeinschaft begreifen. Aber vielleicht lassen sich KI als nicht konstitutive, sondern bloß rezeptive Mitglieder der moralischen Gemeinschaft auffassen. Sie sind dann zwar keine kompetenten moralischen Ge-

24 Colin Allen und Kollegen haben für Roboter einen moralischen Turing Test vorgeschlagen. Dies folgt der Grundidee des klassischen Turing Test. Demnach kommuniziert man über einen Computer entweder mit einem Menschen oder dem Computer selbst. Erst wenn man nicht mehr sagen kann, ob es sich bei dem Gegenüber um einen Computer oder einen Menschen handelt, dann besteht der Computer den Test und gilt als genauso intelligent wie Menschen. Bisher hat noch kein Computer diesen Test bestanden. Dasselbe gilt für den moralischen Turing Test: Erst wenn ein Computer für einen genauso kompetenten Gesprächspartner in moralischen Fragen gehalten wird, besteht er den Test. Vgl. dazu *Allen/Varner/Zinser*, Prologmena to Any Future Artificial Moral Agent, Journal of Experimental and Theoretical Artificial Intelligence 12 (20), S. 251–261.

sprächspartner, könnten aber gewissermaßen moralischen Regeln gehorchen.[25] Dafür reicht es hin, dass andere sie als intentionale Akteure erster Stufe adressieren und sie darauf angemessen reagieren. Sie müssen dann bloß in der Lage sein, moralische Regeln als solche zu identifizieren und sich daran auszurichten. Dies wäre dann ein bloß rezeptiver und kein interaktiver, aber immerhin noch ein bestimmter, wenn auch deutlich eingeschränkter moralischer Standpunkt.

KI und normative Kompetenz. Doch selbst für einen so eingeschränkten moralischen Standpunkt muss noch eine gewisse normative Kompetenz bestehen. KI müssen in der Lage sein, moralische Regeln als solche zu erkennen und moralische Gebote und Verbote von anderen Normen zu unterscheiden. Nur dann können sie einen genuin moralischen Standpunkt einnehmen. Es müsste also möglich sein, ihnen moralische Normen als moralische Normen beizubringen. Dafür ist es egal, welches die Quellen moralischer Normen sind, ob sie also aus der Vernunft, den Gefühlen oder woanders her stammen. KI brauchen auch nicht über die menschliche Kompetenz zur Entdeckung moralischer Gebote und Verbote aus einer dieser Quellen zu verfügen, sie müssen also nicht in demselben Sinne wie Menschen vernünftig oder emotional sein oder über einen moralischen Sinn verfügen. Denn KI müssen Normen nicht selbst entdecken, sondern es reicht, wenn sie ihnen von anderen als moralische Normen vermittelt werden.[26]

Allerdings entstehen an dieser Stelle auch zwei Probleme. Das erste Problem besteht darin, dass den KI als bloß rezeptiven Mitgliedern der moralischen Gemeinschaft ein umfassender Katalog moralischer Normen übermittelt werden müsste. Doch es ist nicht klar, ob das überhaupt gelingen kann. Einige Moraltheoretiker glauben, dass Moral auf einem oder wenigen Prinzipien beruht, aus denen sich in konkreten Situationen die richtigen Gebote und Verbote ableiten lassen. Wenn Moral so funktioniert, dann würde es hinreichen, KI diese Prinzipien beizubringen und sie darin zu trainieren, sie in konkreten Situationen als Bewertungsmaßstab anzuwenden. Andere Theoretiker hingegen betonen, dass Moral

25 Vgl. z.B. *Moor*, The Nature, Importance, and Difficulty of Machine Ethics, in: *Anderson/Anderson*, Machine Ethics, 2011, S. 13–20; und: *Gips*, Towards the Ethical Robot, in: *Anderson/Anderson*, Machine Ethics, 2011, S. 244–253.

26 Moor unterscheidet ähnlich zwischen „expliziten" moralischen Akteuren, die Regeln folgen können und „vollständigen" moralischen Akteuren, die selbst Regeln identifizieren könne. Vgl. *Moor*, Is Ethics Computable?, in: Metaphilosophy 26, 1–2 (1995), S. 1–21. Übrigens argumentieren Maschinenethiker dafür, dass die drei bis vier Gesetze von Asimov nicht ausreichen. Siehe *Clarke*, Asimov's Laws of Robotics (1), in IEEE Computer 26:12 (1993), S. 53–61; und: *Clarke*, Asimov's Laws of Robotics (2), in IEEE Computer 27:1 (1994), S. 57–66.

nicht auf diese deduktive Weise funktioniert, sondern Prinzipien allenfalls eine Orientierung liefern oder gar keine regulierende Rolle besitzen. Dies wäre für KI ein Problem, weil dann nur konstitutive Mitglieder der moralischen Gemeinschaft überhaupt in der Lage wären, den moralischen Standpunkt einzunehmen. Nur sie können jenen Standpunkt beziehen, von dem aus sie selbstständig die relevanten moralischen Normen kontextabhängig identifizieren können.[27]

Je nachdem wie deduktiv oder induktiv also das richtige Moralverständnis ist, werden KI mehr oder weniger fähig sein, den moralischen Standpunkt einzunehmen.[28] Wer ein besonders induktives Moralverständnis besitzt, wird KI dann immer vorwerfen können, dass ihre moralische Beurteilung zu rigoristisch und unflexibel sei und damit der moralischen Wirklichkeit nicht gerecht werden. Dazu kommt noch ein zweites Problem. Selbst wenn Moral auf der Deduktion aus wenigen zentralen Prinzipien beruht, dann kann es sein, dass zwischen diesen Prinzipien abgewogen werden muss. Die meisten Prinzipienethiker gestehen inzwischen zu, dass Prinzipien nur prima facie gelten und es beispielsweise nötig ist, zwischen dem Lügenverbot und dem Hilfegebot abzuwägen. Zusätzlich müssen moralische Normen auch gegen andere nichtmoralische Normen und Interessen abgewogen werden.[29] Leichte moralische Verstöße können durchaus entschuldigt oder sogar gerechtfertigt sein, wenn es um andere gewichtige Interessen geht. Um solche Gewichtungen vornehmen und richtig abwägen zu können, benötigen KI jedoch zusätzlich noch moralische Urteilskraft.

KI und moralische Urteilskraft. KI brauchen moralische Urteilskraft, um in konkreten Situationen richtig einschätzen zu können, welchen moralischen Stellenwert verschiedene Ereignisse und Zustände haben und welche Handlungen richtig oder falsch sind. Dazu gehört es, die relevanten moralischen Details rich-

27 Beispielsweise Helen Seville und Debora G. Field sind der Meinung, dass KI in Zukunft sogar besser in der Lage sind, als konstitutive Mitglieder der moralischen Meinschaft zu agieren und Menschen gewissermaßen aus dieser Rolle verdrängen. Menschen holen sich dann im WorldWideWeb bei KI moralische Ratschläge. Das ist derzeit jedoch bloße Science Fiction: *Seville/Field*, What Can AI Do for Ethics?, in: *Anderson/Anderson*, Machine Ethics, 2011, S. 499–511.

28 Allen und Wallach sprechen statt von induktiven und deduktiven Ansätzen von „top-down“ und „bottom-up“, meinen aber dasselbe oder zumindest etwas sehr ähnliches. Vgl. *Allen/Wallach* (o. Fn. 2), S. 83–116.

29 Vgl. für einen Überblick über diese Thematik im Kontext der Angewandten Ethik: *Düwell*, Bioethik, 2008, S. 60–99. Besonders die Fähigkeit zwischen Prinzipien abwägen und sie gewichten zu können, wird von vielen Maschienenethikern mit Blick auf KI eher kritisch beurteilt. Vgl. *McDermott*, What Matters to a Machine?, in: *Anderson/Anderson*, Machine Ethics, 2011, S. 88–114; und: *Johnson*, Computer Systems: Moral Entities but Not Moral Agents, in: *Anderson/Anderson*, Machine Ethics, 2011, S. 168–183.

tig beobachten zu können. Nur wenn alle wesentlichen Aspekte einer Situation als moralisch mehr oder weniger relevant eingestuft und entsprechend berücksichtigt werden, liegt eine minimale moralische Urteilskraft vor. Dazu gehört es eben auch, verschiedene moralische Gesichtspunkte richtig gewichten und gegeneinander abwägen zu können. Derzeit verfügen KI nicht über diese Kompetenzen und es ist unklar, wie sie sie erwerben könnten. Eine gegenwärtig viel diskutierte und in ersten Forschungsansätzen ausprobierte Möglichkeit besteht darin, deduktive und induktive Elemente der Moral miteinander zu verbinden. Einerseits lernen Roboter bestimmte Grundregeln, an die sie sich halten müssen. Andererseits sollen sie durch Interaktion die nötige moralische Sensibilität erwerben, um auch in komplexen konkreten Situationen relevante Ereignisse und Handlungsoptionen richtig einschätzen und bewerten zu können.[30] Allerdings ist derzeit noch ziemlich unklar, wie dies gelingen kann.

Dies liegt nicht zuletzt daran, dass auch bei Menschen die Fähigkeit zum moralischen Urteilen nur schlecht verstanden und viel diskutiert wird. Allerdings erscheint es so, als würden dabei emotionale und andere kognitive Elemente zusammenkommen.[31] Denn die verschiedenen moralischen Gesichtspunkte müssen ja nicht nur gut erkannt und strukturiert, sondern auch angemessen gewichtet werden. Spätestens bei dieser Gewichtung scheinen jedoch Gefühle eine gewisse Rolle zu spielen. Letztlich geht es nämlich darum zu entscheiden, welche Bedeutung verschiedene Gesichtspunkte für die betroffenen Menschen haben und das lässt sich nicht richtig einschätzen, ohne ein Gespür dafür zu haben, wie diese Menschen selbst jene Gesichtspunkte gewichten. Ist beispielsweise ein ambitionierter Sportler bereit, so mancherlei Schmerzen in Kauf zu nehmen, um ein bestimmtes Trainingsziel zu erreichen? Daraus entsteht für KI wieder das besonde-

30 Dafür argumentieren insbesondere Michael und Susan Leigh Anderson, die ein Programm zur Beratung in medizinethischen Fragen entwickelt haben. Dieses Programm funktioniert auf der Basis zahlreicher vorheriger Entscheidungen und Intutionen. Es ist also in der Lage zu lernen oder zumindest die Erfahrung und das Lernen von anderen moralischen Akteuren zu berücksichtigen. Wie gut die Beratung ausfällt müsste allerdings noch von unabhängiger Seite evaluiert werden. Vgl. *Anderson/Anderson/Armen*, An Approach to Computing Ethics, in: IEEE Intelligent Systems 21:4 (2006), S. 56–63; *Anderson/Anderson*, A Prima Facie Duty Approach to Machine Ethics: Machin Learning of Features of Ethical Dilemmas, Prima Facie Duties, and Decision Principles through a Dialogue with Ethicists, in: *Anderson/Anderson*, Machine Ethics, 2011, S. 476–492.

31 Vgl. *Prinz*, The Emotional Construction of Morals, 2009, S. 15–18. Prinz orientiert sich an der Moraltheorie von Hume, die auf empristische Weise emotive und andere kognitive (Konzepte) Elemente miteinader verbindet. Diese Theorie eignet sich wegen ihrer empiristischen Orientierung sehr gut für die „Konstruktion" von Moral für KI. Ihr Emotivismus bringt zugleich jedoch das Kernproblem dabei auch gut zum Ausdruck.

re Problem, dass sie entweder Gefühle erlernen oder eine moralische Urteilskraft ohne diese Grundlage entwickeln müssten. Es ist jedoch nicht so leicht zu sehen, wie moralische Urteilskraft ohne Gefühle überhaupt entstehen kann, denn empirische Untersuchungen weisen darauf hin, dass die Wahrnehmung von moralisch relevanten Gesichtspunkten einer Situation bereits auf moralischen Gefühlen beruht.[32]

Es hat sich gezeigt, dass KI über einige der für den moralischen Standpunkt nötigen Fähigkeiten schon verfügen, bei anderen aber deutliche Mängel bestehen. Allerdings wird in allen Bereichen bereits daran geforscht, ob sich die entsprechenden Eigenschaften künstlich reproduzieren und die nötigen Fähigkeiten KI so beibringen lassen. Derzeit sieht es noch nicht danach aus, allerdings bedeutet das nicht, dass die zukünftige Entwicklung eines dem menschlichen vergleichbaren moralischen Standpunkts für KI unmöglich sei. Vielmehr gilt es abzuwarten, wie mehr oder weniger erfolgreich die Ingenieurskunst in dieser Hinsicht sein wird. Außerdem bringen KI einige Fähigkeiten ja bereits mit und weitere sind schon einigermaßen entwickelt, wenn auch nicht so wie bei Menschen. Das legt den Gedanken nahe, über einen stark eingeschränkten moralischen Standpunkt für KI nachzudenken, der viel weniger allgemein konstruiert wäre, als dies bei Menschen der Fall ist. KI wären dann nur in sehr beschränkten und klar definierten Umwelten in der Lage, diesen sehr begrenzten moralischen Standpunkt einzunehmen, aber immerhin einen moralischen Standpunkt. Die Konsequenzen dieses Vorschlags möchte ich abschließend diskutieren.

C. *Ausblick: Der moralische Standpunkt und die Verantwortungsfähigkeit künstlicher Intelligenz*

KI verfügen über verschiedene Möglichkeiten der Wahrnehmung und zumindest über eine informationszentrierte Sprache. Sie haben jedoch Schwierigkeiten mit Intentionalität höherer Stufe und daher auch mit dem interaktionalen Charakter der Sprache. Dies disqualifiziert sie bereits als konstitutive Mitglieder der moralischen Gemeinschaft. Sie sind nicht in der Lage, den moralischen Standpunkt selbst zu definieren, weil dies in sozialer Kommunikation geschieht. Außerdem

32 Besonders die verhaltenspsychologischen Experimente von Michael Tomasello und seinen Kollegen deuten darauf hin. Demnach neigen bereits Kleinkinder dazu, sich in andere Menschen hinzuversetzen und mit deren Zielen zu identifizieren, was regelmäßig dazu führt, dass sie ihre Hilfe anbieten. Vgl. *Tomasello*, Warum wir kooperieren, 2010, S. 19–48.

verfügen KI nur in sehr eingeschränktem Maße über normative Kompetenzen und kaum über moralische Urteilskraft, letztlich weil ihnen die dafür notwendige emotionale Basis fehlt. Dies disqualifiziert sie dafür, überhaupt den moralischen Standpunkt einzunehmen, zumindest wenn es um denjenigen moralischen Standpunkt geht, der normalerweise von Menschen eingenommen wird. Allerdings ist dadurch noch nicht ausgeschlossen, dass KI einen anderen und für sie spezifischen moralischen Standpunkt einnehmen können.

Dieser KI-spezifische moralische Standpunkt müsste dann allerdings entsprechend bestimmt werden und wäre dadurch ausgezeichnet, dass er sehr stark regelbasiert und nur in sehr eingeschränkten Umwelten anwendbar wäre. Für klar umrissene Situationen könnten KI aufgrund von stark spezifizierten Regeln entscheiden, was in den jeweiligen Umwelten, aber auch nur dort richtige und falsche Handlungen, Ereignisse und Zustände sind. Dies könnte etwa für KI gelten, die in der Pflege, aber auch am Finanzmarkt oder im militärischen Kontext eingesetzt werden. Beispielsweise könnten KI als Heimroboter bestimmte Dienstleistungen ausführen, z.B. schwere Dinge heben und dabei ziemlich genau wissen, was sie tun dürfen und was nicht. Allerdings wären sie in ungewöhnlichen Situationen, vielleicht wenn ein älterer Mensch hinfällt oder plötzlich sogar Einbrecher im Wohnzimmer stehen, schon nicht mehr in der Lage damit umzugehen und könnten höchstens noch einen Notruf aussenden, an diesem Punkt stellt sich allerdings schon die Frage, ob die unweigerliche Fehlerquote bei solchen Notrufen akzeptabel ist oder nicht.

KI könnten auch bestimmte Finanztransaktionen überwachen und als bedenklich markieren oder sie könnten in Krisengebieten selbstständig nach Landminen suchen. Allerdings wäre stets streng darauf zu achten, dass ihre Fähigkeiten und Befugnisse den engen Grenzen ihres moralischen Standpunktes gemäß eingeschränkt werden. Am Finanzmarkt könnten sie wahrscheinlich nicht gut bewerten, ob bestimmte Käufe oder Verkäufe eine Kettenreaktion mit stark negativen externen Effekten für die Realwirtschaft und die betroffenen Menschen und Gesellschaften auslösen.[33] Deswegen sollten sie nicht selbständig Transaktionen mit großen Mengen Kapital durchführen. In militärischen Einsätzen können sie kaum gut bewerten, ob jemand ein Kombattant oder Nichtkombattant ist und dürften daher keinesfalls die Möglichkeit erhalten, autonom über Schießen oder Nichtschießen zu entscheiden. Was diese KI im Einzelfall jeweils dürfen und was nicht, das müsste wohl jeweils konkret von entsprechenden Komitees auf

33 Menschen können das oftmals auch nicht, aber sie sind eben voll verantwortungsfähige Akteure.

Grundlage der tatsächlichen normativen Fähigkeiten der KI bewertet und entsprechend genehmigt oder eher nicht genehmigt werden.

Der Grund für die Notwendigkeit dieser starken Regulierung und Kontrolle liegt natürlich darin, dass KI aufgrund ihres beschränkten moralischen Standpunktes auch nur sehr begrenzt verantwortungsfähig sind. Zwar können ihre Hersteller, Verkäufer, Betreiber und Eigentümer für sie in die Verantwortung genommen werden. Solch eine stellvertretende Verantwortung bringt keine besonderen theoretischen Schwierigkeiten mit sich. Außerdem ist es auch kein Problem, wenn mehrere Akteure eine überlappende Verantwortung besitzen. So könnte der Betreiber eines Roboters für seine fahrlässige Nutzung verantwortlich sein und der Hersteller könnte verantwortlich sein, weil er bestimmte schädigende Nutzungsmöglichkeiten nicht ausgeschlossen oder nicht hinreichend davor gewarnt hat.[34] Diese Lösung der stellvertretenden Verantwortung hat jedoch den Nachteil, dass es sich ausschließlich um eine retrospektiv orientierte Verantwortung als Haftung handelt. Eine zukunftsgerichtete Verantwortung als Sorge könnte nur durch vollständige Überwachung und Kontrolle der KI erreicht werden, aber dann verlören sie ja ihren Witz als relativ autonome Akteure.[35]

Ein von Ingenieurswissenschaftlern häufig befürworteter Vorschlag, um mit diesem Problem der geringen Verantwortungsfähigkeit aufgrund ihres beschränkten moralischen Standpunktes umzugehen, besteht darin, den moralischen Standpunkt von KI durch praktisches Lernen zu erweitern.[36] Sie sollen Erfahrungen sammeln und dabei durchaus Fehler machen, um so immer besser lernen, was Moral bedeutet und verlangt. Ungefähr so funktioniert die Moralentwicklung von Kindern auch. An dieser Stelle entsteht allerdings sofort ein massives normatives Problem. Kinder sind unmittelbar Träger von natürlichen Rechten, sie besitzen Menschenrechte und eine Menschenwürde. Bei Robotern ist dies nicht so, zumindest solange sie nicht sowohl vernünftig als auch empfindungsfähig sind, also keine eigenen Interessen und Lebenspläne in einem emotional aufgeladenen Sinne besitzen, sind sie den Menschen auch nicht vergleichbar und besitzen keine korrespondierenden Roboterrechte und insbesondere auch keine Roboterwürde. Daher stellt sich massiv die Frage, ob wir ihnen trotzdem

34 In der Praxis gibt es jedoch natürlich zahlreiche Probleme bei der Zuweisung von stellvertretender und überlappender Verantwortung, zumal wenn es um rechtliche Verantwortung geht. Vgl. *Beck*, Grundlegende Fragen zum rechtlichen Umgang mit der Robotik, JR 6 (2009), S. 225–230.

35 Vgl. zu dieser Unterscheidung besonders überzeugend: *Young*, Responsibility für Justice, 2011, S. 95–122.

36 Vgl. *Anderson/Anderson* (o. Fn. 30), S. 476–492; *Hall*, Beyond AI, 2007, insb. 138–141

erlauben wollen, moralische Fehler zu machen und dabei Menschen zu schaden, nur damit sie praktisch lernen können, was es heißt, den moralischen Standpunkt einzunehmen.

Ich halte diesen Ansatz des praktischen Lernens für nicht akzeptabel, weil die Konsequenzen den potentiell geschädigten Menschen gegenüber nicht rechtfertigbar wären. Ihr Anspruch auf Nichtschädigung ist grundsätzlich höher zu gewichten als alle Interessen, die mit einem erweiterten moralischen Standpunkt von KI verbunden sein könnten. Daher bleibt als Alternative nur, den moralischen Standpunkt von KI auf theoretischer Grundlage bzw. in künstlichen Trainingsszenarien zu verbessern. Die Aufgaben, für die KI in Zukunft Verantwortung übernehmen werden, könnten dann mit ihrer Fähigkeit zur moralischen Beurteilung von Handlungen, Ereignissen und Zuständen zunehmen. Dies wäre aus verantwortungstheoretischer Perspektive unbedenklich, solange es risikofrei stattfindet bzw. die Risiken bekannt sind und von wirklich allen Betroffenen freiwillig akzeptiert werden. Ob zunehmend verantwortungsfähige und damit auch immer stärker selbstständig und verantwortungsvoll handelnde Roboter allerdings auch allgemein erwünscht sind, das ist natürlich eine ganz andere Frage, die viele weitere moralische, ethische, politische und rechtliche Gesichtspunkte beinhaltet.

Willensfreiheit, Roboter und Auswahlaxiom

Jan Schuhr, Erlangen

A. Überblick

Die folgenden Bemerkungen behandeln zunächst Aspekte der Willensfreiheit und die Gegenüberstellung von Determinismus und Indeterminismus in der Diskussion um „Künstliche Intelligenz“ und „Neurowissenschaften“ (unten C.). Damit wird zugleich eine Beobachtung von Gemeinsamkeiten der Willensfreiheit und des Auswahlaxioms vorbereitet (unten D. bis F.). Willensfreiheit ist eine handlungstheoretische Annahme, auf die sich rechtliche Begründungen und Diskussionen häufig beziehen. Das Auswahlaxiom ist ein mathematisches Axiom, das zu den Grundannahmen zahlreicher mathematischer Theorien gehört. Die Beobachtung ihrer Gemeinsamkeiten ist gerade deshalb etwas Besonderes, weil sie zwei grundlegend voneinander verschiedenen Gegenstandsbereichen angehören. Es geht nicht darum, Willensfreiheit von Robotern mittels Auswahlaxiom zu begründen. Die beobachteten Gemeinsamkeiten belegen vielmehr, wie irrig die verbreitete Annahme ist, in den betreffenden Aspekten der Willensfreiheit würden sich Besonderheiten manifestieren, die allein der Mensch besitzen kann.

Die Beobachtungen werden in einen Zusammenhang mit der Frage gestellt, ob Roboter möglicherweise einmal als Rechtssubjekte – als Träger von Verantwortung, als schuldfähig und als „frei handelnd“ – oder zumindest als selbst haftende Träger von Vermögen betrachtet werden können (unten B. und G.). Dazu liefern die Beobachtungen zwar weder eine endgültige Antwort noch ein vollständiges Argument, aber einen Baustein für Argumente. Antworten und vollständige Argumente müssten sich auf konkrete Roboter, konkrete Regelungszusammenhänge und konkrete Normen beziehen. Die Entwicklung der Roboter und die Entwicklung der Normen ist aber noch nicht so weit fortgeschritten, dass sich solche konkreten Bezüge ohne gewagte Spekulationen und kontrafaktische Annahmen herstellen ließen. Bezugsobjekte, für die das Argument interessant wäre, gibt es noch nicht. Es ist aber durchaus an der Zeit, an einem Baukasten für Argumente zu arbeiten. Die Entwicklung von Robotern – die hier stellvertretend für alle komplexen, automatischen Entscheidungssysteme genannt werden – schreitet schnell voran. Sie setzt die Entwickler des Rechts zunehmend unter Zugzwang. Wenn einst Technik zum Einsatz kommt, die in weitaus höherem Maße selbständig „agiert“, als das heute möglich ist, können mit dem „Baukasten“ schnellere und bessere Antworten auf Rechtsfragen *de lege lata* und *de lege ferenda* gegeben werden, als wenn dann erst begonnen werden müsste, über diese Fragen nachzudenken.

B. *Ziel der Beobachtungen*

1. Willensfreiheit wird an vielen Stellen als Argument verwendet. Das geschieht vor allem in negativ gewendeter Weise; die Behauptung mangelnder Willensfreiheit wird dabei als Beleg für die jeweils zu begründende These angeführt. Meist liegt dabei die folgende Argumentationsfigur zugrunde:

a) Die und die Regel setzt Willensfreiheit voraus.
b) Es wurde aber nicht frei gehandelt.
c) Folglich ist die Regel in der Situation nicht anwendbar.

Man kann mit dieser Argumentationsfigur zu durchaus radikaleren Ergebnissen kommen: Sachen handeln niemals frei; sie handeln gar nicht. Regeln, die Willensfreiheit voraussetzen, sind auf Sachen also grundsätzlich nicht anwendbar. Was für Regeln gilt, gilt für Begriffe entsprechend: Ein Begriff, der Willensfreiheit vorausgesetzt, ist für Sachen stets unpassend.

Für die Anwendung solcher Regeln bzw. solcher Begriffe auf Roboter sieht es trübe aus. Roboter sind Sachen. Diese Zuordnung wird problematisch, wenn Menschen mit Technik, die ihre Entscheidungen beeinflusst, zu einer kybernetischen Einheit verbunden werden. Solche sollen hier aber auch mit einem weiten Begriff des Roboters nicht bezeichnet werden. Der Roboter steht hier stets nur für Sachen (und ggf. nicht-körperliche Rechtsobjekte, wie z.B. – lizensierbare – Software).

Das Argument als solches ist zwingend. Es soll hier in keiner Weise in Frage gestellt werden. Auch die in der Formulierung der Argumentationsfigur zum Ausdruck kommende Verschleifung von Willens- und Handlungsfreiheit ist nicht zu beanstanden.[1] Zur freien Handlung gehört beides: die Handlungsfreiheit als letztlich negative Freiheit, die in der Abwesenheit äußerer Zwänge besteht,[2]

1 Zu einer weiteren Ausdifferenzierung eines grundlegenden Konzepts der Willensfreiheit als Zurechnungsfähigkeit bzw. Verantwortlichkeit gegenüber spezielleren Konzepten der äußeren und inneren Autonomie siehe *Tugendhat*, Der Begriff der Willensfreiheit, in: *Cramer u.a.* (Hrsg.), Theorie der Subjektivität (FS Henrich), 1987, S. 373 f.

2 Statt vieler vgl. *Kant*, Grundlegung zur Metaphysik der Sitten, 1785, Akademie-Ausgabe Bd. IV, S. 446 (sowie S. 452, 455, 457).

und die Willensfreiheit als positive Freiheit, selbst willentlich zwischen mehreren Handlungsmöglichkeiten entscheiden zu können.[3] Wo schon Handlungsfreiheit erkanntermaßen[4] nicht besteht, kann es auch keine Willensfreiheit geben; wo Willensfreiheit nicht besteht, läuft Handlungsfreiheit leer, denn sie kann nicht betätigt werden.

2. Trotzdem ist die Anwendung dieser Argumentationsfigur nicht unproblematisch. Die Willensfreiheit wird in ihr als monolithischer Block behandelt. Entsprechend holzschnittartig treffen wir das Argument oft an, z.B.: Strafe setzt Schuld, Schuld setzt die Fähigkeit, einen eigenen Willen frei zu bilden, voraus.[5] An diesem Beispiel zeigt sich aber auch, dass Abstufungen möglich sind. Sogar das Gesetz macht sie: z.B. in § 21 StGB. Die Schuldfähigkeit kann eingeschränkt sein, ohne deshalb gleich ganz entfallen zu müssen. Die Frage, ob Willensfreiheit anzunehmen ist, kann man nicht nur rein bestätigend oder gänzlich abschlägig, sondern durchaus differenzierend und graduierend beantworten.[6]

Das ist bereits in der Frage nach der Willensfreiheit auszudrücken, nämlich danach zu fragen, in welchem Maße bzw. in welcher Weise etwas bzw. jemand Willensfreiheit besitzt. Eine präzise kategoriale Frage kann erst von der graduierten Frage abgeleitet werden. Z.B. kann man Dinge, denen keinerlei Willensfreiheit zukommen kann, von Subjekten unterscheiden, denen Willensfreiheit zumindest in gewisser Ausprägung zukommen kann. Ebenso kann man Kategorien bilden, die eine gewisse Mindestausprägung der Willensfreiheit voraussetzen, Willensfreiheit in bestimmten Situationen etc. Willensfreiheit liefert also nicht etwa per se eine bestimmte Kategorie, der jedes Individuum entweder angehört oder nicht angehört. Primär erlaubt sie nur eine offene Frage nach ihrer Ausprägung. Alle auf sie bezogenen Ja-Nein-Fragen sind sekundär, denn sie verlangen

3 Vgl. wiederum statt vieler *Kant*, Grundlegung (o. Fn. 2), S. 452 (sowie S. 454 f.), der betont, dass es nicht im Widerspruch zu dieser Freiheit steht, wenn man gleichzeitig davon ausgeht, dass ihre Ausübung der Notwendigkeit unterliegt, die durch strikte Bindung an selbstgesetzte Regeln (Autonomie) entsteht.

4 Dazu, dass eine irrtümlich verkannte Einschränkung der Handlungsfreiheit die Willensfreiheit nicht schmälert, *Tiedemann*, Menschenwürde als Rechtsbegriff, 2. Aufl. (2010), S. 247 – Sonst dürfte der untaugliche Versuch auch nicht strafbar sein (vgl. *Kudlich, J. Schuhr*, in: *Satzger/Schmitt/Widmaier* (Hrsg.), StGB, 2009, § 22 Rn. 21 f.).

5 Eingehend z.B. *Cerezo Mir*, Der materielle Schuldbegriff, ZStW 108 (1996), 9 ff.; *Dölling*, Zur Willensfreiheit aus strafrechtlicher Sicht, FPPK 2007, 59 ff.

6 Vgl. *Windelband*, Über Willensfreiheit, 1905, S. 220 ff. Siehe auch *Kudlich*, Gunnar Spilgies, Die Bedeutung des Determinismus-Indeterminismus-Streits für das Strafrecht, 2004, HRRS 2004, 217, 220 (mit Replik und Duplik in HRRS 2005, 43 ff.).

Grenzziehungen, die nicht schon im Begriff der Willensfreiheit liegen, sondern vom Fragenden hinzuzufügen sind.

Eines wird heute besonders holzschnittartig gesehen: Nach sehr verbreiteter Überzeugung kann nur der Mensch einen freien Willen haben. Bei ihm erkennen wir in vielen Fällen verschiedene Abstufungen oder gar Ausschlussgründe seiner jeweils aktuellen Freiheit an, etwa die bereits angeführte eingeschränkte Schuldfähigkeit (§ 21 StGB) sowie die Schuldunfähigkeit (§§ 19, 20 StGB), die beschränkte Geschäftsfähigkeit Minderjähriger (§§ 2, 106 ff. BGB), die eine Betreuung (§§ 1896 ff. BGB) rechtfertigenden Umstände sowie die Geschäftsunfähigkeit (§ 104 BGB). Immer wieder wird die Willensfreiheit des Menschen sogar grundsätzlich bestritten. Neben dem Menschen gibt es aber keine lebenden realen Wesen und erst recht keine unbelebten Sachen, denen wir Willensfreiheit zusprechen würden.

Neben dem Menschen ziehen wir es nur für juristische Personen in Betracht, sie zumindest in manchen Situationen als „willensfrei" zu behandeln. Manchmal ordnen wir sie gar nicht in Kategorien der Willensfreiheit ein – übergehen diese Frage also schlicht – und wenden für natürliche Personen abgefasste Regeln ohne nähere Begründung auf juristische Personen an. Gelegentlich erfahren sie aber auch eine ausdifferenzierte Behandlung; das ist z.B. bei den Regeln über ihre Willensbildung der Fall (etwa §§ 77, 83, 107 f., 121 ff. AktG), die für natürliche Personen so nicht vorstellbar wären, und bei der Grundrechtsfähigkeit (Art. 19 Abs. 3 GG).

3. Früher oder später wird man über eine ähnlich differenzierte Behandlung einiger Robotertypen, die sich heute noch gar nicht bezeichnen lassen, nachzudenken haben. Hier kann weder bewiesen werden, dass diese Prognose zutreffen wird, noch lässt sich an dieser Stelle ausarbeiten, wie eine solche Behandlung im Detail aussehen sollte. Es soll aber plausibel gemacht werden, dass man ein die Annahme von Willensfreiheit zunächst beinhaltendes Handlungsmodell unter Lockerung der Annahme auch auf Verhaltensweisen erstrecken kann, bei denen durchgreifende Zweifel daran bestehen, dass sie auf einer freien Willensbildung beruhen:

Bereits *Kant* vertritt, dass Willensfreiheit im praktischen Miteinander unterstellt werden muss, auch wenn sie sich nicht als äußere Tatsache nachweisen lässt.[7] Dabei betrachtet *Kant* in seiner Moralphilosophie „vernünftige Wesen",

7 *Kant*, Grundlegung (o. Fn. 2), S. 447 f. (sowie S. 455). Der Nachweis, von dem er dort spricht, soll gerade nur zeigen, dass Freiheit „in praktischer Absicht allen vernünftigen Wesen beigelegt werden" muss (S. 448 f.). Näher dazu *Kant*, Kritik der praktischen Vernunft, 1788, Akademie-Ausgabe Bd. V, S. 142 f.

v.a. in der Grundlegung zur Metaphysik der Sitten unterstreicht er das sehr ostentativ.[8] Als frei erachtet *Kant* eine Handlung und die ihr zugrundeliegenden Entscheidungen nur insoweit, als sie vernünftig sind (indem sie dem Kategorischen Imperativ genügen). Allein das „vernünftige Wesen" handelt regelmäßig frei. Der *Mensch* ist nur eine degenerierte Abwandlung solcher Wesen. Er ist gerade nicht in der Lage, sein Handeln immer vernünftig zu bestimmen. Noch schlimmer: Er kann sich nicht einmal selbst letzte Gewissheit über seine Maximen verschaffen und daher nicht einmal selbst wissen, ob er überhaupt jemals wirklich frei gehandelt hat.[9] Erst recht kann er das von seinen Mitmenschen prinzipiell nicht herausfinden. Obwohl wir sicher wissen, dass der Mensch immer „sinnlichen Antrieben und Neigungen" ausgesetzt ist und *Kant* die Annahme von Willensfreiheit daher in jeder Situation als höchst zweifelhaft ansehen muss, hindert ihn das nicht, an das eigene und an fremdes Verhalten zum Zwecke seiner Beurteilung mit der nur durch besondere, konkrete Umstände widerlegbaren Annahme heranzutreten, es sei frei.[10] Willensfreiheit ist in *Kants* Vorstellung von vornherein graduiert, und der Mensch ist weit davon entfernt, das Vollbild jemals zu erreichen. Neben diesem armen Tropf Mensch haben ohne weiteres noch andere arme und eventuell sogar noch ärmere Tröpfe Platz, vielleicht sogar irgendwann ein Roboter.

Wir heften der Willensfreiheit oft mehr oder minder unreflektiert einen Nimbus der Einzigartigkeit an, den wir Menschen nicht nur gern auf uns abstrahlen sehen, sondern auch für uns reservieren möchten. Dieser Nimbus erschwert den rationalen Umgang mit ihr. Er erschwert es, sie nüchtern als Modellannahme einer Handlungstheorie anzusehen. Stattdessen führt er zu einem psychologischen Hemmnis, z.B. Robotern eine abgestufte Form von Willensfreiheit zuzusprechen bzw. rechtliche Konstruktionen, die traditionell unter der Annahme von Willensfreiheit angewendet werden, diese aber gar nicht notwendig voraussetzen, zumindest teilweise auf Roboter zu übertragen. Zahllose Science-Fiction-Werke haben dieses Hemmnis mehr als ausführlich dokumentiert.

8 Als Beispielstellen und zugleich zur näheren Erläuterung siehe *Kant*, Grundlegung (o. Fn. 2), S. 389, 412.

9 *Kant*, Grundlegung (o. Fn. 2), S. 407.

10 *Brandt*, Ick bün all da. Ein neuronales Erregungsmuster, in: *Geyer* (Hrsg.), Hirnforschung und Willensfreiheit, 2004, S. 171 f. (Orig.: SZ v. 14. 1. 2004) bemerkt: „[…] wenn das freie Wahlvolk anders stimmt oder der freie Nachbar anders handelt, als erwartet, so fragen wir nach den Ursachen und Motiven wie beim Ausfall von Gas und Strom oder beim auffälligen Verhalten von Hunden und Katzen. Du hättest anders handeln können, das sagen wir bevorzugt, wenn es um Schuldzuweisungen geht […]".

Die folgenden Beobachtungen hier mitzuteilen, verfolgt das Ziel, an diesem Nimbus zu kratzen und damit dieses Hemmnis zu schwächen.

C. Aspekte der Willensfreiheit

Die in Folgenden näher dargestellten acht (teils eng miteinander zusammenhängenden) Aspekte der Willensfreiheit enthalten jeweils wesentliche Charakteristika, auch wenn die Willensfreiheit sich nicht in ihnen erschöpft. Vor allem enthalten sie die maßgeblichen Grundlagen des Nimbus der Willensfreiheit. Auf diese acht Aspekte wird sich auch der Vergleich mit dem Auswahlaxiom (unten V.) beziehen.

I. Scheinbare Selbstverständlichkeit

Die Annahme eines freien Willens erscheint auf den ersten Blick selbstverständlich. Wir nehmen uns selbst als jemanden wahr, der eigene Handlungsentscheidungen trifft. Andere Menschen nehmen wir ganz entsprechend wahr.[11] Die eigenen Handlungsentscheidungen scheinen das Menschsein geradezu auszumachen. Erst bei intensiverem Nachdenken wird die Annahme problematisch, ist aber gleichwohl nicht zu widerlegen.

Nicht einmal unsere Begriffe sind klar, geschweige denn selbstverständlich. Das wird aktuell in der Diskussion um „Künstliche Intelligenz" deutlich. In ihrem Mittelpunkt steht die Frage, was einen Menschen und eine Maschine unterscheidet; genauer: anhand welcher Kriterien und welcher Testverfahren zu ermitteln ist, ob es sich bei einem Kommunikationspartner um einen Menschen oder eine Maschine handelt.[12] Diese Frage ist nicht materialistisch gemeint; dann wä-

11 Das beweist die Willensfreiheit natürlich nicht – näher dazu Fn. 44.

12 *Turing*, Computing Machinery and Intelligence, Mind 59 (236) 1950, 433 f. formulierte die Grundfrage ursprünglich als „Can machines think?", präzisierte sie in seinem „Imitation Game" (zu dem es zwischenzeitlich einen jährlich ausgetragenen Wettbewerb – die Loebner Prize Competition – mit realen Computern gibt, vgl. *Epstein*, The Quest for the Thinking Computer, AI Magazine, 1992, 80 ff.) und legte die Basis für eine bestimmte Art von Antwortversuchen auf diese Frage, die heute als Turing-Tests bezeichnet werden. Natürlich sind etliche Beiträge zu der hieraus entstandenen Diskussion um „Künstliche Intelligenz" geprägt von dem Schluss: „Human beings are animals. (Darwin) & Animals are machines. (Descartes) ∴ Human beings are machines. (La Mettrie)" (*Johnson-Laird*, The Computer and the Mind, 1988, S. 385). Dass die Diskussion sich darin aber

re sie uninteressant. Maschinen müssen nicht aus Blech und Silizium bestehen. Die „Maschine" ist in diesem Problem selbst ein Gedankenkonstrukt,[13] das determinierte (und ggf. randomisierte) Entscheidungsprozesse abbildet. Der „Mensch" steht demgegenüber für einen zumindest möglicherweise bis zu einem gewissen Grad freien und durch Vernunft gesteuerten Entscheidungsprozess. Die Frage nach der Willensfreiheit wird hier also in der Weise variiert, dass nicht nach einem Beweis (von Freiheit oder Unfreiheit) gefragt wird und auch keine entsprechenden Behauptungen aufgestellt werden. Die Frage ist schlicht begrifflich und wird erst über die Forderung nach Operationalisierbarkeit des Kriteriums an die Wirklichkeit zurückgebunden. Es zeigt sich, dass schon die begriffliche Frage nach dem konzeptionellen Unterschied zwischen Mensch und Maschine – wenn überhaupt – nur sehr schwer zu beantworten ist.[14]

Wer das Leib-Seele-Problem und den Laplaceschen Dämon[15] kennt, dem ist diese Fragestellung letztlich nicht neu. Genau dieselbe Struktur haben auch die rechtlichen Kernfragen, wer als Rechtssubjekt anzuerkennen ist und ob eine Zu-

keineswegs erschöpft, zeigen Bücher wie *Bringsjord*, What Robots can and can't be, 1992.

13 I.a. bezieht man sich auf die sog. Turing-Maschine aus der mathematischen Arbeit *Turing*, On Computable Numbers, with an Application to the Entscheidungsproblem (1936), Proc. London Math Soc. Ser. 2, 42 (1937), S. 230, 231 ff. oder eine ihrer späteren Variationen.

14 Weil mit der Frage eine Außenperspektive vorgegeben wird, ist die Erfassung von menschlichem Verstehen, Vorstellungen und Selbstbewusstsein auf ihrer Grundlage durchaus problematisch. Die Hürde zur Konkretisierung der Freiheit ist also hoch und evtl. zu hoch. Der Versuch, sie zu überwinden, lohnt gleichwohl. *Searle*, Minds, Brains, and Programs. Behavioral and Brain Sciences 3 (3) 1980, 417 ff. trägt diese Bedenken mit seinem Gedankenexperiment zum „Chinese Room" anschaulich vor: Ein Mensch, der nur des Englischen mächtig ist, erhält englisch formulierte Regeln. Dann werden ihm beliebige chinesische Texte vorgelegt, deren Schriftzeichen er nur als für ihn bedeutungslose Symbole wahrnehmen kann. Anhand seiner Regeln kann er aber zu diesen Texten selbst etwas – für ihn wieder bedeutungsloses – malen. Für Menschen, die der chinesischen Schrift und Sprache mächtig sind, ist das Gemalte jeweils eine treffende Antwort auf eine im chinesischen Text enthaltene Frage. Sie beruht aber – wie beim Computer – nur auf einer Befolgung der Regeln und keinem Verstehen. Aus der Antwort kann kein Verstehen abgeleitet werden. Aus dem Mangel an Verständnis kann aber auch nicht die Unfähigkeit abgeleitet werden, etwas zu verstehen; gehandelt hat ja ein Mensch, der durchaus etwas verstehen kann. Dazu, welche Konsequenzen sich aus dem „Chinese Room-Argument"ergeben und welche sich daraus nicht ergeben, siehe auch *Harnad*, Minds, Machines and Searle 2: What's Right and Wrong About the Chinese Room Argument, in: *Preston*, Views into the Chinese room, 2006, S. 294 ff. (Orig. 2001) m.w.N.

15 Auch Letzterer entstammt einer mathematisch-philosophischen Theorie: *Laplace*, Essai philosophique sur les probabilités, 1814, S. 2 (unten).

rechnung (als Handlung, Erfolg bzw. zur Schuld) erfolgen darf.[16] Bemerkenswert ist, dass Juristen sich um den Laplaceschen Dämon, „Künstliche Intelligenz" und die einschlägige Fachdiskussion kaum kümmern.

Die rechtliche und rechtsphilosophische Diskussion der Willensfreiheitsproblematik konzentriert sich schon immer auf Streitigkeiten um Zweiweltenlehren (Dualismen, Monismen und Kompatibilismen). Entsprechend intensiv war die Auseinandersetzung mit Entwicklungen in der Psychologie nach *S. Freud* und ist seit einiger Zeit die Auseinandersetzung mit „den Hirnforschern"[17] bzw. (allgemeiner) „Thesen von Neurowissenschaftlern".[18] Dabei geht es primär um Kausalgesetzlichkeiten und der Rechtswissenschaft fremde (empirische) Methoden. Die interdisziplinäre Debatte kann sehr nützlich sein, ist aber wegen der völlig unterschiedlichen Gegenstandsbereiche und Methoden der hier betroffenen Wissenschaften schwierig. Tatsächlich reden die Debattanten zur Behauptung ihrer Position oft sehenden Auges aneinander vorbei. Ohne Fortschritte beim vorhin skizzierten sprachlichen Grenzziehungsproblem lässt sich das Zweiweltenproblem auch gar nicht konkret fassen. Gleichwohl die Debatte mit Empirikern zu forcieren, entspricht einer Tendenz von Juristen, offene Grenzziehungen auf „Sachverständige" abzuwälzen, dann deren Ergebnisse zu kritisieren und durch normative Konstruktionen ad hoc abzuwandeln.[19] Das ist für beide Seiten nicht unbedingt befriedigend[20] und perpetuiert offene Fragen und Schein-Evidenzen.

16 Zu weiteren Verwebungen siehe *Merkel*, Handlungsfreiheit, Willensfreiheit und strafrechtliche Schuld – Versuch eines Beitrags zur Ordnung einer verworrenen Debatte, in: *Schünemann/Tinnefeld/Wittmann* (Hrsg.), Gerechtigkeitswissenschaft – Kolloquium aus Anlass des 70. Geburtstags von Lothar Philipps, 2005, S. 411, 446 ff. sowie unten Fn. 27 und 36.

17 Damit sind in Deutschland insb. *Roth*, *Singer* und *Prinz* gemeint.

18 Siehe dazu die Belege in den folgenden Fn.

19 Dahinter stehen auch noch weitere Probleme mit den Grundlagen und der Begrifflichkeit der Rechtswissenschaften sowie zunehmende Spannungen zwischen tradierten rechtlichen Grundlagen und einer Politik und Gesetzgebung, die Prävention forciert und damit Fragen der Schuld immer wieder hinfällig macht, ohne ein gleichwertiges rechtsstaatliches Korrektiv vorzusehen. Siehe dazu *Günther*, Hirnforschung und strafrechtlicher Schuldbegriff, KJ 2006, 116, 117 ff., 131 ff.

20 Zu statistischen Daten und einer Analyse dieser Konflikte siehe *Streng*, Psychowissenschaftler und Strafjuristen, NStZ 1995, 12 ff., 161 ff.

II. Auswahl unter Optionen

Die Betätigung der Willensfreiheit stellen wir uns als aktive Auswahl unter verschiedenen Handlungsoptionen vor. Soweit äußere Zwänge die Handlungsfreiheit ausschließen, bestehen keine Handlungsoptionen. Doch auch ohne ein Vermögen, unter den Optionen zu wählen, wäre die Rede von Optionen sinnlos, denn sie ließen sich nicht realisieren. Der Satz: „Du hast folgende zwei Optionen, kannst aber nur die erste wählen!“, birgt einen Widerspruch in sich selbst. Das Vermögen zur Auswahl aus Optionen und das Bestehen von Optionen bedingen sich gegenseitig.[21] Insbesondere in den Handlungstheorien der Aufklärung liegt im Bestehen von Handlungsoptionen die (negative) Handlungsfreiheit und im Vermögen zur Auswahl die (positive) Willensfreiheit.

III. Unerklärbarkeit

Es ist unmöglich, eine vollständige Erklärung von Handlungen zu liefern. Es ist nämlich nicht möglich, die Entscheidung konstruktiv nachzuvollziehen, mit der unter den Handlungsoptionen ausgewählt wird. Man kann sie nicht in Einzelschritte zergliedern und dann Bedingungen dafür angeben, unter denen jeder dieser Schritte immer wieder genauso ablaufen müsste. Diese Überzeugung muss teilen, wer Willensfreiheit annimmt. Dass die Auswahl dem Handelnden nicht schlicht vorgegeben (und dann überhaupt keine Auswahl) ist, ist nur möglich, wenn sie nicht in einer deterministischen Theorie vollständig erklärt werden kann.

Freilich kann man versuchen, mit naturwissenschaftlichen Methoden zu erforschen, wie Menschen ihre Entscheidungen tatsächlich treffen.[22] Viele Hirnfor-

21 Diese Annahme, dass der Handelnde unter Optionen wählt, kann man für konkrete Situationen (rechtlich zu beurteilende Fälle) durch den Nachweis widerlegen, dass keine Handlungsalternativen bestanden. Man darf sie aber nicht mit der These verwechseln, dass ein „Andershandelnkönnen“ ex post positiv nachweisbar sein müsste. Dass das nicht der Fall ist, kann man ihr daher auch nicht entgegenhalten. Vgl. *Roxin*, Strafrecht Allgemeiner Teil, Bd. I, 4. Aufl. (2006), § 19 Rn. 21. Siehe auch unten Fn. 68.

22 In der einschlägigen Review-Zeitschrift der nature-Gruppe, Nature Reviews Neuroscience, erläutern *Wolpert/Diedrichsen/Flanagan,* Principles of sensorimotor learning, Nature Rev Neurosci, online vorab publiziert am 27. Oktober 2011 (doi:10.1038/nrn3112), den Stand der Erforschung sensomotorischer Fähigkeiten und ihres Erlernens. Bei motorischer Tätigkeit, mit der auf permanent mitlaufende Wahrnehmung reagiert wird (man denke an den Stürmer einer Fußballmannschaft, der einen Ball annehmen und

scher, Psychologen, Biologen usw. glauben daran, irgendwann einmal eine umfassende deterministische Theorie menschlicher Entscheidungen vorlegen zu können. Das Kriterium dafür, ob das erreicht wurde, ist, ob diese Theorie auf Grund äußerer Umstände sichere Prognosen konkreter künftiger Entscheidungen der einzelnen Menschen ermöglicht.[23] Solange die prognostische Eignung einer solchen Theorie nicht experimentell bestätigt ist, ist – auch nach dem eigenen Standard der Naturwissenschaften – die Annahme, menschliche Entscheidungen seien deterministisch zu erklären, man kenne die Erklärung nur noch nicht, unbelegte Spekulation.[24]

an der gegnerischen Verteidigung und dem Torwart vorbei ins Tor schießen möchte, oder den Autofahrer, der im Verkehr zu bremsen hat), sind schnell und routiniert zahlreiche Handlungsentscheidungen zu treffen. Die Erwartung eines zumindest in gewissem Umfang „vorgefertigten" Entscheidungsmodus liegt hier besonders nahe. Gerade für die Entwicklung von Robotern bestünde auch ein besonderes Interesse daran, ihn zu verstehen und nachbilden zu können. Bisher wurden aber vor allem Erkenntnisse über die Lernprozesse erzielt (entsprechend *Yarrow/Brown/Krakauer*, Inside the brain of an elite athlete: the neural processes that support high achievement in sports, Nature Rev Neurosci 10 (2009), S. 585 ff.), weit weniger hingegen über die Entscheidungs- und Kontrollprozesse (zu Forschungsansätzen und Annahmen in diesem Bereich, die weitgehend der klassischen Kybernetik entsprechen, *Haggard*, Human volition: towards a neuroscience of will, Nature Rev Neurosci 9, S. 934 ff. [2008]; *Heekeren/Marret/Ungerleider*, The neural systems that mediate human perceptual decision making, Nature Rev Neurosci 9, S. 467 ff. [2008] sowie bereits *Schall*, Neural basis of deciding, choosing and acting, Nature Rev Neurosci 2, S. 33 ff. [2001]). Nach *Haynes/Rees*, Decoding mental states from brain activity in humans, Nature Rev Neurosci 7, S. 523 ff. (2006), ist die vorgelagerte Fähigkeit, den kognitiven und perzeptuellen Zustand des menschlichen Gehirns aus nicht-invasiven Messungen zu ermitteln, hingegen bereits weiter entwickelt. Nach *Nicolelis/Lebedev,* Principles of neural ensemble physiology underlying the operation of brain–machine interfaces, Nature Rev Neurosci 10, S. 530 ff. (2009), konnten im Laufe der letzten Dekade auch über die Möglichkeiten eines Datenaustauschs zwischen menschlichem Gehirn und Maschinen, durch den das Gehirn Informationen als Grundlage seiner Entscheidung empfängt und das Entscheidungsergebnis zur Umsetzung an die Maschine sendet, bereits bedeutende Erkenntnisse erzielt werden.

23 Zu diesem hypothetischen Szenario siehe *Streng*, Hirnforschung, Willensfreiheit und Schuldstrafrecht, in: *Seemüller/Baudson/Dresler* (Hrsg.), Freiheit – Interdisziplinäre Betrachtungen, 2010, S. 46, 55 f.

24 Dazu, dass die Fähigkeit, eine fremde Entscheidung vorherzusagen, nicht einmal bedeuten würde, eigene Entscheidungen (oder durch die Mitteilung der Vorhersage beeinflussbare fremde Entscheidungen, die dann ja ihrerseits von einer eigenen Entscheidung des Vorhersagenden beeinflusst würden) vorhersagen zu können, *Planck*, Vom Wesen der Willensfreiheit, Vortrag Leipzig 27. November 1936, in: *Ross/Hermann* (Hrsg.), Max Planck – Vorträge, Reden, Erinnerungen, 2001, S. 137, 146 ff. Er legt auch dar, dass nicht alles, was ex post (deterministisch) erklärbar ist, bereits ex ante vorherzusagen ge-

Diese Spekulation wird insbesondere nicht etwa dadurch gestützt, dass sich mit naturwissenschaftlichen Mitteln bislang keine Anhaltspunkte für die gegenteilige Annahme haben gewinnen lassen. Dass solche Anhaltspunkte sich nicht gewinnen lassen, liegt an der naturwissenschaftlichen Methode, die sich gerade nur für deterministische oder zumindest probabilistische Zusammenhänge interessiert und nur solche aufzeigen kann.[25] Die – wahre – Feststellung, Willensfreiheit sei naturwissenschaftlich nicht zu belegen, ist deshalb eine Tautologie, beinhaltet also keine Information.

Diese knappen Bemerkungen sollen nicht suggerieren, dass die Gegenüberstellung von Determinismus und Indeterminismus unproblematisch wäre. Die in indeterministischen Handlungsmodellen angenommene positive Willensfreiheit ist so gemeint, dass sich in ihr bisherige Erfahrungen, Präferenzen und Überzeugungen des handelnden Subjekts niederschlagen. Diese bilden sich nicht erst im Moment der Handlung heraus. Deshalb liegt es durchaus nahe, dass sie bereits längere Zeit vor der Handlungsentscheidung in physischen Strukturen des Gehirns ihren Niederschlag gefunden haben.[26] Dann muss sich aber ein Zusammenhang zwischen dem Zustand dieser Strukturen[27] und der wahrnehmbaren Hand-

wesen sein muss, entspr. bereits *Graf zu Dohna*, Willensfreiheit und Verantwortlichkeit, 1907, S. 25.

25 Ausgearbeitet haben das insb. *Hume, Kant* und *Popper*. Zu auf den hier gegenständlichen Kontext zugeschnittenen Darstellungen siehe *Hochhuth*, Die Bedeutung der neuen Willensfreiheitsdebatte für das Recht, JZ 2005, 745, 749 ff. und *Mosbacher*, Naturwissenschaftliche Scheingefechte um die Willensfreiheit, JR 2005, 61 f.

26 Die sogleich folgenden Überlegungen ergeben, dass dies nicht nur nahe liegt, sondern notwendig der Fall ist: Die Erfahrungen, Präferenzen, Ziele und Überzeugungen beruhen ihrerseits auf Handlungen, die sich in der äußeren Welt und damit zumindest auch in der sich in Strukturen des Gehirns niederschlagenden Wahrnehmung manifestieren müssen. Vgl. dazu auch *Kröber*, Die Hirnforschung bleibt hinter dem Begriff strafrechtlicher Verantwortlichkeit zurück, in: *Geyer* (Hrsg.), Hirnforschung und Willensfreiheit, 2004, S. 103, 109 (Orig.: FAZ v. 11. 11. 2003).

27 Man muss diese äußere Manifestation von den Erfahrungen, Präferenzen, Zielen und Überzeugungen selbst unterscheiden. Eine Theorie der chemischen und physikalischen Prozesse im Gehirn muss keine Erklärung für das Selbstbewusstsein und das Hervorbringen von Sinn und Bedeutungen beinhalten, vgl. *Prinz*, Der Mensch ist nicht frei. Ein Gespräch, in: *Geyer* (Hrsg.), Hirnforschung und Willensfreiheit, 2004, S. 20, 26 (Orig.: Das Magazin, Wissenschaftszentrum NRW, 14. Jg. [2], 2003). Dass die gedanklichen Inhalte sich in physischen Strukturen niederschlagen, bedeutet noch nicht, dass die physischen Strukturen ihre Bedeutung und das mit ihnen verbundene Bewusstsein vollständig erfassen. Ob das der Fall ist, ist gerade das Kernproblem der ganzen Debatte und wird im Kontext der „Künstlichen Intelligenz“ mit der Frage, worin der Unterschied zwischen Menschen und Maschinen besteht, viel deutlicher herausgestellt als im neurowissenschaftlichen Kontext. Die Richtigkeit der These, menschliche Intelligenz lasse sich

lung nachweisen lassen. Beide sind in der physischen Welt beobachtbar, so dass der Zusammenhang sich zumindest als probabilistisches Naturgesetz formulieren lassen wird. Wäre das anders, spräche das nicht für, sondern gegen positive Willensfreiheit, denn die Handlung wäre dann nicht von dem abhängig, was die Persönlichkeit des Handelnden und seine Urheberschaft ausmacht.[28] Dass eine Gesetzmäßigkeit besteht, nach der die freie Handlungsentscheidung zustande kommt, und dass ein Kausalzusammenhang zwischen dieser Entscheidung und der Ausführung der Handlung besteht (es also weder eine unbetätigte Handlungsentscheidung gibt noch eine Handlung ohne Willensakt), sind beides Kernannahmen des Indeterminismus.[29] Soweit die aktuelle Entscheidung nach dieser

restlos maschinell bzw. biologisch abbilden, hängt nämlich nicht nur von Naturgesetzen ab, sondern auch davon, was sich in von Menschen aufgestellten Theorien überhaupt widerspruchsfrei ausdrücken lässt. Da gibt es in der Logik begründete Grenzen (dazu *Gödel*, Über formal unentscheidbare Sätze der Principia Mathematica und verwandter Systeme I, Monatshefte für Mathematik und Physik 38 [1931], Satz VI, VIII und XI, S. 187, 193, 196). Die Frage, wie weit das Verhalten des Menschen durch Naturgesetze bestimmt wird, und die Frage, wie weit der Mensch in der Lage ist (nicht nur zu einem bestimmten Zeitpunkt, sondern überhaupt), das System dieser Naturgesetze zu formulieren, sind zwei verschiedene Fragen. Aus *Gödels* Unvollständigkeitssätzen ergibt sich, dass sie unterschiedlich zu beantworten sind. Was nicht einmal in einem konsistenten System formuliert werden kann, lässt sich aber gar nicht in eine empirisch überprüfbare Hypothese fassen, eine entsprechende Gesetzlichkeit also niemals nachweisen. (Näher und weitergehend *Lucas*, Minds, Machines and Gödel, Philosophy 36 [137] 1961, 112 ff., sowie *ders.*, Minds, Machines, and Gödel: A Retrospect, in: *Millican/Clark*, Machines and Thought, The Legacy of Alan Turing I, 1996, S. 103 ff. m.w.H.)

28 Vgl. *Pauen/Roth*, Freiheit, Schuld und Verantwortung – Grundzüge einer naturalistischen Theorie der Willensfreiheit, 2008, S. 37 ff., 49 ff., 112.

29 „Indeterminismus“ ist deshalb eine unglückliche Bezeichnung: Die Idee der Freiheit setzt keineswegs voraus, dass keine Determination stattfindet, sondern dass die Determination durch das handelnde Subjekt erfolgt. Eingehend *Kant* o. Fn. 2 und *Buchheim*, Wer kann, der kann auch anders, in: *Geyer* (Hrsg.), Hirnforschung und Willensfreiheit, 2004, S. 158 ff. (insb. S. 161, 164 f.; Orig.: FAZ v. 19. 1. 2004). „Indeterminismus“ wörtlich zu nehmen, hieße deshalb, ihn mit Zufall bzw. Chaos gleichzusetzen. „Determinismus“ ist eine gleichermaßen unglückliche Wortwahl, denn gemeint ist ein Vorherbestimmtsein, also eigentlich Prädeterminismus (näher *Mohr*, Welche Freiheit braucht das Strafrecht?, in: *Lampe/Pauen/Roth* (Hrsg.), Willensfreiheit und rechtliche Ordnung, 2008, S. 72, 78 ff.). Die deterministische (naturwissenschaftliche) Theorie fragt nach der *Verursachung*, die indeterministische Theorie nach dem *Bestimmen* (lat.: determinare!) menschlichen Verhaltens. Vgl. dazu auch *Schockenhoff*, Wir Phantomwesen. Über zerebrale Kategorienfehler, in: ebd. S. 166, 167 (Orig.: FAZ v. 17. 11. 2003). Mit Bezug auf das Libet-Experiment (dazu Fn. 38) bemerkt *Höffe*, Der entlarvte Ruck. Was sagt Kant den Gehirnforschern?, in: ebd. S. 177, 181 (Orig.: FAZ 11. 2. 2004): „Nicht in einem Willensruck besteht [die Willensfreiheit], sondern in dem Umstand, daß der Wille keinem fremden, sondern dem eigenen Gesetz folgt.“

Gesetzmäßigkeit auch von früheren Entscheidungen abhängt, die sich bereits in der Außenwelt manifestiert haben, wird diese Gesetzmäßigkeit zumindest ein probabilistisches Naturgesetz sein. Das ist keine Konzession eines Indeterministen an den Determinismus, sondern ureigene indeterministische Forderung. Soweit man anhand solcher Naturgesetze eine Aussage treffen kann, wird die Handlungsentscheidung dadurch auch erklärbar.

Die Annahme des Indeterminismus besteht darin, dass die Handlungsentscheidung sich nicht vollständig aus äußeren Umständen erklären lässt und gleichwohl nicht zufällig erfolgt. In einer naturwissenschaftlichen Theorie kann sich das nicht allein aus äußeren Umständen erklärbare Residuum nicht anders denn als Zufälligkeit niederschlagen. Ein indeterministisches Modell muss also von einem äußerlich als Zufälligkeit erscheinenden Residuum ausgehen, dieses aber zugleich in einer nicht-naturgesetzlichen Handlungstheorie als (nicht zufällige) Gesetzmäßigkeit ohne Naturnotwendigkeit darstellen. Die Erklärung konkreter Handlungsentscheidungen muss auf dieser Grundlage daher immer Fragment bleiben und kann niemals vollständig erfolgen.[30]

Diese Bemerkungen und mit ihnen die begriffliche Klärung, was unter Indeterminismus und demgegenüber unter Determinismus zu verstehen ist, bleiben Skizze, denn sie lassen zumindest drei wesentliche Fragen unbeantwortet: Welche Anforderungen sind an das Residuum und damit an den Grad der Freiheit zu stellen, der wohl nicht nur verschwindend gering sein darf? Welchen Anforderungen unterliegt seine handlungstheoretische Erklärung, die das äußerlich zufällig erscheinende Residuum (als positive Freiheit) vom bloßen Zufall abgrenzen soll? Und wie hat man sich eine Gesetzmäßigkeit vorzustellen, die keine Naturnotwendigkeit beinhaltet, also keine naturgesetzliche Rekonstruktion und Prognose der Handlung zulässt, aber unter bestimmten Voraussetzungen (der Zurechnungsfähigkeit) notwendig eingehalten wird (die Handlung soll dann ja nicht nur zufällig positiv frei sein, und die Zurechnungsfähigkeit soll selbst auch nicht vom Zufall abhängen)?[31] Die Arbeit an diesen Fragen bleibt eine zentrale Auf-

30 Auch ein moderner Determinismus, der sich nicht an einen monokausalen, unidirektionalen Verursachungsbegriff bindet, sondern auch höchst komplexe multikausale und nichtlineare Erklärungen akzeptiert, würde das nicht bestreiten (vgl. *Kuhl*, Der Wille ist frei und determiniert: Funktionsanalyse und Diagnostik von Selbstbestimmung und Verantwortlichkeit, in: *Lampe/Pauen/Roth* (Hrsg.), Willensfreiheit und rechtliche Ordnung, 2008, S. 99, 103 f.; *Weinberger*, Rechtslogik, 2. Aufl. [1989], 11.4.3).

31 *Kants* (o. Fn. 2) Vorschlag, diese Gesetzmäßigkeit in einem praktischen Gesetz zu sehen, mag zunächst nach einem kategorialen Irrtum (der Vermengung unterschiedlicher Typen von Gesetzen) aussehen. Tatsächlich werden aber sogar bei der allgemeinsprachlichen Verwendungsweise des Wortes „Freiheit" implizit bereits Verhaltensregeln angewendet:

gabe der Rechtsphilosophie und zahlreicher anderer Disziplinen in diesem Bereich.[32]

Trotz ihrer Skizzenhaftigkeit zeigt die Bemerkung aber, dass der Streit um Indeterminismus und Determinismus sich im Streit um die Interpretation naturwissenschaftlicher Befunde fortsetzen lassen wird: Sind gemessene Abweichungen als zufällige Messfehler mit der Annahme eines bestimmten Naturgesetzes konsistent oder gerade das indeterministische Residuum? Bergen quantenphysikalische Grenzen des Messbaren dieses Residuum? Ist eine Theorie, die unmittelbar vor dem Handlungsentschluss anhand von Messungen am Gehirn die Handlung weitgehend sicher zu prognostizieren vermag, eine deterministische Theorie?[33] Soweit sich im messbaren Zustand des Gehirns Erfahrungen, Präferenzen, Ziele und Überzeugungen des Handelnden niedergeschlagen haben, verwendet sie Ausgangsdaten, die man ihrerseits als Ausdruck der Freiheit der Person verstehen kann, und die nach indeterministischer Vorstellung in die positive Ausübung der Willensfreiheit eingehen müssen.[34] Insoweit kann der Befund dann ebenso als Bestätigung des indeterministischen Handlungsmodells angesehen werden.[35]

Wenn P den Q misshandelt, spricht man von einer Freiheitsbeeinträchtigung des Q, nicht aber von einer Ausübung der Freiheit des P (*Mohr*, Welche Freiheit braucht das Strafrecht? [o. Fn. 29], S. 91). In der Tat ist eine „Verhaltensregel" eine Regel, nach der das Subjekt sich verhalten soll, und eine Regel, nach der das Subjekt sein Verhalten hervorbringen soll, muss nichts anderes sein. *Kants* Vorschlag aber bezieht sich auf seinen Kategorischen Imperativ und setzt voraus, dass man die Maximen des Handelnden bestimmen kann. Die Umsetzung dieses Vorschlags stößt daher auf durchgreifende Schwierigkeiten (vgl. Text bei Fn. 9).

32 Auch partielle Antworten und gerade auch eine begründete Umgehung der Fragen können hier Fortschritte bringen. Das zeigt die Rekonstruktion der strafrechtlichen *conditio sine qua non*-Formel der sog. Kausalität als „implizite Theorie" der willensgesteuerten Herbeiführung eines Erfolges (*Bung*, Wissen und Wollen im Strafrecht, 2009, S. 53 ff., 75 ff.). Sie kann es offen lassen, ob der Erklärung des äußeren Geschehens einer Straftat eine dualistische (zwei Welten, nämlich eine phänomenale Welt der Naturgesetze und eine noumenale Welt der Freiheit, unterscheidende) oder eine monistische (alles den Naturgesetzen unterwerfende) Theorie zugrunde zu legen ist.
Dazu, dass die hier nötigen Kategorien nur der Mensch setzen kann, vgl. *Kempermann*, Infektion des Geistes. Über philosophische Kategorienfehler, in: *Geyer* (Hrsg.), Hirnforschung und Willensfreiheit, 2004, S. 235, 239 (Orig.: FAZ v. 2. 3. 2004).

33 In diesem Sinne *Roth*, Willensfreiheit, Verantwortlichkeit und Verhaltensautonomie des Menschen aus Sicht der Hirnforschung, FS Lampe 2003, S. 43, 54: „Unser Verstand kann als ein Stab von Experten-Beratern angesehen werden, dessen sich das verhaltenssteuernde limbische System *bedient*." (Hervorhebung im Original).

34 Der Mathematiker *Olivier* (Wonach sollen wir suchen? Hirnforscher fragen nach ihrer Frage, in: *Geyer* (Hrsg.), Hirnforschung und Willensfreiheit, 2004, S. 153, 157 [Orig.: FAZ v. 13. 12. 2003]) bemerkt dazu: „Bei ‚großen' Entschlüssen ist das Ergebnis für Außenstehende oft früher zu erkennen. Das berührt nicht den Freiheitsbegriff. Ein ‚freier'

So schwierig es ist, die beiden Typen von Modellen menschlicher Handlungen präzise voneinander abzugrenzen, sind ihre typischen Einsatzgebiete doch grundverschieden: Deterministische Modelle werden vor allem in deskriptiven Projekten verwendet, indeterministische Modelle hauptsächlich in präskriptiven Projekten.[36] In Letzteren wird nicht die Frage gestellt, welches Verhalten sich nach Naturgesetzen jeweils ergeben muss, sondern welches Verhalten das Richtige ist bzw. gewesen wäre, wie also die Auswahl unter den vorausgesetzten Handlungsoptionen getroffen werden soll bzw. hätte getroffen werden sollen.

Über die Zusatzannahme, dass die entwickelten Regeln tatsächlich eingehalten werden, werden auch präskriptive Sätze eine Grundlage für Prognosen. Diese Zusatzannahme wird bekanntermaßen immer wieder verletzt (gegen rechtliche Gesetze wird verstoßen), und doch kann man sich bei vielen Normensystemen darauf verlassen, dass sie „regelmäßig" eingehalten werden und „recht gute" Prognosen ermöglichen.[37] Das lässt sich auch fördern, indem man an den Regelverstoß nachteilige Folgen knüpft. Dann wird die Auswahlentscheidung nicht

Entschluss hat natürlich seine Geschichte. […] Wir sehen mit teuren Maschinen ins Gehirn, doch wissen gar nicht, wonach wir suchen sollen."

35 Zur Notwendigkeit, solche möglicherweise von beiderlei Standpunkten jeweils berechtigten Interpretationen nicht zu einem den weiteren wissenschaftlichen Fortschritt mindestens einer Disziplin störenden Kampf um eine Vormachtstellung werden zu lassen, sondern durch gemeinsame begriffliche Abgrenzungen die jeweilige Berechtigung auch des anderen Standpunktes hervortreten zu lassen, *Roth*, Worüber dürfen Hirnforscher reden – und in welcher Weise?, in: *Geyer* (Hrsg.), Hirnforschung und Willensfreiheit, 2004, S. 66 ff. (Orig.: DZPh 52. Jg. [2], 2004).

36 Zur ihrerseits nicht unproblematischen Unterscheidung deskriptiver und präskriptiver Aussagen und ihrer Präzisierung bei *Searle* siehe *Schuhr*, Rechtsdogmatik als Wissenschaft, 2006, S. 50 ff. m.w.N. – Auch hier eröffnet die nicht allein auf Naturwissenschaften fokussierte Betrachtung „Künstlicher Intelligenz"einen besonderen Zugang zum Problem: Das menschliche Gehirn folgt Regeln und der Mensch betrachtet zumindest einige dieser Regeln als präskriptiv. Diese Regeln kann man beschreiben, d.h. deskriptiv darstellen (deskriptive und präskriptive Formulierungen sind regelmäßig ineinander überführbar). Unter Verwendung von *Gödels* Einsichten (o. Fn. 27) hat *Putnam*, Reflexive Refections, Erkenntnis 22 (1985), 143, 146 ff. dargelegt, dass es unter bestimmten (komplexen, aber durchaus nicht fernliegenden) Voraussetzungen entsprechende Beschreibungen eines vom Menschen als präskriptiv verstandenen Regelsystems gibt, dessen präskriptive Natur anhand der Beschreibung für das menschliche Gehirn schlechterdings nicht einzusehen ist. Der entsprechende innere Vorgang im Menschen (das Als-präskriptiv-Auffassen) lässt sich dann also aus logischen und semantischen Gründen nicht in einer für Menschen verständlichen deskriptiven Theorie erfassen. Das zeigt einerseits, dass deskriptive und präskriptive Projekte nicht austauschbar sein müssen, andererseits aber v.a. auch prinzipielle Grenzen für die Erfassung der Funktion des menschlichen Gehirns.

37 Näher *Schuhr* (o. Fn. 36), S. 53 ff.

nur durch den normativen Appell, sondern auch durch äußere Anreize beeinflusst. Das bedeutet nichts anderes, als die (stets nur graduelle) Willensfreiheit gezielt zu schmälern, und zwar innerhalb des Systems, das Willensfreiheit voraussetzt. Ein Rest willensfreier und damit letztlich nicht durch eine Theorie erklärbarer Entscheidung muss bei der Verfolgung eines präskriptiven Ansatzes aber verbleiben bzw. unterstellt werden. Eine vollständige Erklärung, wie die Auswahl unter den Handlungsoptionen tatsächlich fällt, darf man in präskriptiven Projekten von vornherein nicht suchen.

IV. Unvorhersehbarkeit

Erklärung und Prognose bzw. Unerklärbarkeit und Unvorhersehbarkeit sind untrennbar miteinander verbunden; darauf beruht gerade der empirische Ansatz der Naturwissenschaften. Unter der Annahme von Willensfreiheit bleibt die einzelne Auswahl unter Handlungsoptionen notwendig unvorhersehbar (genauer: letztlich nicht sicher vorhersehbar). Das ist zumindest bis heute keine bloße Unterstellung. Wir sind nicht in der Lage, die Auswahl unter Handlungsoptionen in deduktiven, auf empirischen Prämissen beruhenden Systemen zu erfassen, und es ist ungewiss, ob sich das jemals ändern wird.[38]

38 In dem für die moderne Hirnforschung in vielerlei Hinsicht wegweisenden Libet-Experiment (urspr. *Libet/Gleason/Wright/Pearl*, Time of Conscious Intention to Act in Relation to Onset of Cerebral Activity [Readiness-Potential] – The Unconscious Initiation of a Freely Voluntary Act, Brain [1983] 106, 623 ff., später variiert) sollten die Probanden zu einem selbst gewählten Zeitpunkt ihre Finger bzw. ihr Handgelenk abrupt beugen. Kurz vor dem Zeitpunkt, den der jeweilige Proband (durch Ablesen einer Uhr) als Moment der Handlungsentscheidung selbst ermittelt hatte, ließ sich bereits der Anstieg des Bereitschaftspotentials im EEG ablesen. Diesem Experiment war eine Studie zu Zeitablauf und „Rückdatierung" sensorischer Wahrnehmung vorhergegangen (*Libet/Wright/Feinstein/Pearl*, Subjective Referral of the Timing for a Conscious Sensory Experience, Brain [1979] 102, 193 ff.). Das Libet-Experiment wurde später auch mit mehreren Handlungsoptionen (Drücken eines von zwei Knöpfen) wiederholt, und die Entscheidung ließ sich bis zu 10 Sekunden vor ihrem Bewusstwerden an Messungen ablesen (insb. *Siong Soon/ Brass/Heinze/ Haynes*, Unconscious determinants of free decisions in the human brain, Nature Neuroscience 11, S. 543 ff. [2008]). Der Versuchsaufbau und die Interpretation der Befunde sind bis heute (auch neorologisch) heftig umstritten (zu einigen Nachweisen siehe *Mayer*, Ach, das Gehirn. Über einige neue neurowissenschaftliche Publikationen, in: *Geyer* (Hrsg.), Hirnforschung und Willensfreiheit, 2004, S. 205 ff. [Orig.: Neue Rundschau 114. Jg. (4), 2003]). Weshalb sie jedenfalls noch keine Aussagen über rechtlich bedeutsame Handlungsentscheidungen zulassen, erläutern *Helmrich*, Wir können auch anders: Kritik der Libet-Experimente, in: ebd.,

V. Eingeschränkte Formulierbarkeit der Optionen

Man kann nicht einmal vollständig ausformulieren, welche Handlungsoptionen bestanden und was genau ausgewählt wurde. Die Optionen und die vorgenommene Handlung, d.h. das Ergebnis der Handlungsentscheidung, kann immer nur ungefähr beschrieben werden.[39]

Jegliche Spekulation darüber, wie wahrscheinlich es ist, dass eine naturwissenschaftliche Theorie menschlichen Verhaltens bis zu einem bestimmten Zeitpunkt so weit zu entwickeln ist, dass sie verlässliche Prognosen des Verhaltens konkreter Personen in konkreten Situationen zulässt, ist sinnlos, denn zu diesem Ereignis gibt es keinen Wahrscheinlichkeitsraum; entweder es ist so, oder es ist nicht so, beides wäre singulär. Der Umstand, dass man die Optionen nicht einmal formulieren kann, gibt aber inhaltlichen Anlass zu Zweifeln daran, dass präzise, umfassende Prognosen jemals möglich sein werden.

Wenn Prognosen, welche seiner Verhaltensmöglichkeiten ein Mensch umsetzen wird, irgendwann einmal verlässlich gelingen, werden sie sicher in den Kategorien naturwissenschaftlicher Modelle erfolgen. Ob sich damit die Fragen beantworten lassen, die wir gern beantwortet hätten, ist dann immer noch ungewiss, denn die Anwendung naturwissenschaftlicher Theorien ist ein Problem für sich. Das mögen zwei Beispiele verdeutlichen: Die Mechanik ist recht weit entwickelt. Flugbahnen lassen sich mechanisch oft sehr gut berechnen. Die Frage, ob die Überreste eines in der Atmosphäre teilweise verglühten Satelliten beim Herabstürzen ein Hochhaus, ein Atomkraftwerk, eine Staumauer etc. treffen

S. 92 ff. (Orig.: FAZ v. 30. 12. 2003) und *Kröber*, o. Fn. 26, S. 108. Die experimentellen Befunde deuten aber zumindest stark darauf hin, dass das Gehirn (außer bei schnellen Reaktionen auf plötzliche Reize) Handlungsentscheidungen in uns unbewusster Weise vorbereitet. *Libet*, Do We Have Free Will?, Journal of Consciousness Studies, 6 (1999), S. 47, 51 ff. betont aber selbst, dass in anderen Experimenten auch bestätigt werden konnte, dass die Versuchspersonen sich noch bewusst gegen den unbewusst vorgefertigten Handlungsentwurf entscheiden konnten und keine Hinweise gefunden wurden, dass ein solches Verwerfen des Entwurfs seinerseits unbewusst vorgefertigt würde. Das entspricht von Menschen konstruierten Entscheidungsprozessen insb. in Gremien: Ohne Beschlussvorlage wäre eine konkrete Entscheidung gar nicht möglich; die Vorlage eröffnet also erst Freiheit und schließt sie nicht aus. *Lampe*, Die Bedeutung der menschlichen Freiheit in der neueren Lehre vom Strafunrecht, in: *Lampe/Pauen/Roth* (Hrsg.), Willensfreiheit und rechtliche Ordnung, 2008, S. 304, 311 ff. ordnet diesen Befund in die psychologische Gegenüberstellung von Selbst und Ich sowie die strafrechtlichen Zurechnungsvoraussetzungen ein.

39 Das zeigt sich insb. in der darauf aufbauenden Frage nach der Identität von auf unterschiedliche Weise beschriebenen Handlungen (dazu *Weinberger*, Rechtslogik, 2. Aufl. [1989], 11.4.4) bzw. in Fragen nach Inklusionsbeziehungen zwischen Handlungen.

werden, lässt sich damit aber noch lange nicht beantworten. Auch die Statik besitzt ein beeindruckendes theoretisches Fundament. Doch wenn man wissen möchte, wann eine Autobahnbrücke oder ein Haus einstürzen wird, wird ein Statiker nur in seltenen Fällen eine konkrete Antwort geben. Die Antworten der Naturwissenschaften müssen nicht zu den gestellten Fragen passen, sondern zu dem, was der Naturwissenschaftler in der Welt vorfindet und mit Experimenten reproduzierbar belegen kann. Es ist Sache des Fragenden, seine Fragen zu ändern, der naturwissenschaftlichen Stellungnahme eine partielle Antworten auf seine ursprüngliche Fragen zu entnehmen oder weiter auf eine Antwort zu warten. Nur in Glücksfällen (dies es freilich gelegentlich gibt) liefern naturwissenschaftliche Theorien Antworten auf das, was man wirklich wissen möchte. Bei der Prognose menschlicher Handlungen besteht indes ein besonderes Problem: Weil man die Handlungsoptionen in einer konkreten Situation nicht präzise beschreiben kann, kann man auch nicht genau angeben, welche Frage beantwortet (welche Prognose gestellt) werden soll. Das erschwert nicht nur die Suche nach einer Antwort, sondern macht es evtl. sogar unmöglich, zu entscheiden, ob eine Theorie die gesuchte Antwort gegeben hat.

Die Pointe an präskriptiven Theorien (z.B. einer als Theorie ausgearbeiteten Rechtsdogmatik[40]) ist, dass sie das Problem der Formulierung von Handlungsoptionen für konkrete Situationen umgehen können und doch das behandeln, was wirklich interessiert. Die Norm sagt nämlich in allgemeiner, abstrakter Weise, was geschehen soll bzw. nicht geschehen darf. Das Problem der Beschreibung eines singulären Verhaltens wird dabei auf den Moment der Anwendung der Norm verschoben, wenn zu entscheiden ist, ob ein konkretes Verhalten die Norm erfüllt oder nicht. Diese Entscheidung kann nie gänzlich frei von Willkür erfolgen, weil sich auch die allgemeine Norm nie mit letzter Bestimmtheit formulierten lässt. Dass Sprache hier keine letzte Bestimmtheit zulässt, ist u.a. eine Folge davon, dass sich Handlungsoptionen (also das mit dem sprachlichen Ausdruck Gemeinte) nie vollständig bestimmen lassen.

VI. Widerspruchsfreie Alternativmodelle

Es gibt in sich widerspruchsfreie Modelle menschlichen Verhaltens, die auf der Annahme von Willensfreiheit beruhen. Solche Modelle sind im Recht heute Standard. Im Kern verzichten sie auf eine Erklärung dafür, wie die Auswahl un-

40 Vgl. dazu *Schuhr* (o. Fn. 36), S. 42 ff., 48 ff., 163 ff.

ter verschiedenen Handlungsoptionen getroffen wird und rechnen einem Rechtssubjekt (jeweils im Regelfall, der durch besondere Ausnahmegründe ausgeschlossen werden kann) sowohl sein Verhalten als Handlung als auch (unter weiteren Voraussetzungen) Verantwortung für die Entscheidung zur jeweiligen Handlung zu.[41] Dabei wird Willensfreiheit postuliert, um zu begründen, weshalb erstens ein Verhalten gerade einem Subjekt zugeschrieben wird (und nicht nur als Folge des Zustandes der Welt insgesamt betrachtet) und zweitens dieses Subjekt für sein Verhalten Verantwortung trägt.

Neben diesem Standard gibt es aber ebenso widerspruchsfreie Modelle menschlichen Verhaltens, die auf die Annahme von Willensfreiheit verzichten. Die geringste Änderung ergibt sich, wenn ausschließlich auf das Postulat der Willensfreiheit verzichtet wird, die Zurechnung von Handlungen und Verantwortung aber unverändert erfolgt.[42] Verloren geht dabei allerdings nicht nur die – ohnehin lediglich schlagwortartige – Begründung der Zurechnung, sondern auch eine Erklärung für ihre Ausnahmen. Es gibt nicht nur eine Zurechnung von Handlungen bzw. Verantwortung, die – wo keine besonderen Umstände entgegenstehen – ohne weitere Begründung erfolgt. Vielmehr bedarf die Zurechnung gelegentlich einer positiven Begründung (z.B. in Fällen der omissio libera in causa und der Fahrlässigkeit) oder ist ausgeschlossen.[43] Wann keine weitere Begründung nötig, wann eine Zurechnung mit weiterer Begründung möglich und wann eine Zurechnung ausgeschlossen ist, muss Regeln folgen. Diese Regeln kann man zwar, ebenso wie die Zurechnungen selbst, von ihrer Begründung isolieren, verliert dabei aber den Erklärungsgehalt und die Plausibilität der Regelung.

Statt eines isolierten Begründungsverzichts kann man den indeterministischen Modellen aber auch deterministische Modelle menschlichen Verhaltens gegen-

41 Näher zu beiden Zurechnungsstufen *J. Hruschka*, Eintrag „Zurechnung“ (I.), in: *Ritter/Gründer/Gabriel* (Hrsg.), Historisches Wörterbuch der Philosophie, Bd. 12 (2004); *ders.*, Verhaltensregeln und Zurechnungsregeln, Rechtstheorie 22 (1991), S. 449, 451 ff.

42 Deutlich steht das bei *Jakobs*, Strafrecht Allgemeiner Teil, 2. Aufl. (1991), 17. Abschn. III. B. 1.: In Ermangelung einer der Zurechnung zum Täter generell vorzugswürdigen Alternative werde ihm eine Verhaltensalternative zugeschrieben und deren Nichtgebrauch angelastet; „Können“ sei eine normative Konstruktion. Dieses Vorgehen ist letztlich bereits in *Kants* Schlüssen vom Sollen auf das Können angelegt (z.B. *Kant*, Kritik der reinen Vernunft, 2. Aufl. [1787], Akademie-Ausgabe Bd. IV, B 835; krit. dazu z.B. *Schiller*, Die Philosophen, Schillers sämtliche Werke in zwölf Bänden, Bd. 1, 1838, S. 431 ff.).

43 Näher zur „ordentlichen“ und „außerordentlichen“ Zurechnung *Hruschka*, Verhaltensregeln und Zurechnungsregeln, Rechtstheorie 22 (1991), S. 449, 456 ff.

überstellen, in denen sich die Zurechnungen ändern oder zumindest nicht mehr die gleiche Bedeutung haben wie in den indeterministischen Modellen.[44] Das kann so weit gehen, dass auf ihrer Grundlage auf alle Soll-Sätze und alle den Normen innewohnende Appelle verzichtet wird. Es kann aber auch die Bedeutung des Sollens rekonstruiert und versucht werden, die Norm als Kausalfaktor in die Erklärung des Verhaltens zu integrieren[45] oder gar die Normen und ihren Schutz absolut zu setzen.[46] Je nach Variante der zugrunde gelegten Modelle ist der Erlass von Gesetzen im Parlament dann ein von der Natur den einzelnen

44 Ein deterministisches Modell entwickeln z.B. *Pauen/Roth* (o. Fn. 28) mit dazu passenden Konzepten von „Willensfreiheit“ und „Selbstbestimmung“ (S. 28 f., 37 ff.), „Person“ (S. 32 ff.), „alternativen Handlungsmöglichkeiten“ (S. 49 ff.), „Urheberschaft“ (S. 52 ff.) und „Unvorhersehbarkeit“ (S. 60 f.). Schuld rekonstruieren sie letztlich nicht; das liegt aber nicht etwa daran, dass sie dort scheitern würden, sondern an einer auf beachtlichen Gründen beruhenden Ablehnung der Vorstellung, Strafe (nebst anderen rechtlichen Nachteilen) ließe sich überhaupt durch Schuld rechtfertigen. Sie skizzieren stattdessen eine vertragstheoretische Rechtfertigung mit dem Grundkonzept der vorherigen „fairen Vereinbarung“ (S. 150 ff.). Die Abgrenzung dessen, wofür der Einzelne Verantwortung trägt, von dem, was ihm nicht zugerechnet werden kann, bleibt dabei ebenso problematisch wie im geltenden Strafrecht und seiner Begrifflichkeit (S. 156 ff.). Zu einem deterministischen Modell mit Schuldbegriff siehe *Streng*, Schuld ohne Freiheit?, ZStW 101 (1989), 273, 302 ff. Siehe ferner *Walter*, Neurophilosophie der Willensfreiheit, 1998, S. 223 ff., 293 ff. Für weitreichende Änderungen im Deliktsaufbau plädiert *Lampe*, Willensfreiheit und strafrechtliche Unrechtslehre, ZStW 118 (2006), 1, 41 f.

Dem deterministischen Modell entgegenzuhalten, dass die Begriffe in anderer Bedeutung verwendet werden, widerlegt das Modell – entgegen der Vorstellung von *Griffel* (z.B. Determinierte Schuld?, DRiZ 1982, 140 ff.) – zumindest solange nicht, wie keine selbständige, positive Begründung für ein indeterministisches Modell und seine Begriffe gegeben werden kann. Eine solche Begründung in der Selbstwahrnehmung der Menschen zu suchen, birgt einen Kategorienfehler, denn diese ist ihrerseits (zumindest auch und vom Standpunkt der Deterministen ausschließlich) Teil der (sicher zumindest teilweise) naturgesetzlichen Notwendigkeiten unterliegenden, sinnlich wahrnehmbaren äußeren Welt. Die Beobachtung eines zu dieser Sinnenwelt gehörenden Ereignisses kann die These, eine bestimmte Naturgesetzmäßigkeit bestehe, bestätigen (wenngleich niemals letztlich sicher beweisen) oder (sogar endgültig) widerlegen. Sie kann aber niemals beweisen, dass keine Naturgesetzmäßigkeit besteht, denn die empirische Methode gestattet von vornherein nur die Prüfung einer konkreten Hypothese. Jede Unternehmung, auf diesem Wege deterministische Modelle sicher zu widerlegen, muss fehlgehen. Allerdings ließ sich jeder bislang vorgetragene vermeintliche Beweis für die deterministische These auf einem entsprechenden Weg (nämlich unter Heranziehung des eigenen Maßstabs experimenteller Wissenschaften) widerlegen, und nichts spricht für die Annahme, dass sich das demnächst ändern sollte.

45 Z.B. *Kuhl*, Der Wille ist frei und determiniert (o. Fn. 30), S. 104. Eingehend (kritisch) zu solchen Vorstellungen *Grasnick*, Die Freiheit, die wir meinen, JR 1991, 364 ff. m.w.N.

46 Vgl. *Merkel*, Handlungsfreiheit, Willensfreiheit und strafrechtliche Schuld, in: *Lampe/Pauen/Roth* (Hrsg.), Willensfreiheit und rechtliche Ordnung, 2008, S. 332, 366.

Körpern bei der Abstimmung vorgegebenes und von ihnen nicht zu vermeidendes, letztlich sinnloses Ereignis (selbst wenn der Mensch wegen einer glücklichen Einrichtung der Welt, auf die er keinen Einfluss hat, die Bedeutung der Gesetze erfassen könnte).[47]

VII. Reichhaltigkeit der Annahme

Die gerade gemachten Bemerkungen haben bereits gezeigt, dass der Verzicht auf ein indeterministisches Handlungsmodell zumindest zu inhaltlichen Beschränkungen, ggf. gar zur gänzlichen Aufgabe präskriptiver Theorien zwingt. Falls die Annahme von Willensfreiheit sich widerlegen bzw. Determinismus beweisen ließe, wäre das kein Argument, am Indeterminismus kontrafaktisch festzuhalten. Man mag auch ohne einen solchen Beweis aus anderen Gründen von Determinismus ausgehen. (Die Annahme, alles, was in der Welt geschieht, sei von Anbeginn an vorherbestimmt, liefert z.B. eine sehr – und schrecklich – ästhetische Vorstellung.) Ist man an einer gehaltreichen Theorie interessiert, wird man aber indeterministische Handlungsmodelle – solange sie nicht widerlegt sind – den deterministischen vorziehen.[48]

VIII. Interesse an Abhängigkeitsanalysen

Die Einsicht, dass sowohl die Annahme von Willensfreiheit als auch die Annahme des Determinismus in jeweils konsistenten Theorien enthalten sein können (natürlich nicht beide gleichzeitig), motiviert eine sehr produktive Frage:

47 Gleiches würde für die Urteile der Richter gelten. Zu den Zusammenhängen zwischen der Möglichkeit des Gewinnens von Erkenntnissen und Willensfreiheit siehe *Welzel*, Gedanken zur „Willensfreiheit", FS Engisch 1969, S. 91, 93 ff. m.w.N.
Dazu, in welchem Sinne das nach Kausalgesetzen Geschehene doch auch anders hätte geschehen können und wie dies als Begründung einer Zurechnung auf Basis eines deterministischen Modells herangezogen werden kann, *Tugendhat*, Der Begriff der Willensfreiheit, in: *Cramer u.a.* (Hrsg.), Theorie der Subjektivität (FS Henrich), 1987, S. 373, 383 ff. unter Rückgriff auf Überlegungen von *Hume* und *Moore*.

48 Zur Notwendigkeit der Annahme von Willensfreiheit für rechtliche Gleichheit und Demokratie sowie Rechtsstaatlichkeit und das willkürliche Strafen zumindest hemmende Maßprinzip der Schuld vgl. *Braun*, Meine Freiheit ist deine Freiheit, JZ 2004, 610, 612 f.; *Jescheck/Weigend*, Lehrbuch des Strafrechts, Allgemeiner Teil, 5. Aufl. (1996), § 37 I 4.

Was hängt von der Annahme der Willensfreiheit bzw. des Determinismus eigentlich ab? Und was lässt sich stattdessen unabhängig von diesen Annahmen – d.h. mit beiden Annahmen konsistent – begründen?[49] Die von der Determinismus-Indeterminismus-Problematik unabhängigen Aussagen bilden einen insoweit stabilen, besonders gesicherten Kern von Aussagen über menschliches Verhalten.

D. Das Auswahlaxiom

Den Beobachtungen zu diesen acht Aspekten ist sogleich eine weitere Beobachtung anzuschließen: Alle acht Charakteristika besitzt das mathematische Auswahlaxiom in entsprechender Weise (unten E.). Daraus ergibt sich, wie fragwürdig der Nimbus der Willensfreiheit ist (dazu unten F.). Doch zunächst ist dieses Axiom Nicht-Mathematikern kurz vorzustellen:

Das Auswahlaxiom ist ein Gedankenkonstrukt der reinen Mathematik. Es hat keinerlei Bezug zu Handlungen, Wertungen oder Naturbeschreibungen. Es ist weder Gegenstand einer empirischen noch einer normativen Theorie.[50] Bei ihm besteht daher wenig Gefahr, dass es Moralphilosophen und Juristen in ähnlicher Weise begeistert wie die Freiheit des Willens oder die Freiheit von Handlungen. Es gehört vielmehr ins „Gruselkabinett für Praktiker".

49 Dazu etwa *Engisch*, Die Lehre von der Willensfreiheit in der strafrechtlichen Doktrin der Gegenwart, 2. Aufl. (1965); *Mankowski*, Verändert die Neurobiologie die rechtliche Sicht auf Willenserklärungen?, AcP 211 (2011), 153 ff.; *Baldus*, Die Bedeutung der Willensfreiheit im römischen Privatrecht, in: *Lampe/Pauen/Roth* (Hrsg.), Willensfreiheit und rechtliche Ordnung, 2008, S. 167, 191; *Schur*, Die Bedeutung der Willensfreiheit für das heutige Privatrecht, in: ebd. S. 226 ff.; *Möllers*, Willensfreiheit durch Verfassungsrecht, in: ebd. S. 250, 255 ff.; *Jakobs*, Strafrecht Allgemeiner Teil, 2. Aufl. (1991), 17. Abschn. III. B. 1.; *Roxin*, Strafrecht Allgemeiner Teil, Bd. I, 4. Aufl. (2006), § 3 Rn. 55, § 19 Rn. 37 ff.; *Mohr*, Welche Freiheit braucht das Strafrecht? (o. Fn. 29), S. 87 ff. Dazu, dass die hier rechtstheoretisch formulierte Frage zugleich eine Frage nach der Suche oder der Vermeidung von Konflikten mit aktuellen Herrschaftsstrukturen sein kann, *Haferkamp*, Die Bedeutung der Willensfreiheit für die Historische Rechtsschule, in: *Lampe/Pauen/Roth* (o. in dieser Fn.), S. 196 ff.

50 Dem steht nicht entgegen, dass die einzelnen Sätze einen deskriptiven und einen präskriptiven Gehalt haben und in empirischen und normativen Theorien Anwendung finden können. Der Theorie geht es aber primär um die Darstellung von relativ zu den Axiomen notwendigen Folgerungen und weder um eine empirisch überprüfbare Beschreibung von Gesetzen der Außenwelt noch um auf sie bezogene Normen. – Die reine Mathematik ist eine nicht-angewandte (wenngleich ggf. anwendbare) Geisteswissenschaft.

Wie alle Axiome der modernen Mathematik tritt das Auswahlaxiom ohne Wahrheitsanspruch auf.[51] Es ist schlicht eine Annahme, die in manchen mathematischen Theorien unverzichtbar ist. Sie wird axiomatisch gesetzt, weil man daraus ableitbare Konsequenzen in der Theorie behandeln möchte. Es formuliert eine logische Voraussetzung – wenn sie erfüllt ist, ergeben sich die gewünschten Konsequenzen, wenn sie nicht erfüllt ist, ist die Theorie auf den Fall nicht anwendbar. Es wird aber nichts darüber ausgesagt, wann die Voraussetzung erfüllt ist. Die reine Mathematik ist gerade deshalb rein, weil sie die Anwendbarkeit ihrer Theorien nicht als mathematisches Problem behandelt. Tatsächlich ist es so, dass mathematische Theorien, die das Auswahlaxiom voraussetzen, an sehr vielen Stellen Anwendung finden – und zwar jeweils ohne dass letztlich überprüft werden kann, ob die mit dem Auswahlaxiom gemachten Voraussetzungen vorliegen. Schon darin besteht Ähnlichkeit zur Willensfreiheit. Diese Ähnlichkeit ist aber weder für die Willensfreiheit noch für das Auswahlaxiom spezifisch. Sie ergibt sich daraus, dass es sich bei beiden um axiomatische Setzungen handelt und die Anwender von Theorien bisweilen mehr auf ihren Nutzen als auf das Vorliegen ihrer Voraussetzungen achten.

Im Auswahlaxiom geht es – wie in der Mathematik nicht überraschend – um Mengen. Mengen müssen vorgegeben sein, und es dürfen beliebig viele Mengen vorgegeben werden. Keine dieser Mengen darf leer sein, d.h. jede Menge muss mindestens ein Element enthalten. Im Übrigen ist es aber egal, wie groß die einzelnen Mengen sind. Sie müssen auch in keiner Weise übereinstimmen, weder inhaltlich noch nach ihrer Größe. Das Auswahlaxiom besteht in der Annahme, es gebe stets eine Funktion, die jeder dieser Mengen eines ihrer Elemente zuordnet.[52] Diese Funktion nennt man „Auswahlfunktion“. Die Menge aller zugeordneten Elemente (d.h. die Bildmenge der Auswahlfunktion) kann man „Auswahlmenge“ nennen.[53] Sie muss natürlich keine der vorgegebenen Mengen sein.

51 Zur Entwicklung des modernen hilbert-ackermannschen Axiomensbegriffs und seinen Abweichungen vom klassischen, aristotelisch-euklidischen Axiomenbegriff siehe *H. Freudenthal*, Eintrag „Axiomatik“, in: *Ritter/Gründer/Gabriel* (Hrsg.), Historisches Wörterbuch der Philosophie, Bd. 1 (1971); *Kennedy*, The Origins of Modern Axiomatics, The American Mathematical Monthly, 79 (1972), S. 133 ff. Zur Formulierung dieses Begriffs siehe *Hilbert/Ackermann*, Grundzüge der theoretischen Logik, 6. Aufl. (1972), § 8, S. 22 (entspr. 1. Aufl., 1928). Siehe dazu auch u. Fn. 58.

52 *Leader*, The axiom of choice, in: *Gowers et al.* (Hrsg.), The Princeton Companion to Mathematics, 2008, III.1, S. 158.

53 Es gibt verschiedene Varianten dieses Axioms, die auch inhaltlich voneinander abweichen. Statt der hier genannten Variante hätte gleichwohl jede andere ebenso verwendet werden können; auf ihre Unterschiede kommt es hier nicht an.

E. *Gemeinsamkeiten von Willensfreiheit und Auswahlaxiom*

An diesem Auswahlaxiom kann man ganz entsprechende Charakteristika feststellen, wie sie zuvor für die Willensfreiheit dargestellt wurden:

I. Scheinbare Selbstverständlichkeit

Auf den ersten Blick scheint das Axiom eine Selbstverständlichkeit zu sagen: Wenn Mengen vorgeben sind und man ihre Elemente kennt, worin soll dann das Problem bestehen, immer eines der Elemente auszuwählen? Dass das möglich ist, scheint geradezu in der Natur der Mengen zu liegen.[54]

Solange nur endlich viele Mengen vorgegeben sind, gibt es in der Tat kein Problem. Es können aber beliebig viele Mengen vorgegeben werden, insb. unendlich viele. Der harmlose Fall davon ist, dass nur abzählbar unendlich viele Mengen vorgegeben werden, also so viele, wie es natürliche Zahlen gibt. Dann kann die Auswahl zwar evtl. nicht mehr von einem Menschen im Rahmen seines Lebens getroffen werden – so wie niemand alle natürlichen Zahlen aufzählen kann. Aber man kann die Auswahl immerhin in folgendem Sinne „konstruieren": Zwar lässt sich die Auswahl *niemals für alle* Mengen „erledigen", aber *immerhin kann jede* Menge bearbeitet werden, wenn nur lange genug jemand Menge für Menge vorgeht und der Reihe nach immer ein Element auswählt, denn jede Menge wird so jeweils nach endlicher Zeit erreicht und bearbeitet.[55]

Es gibt allerdings bei Weitem nicht nur diese harmlosen Fälle. In der Welt der Mathematik sind Mengen, die nur endlich oder abzählbar unendlich viele Elemente enthalten, ziemlich klein. Schon die aus dem Mathematikunterricht wohlbekannten reellen Zahlen sind nicht mehr abzählbar. Wenn man also so viele

54 So meint auch *Ramsey*, The Foundations of Mathematics (1925), Proc. London Math Soc. Ser. 2, 25 (1926), S. 338, 381: „[...] the Multiplicative Axiom [=Auswahlaxiom] seems to me the most evident tautology. I cannot see how this can be the subject of reasonable doubt, and I think it never would have been doubted unless it had been misinterpreted."

55 Dass hier etwas für jede einzelne Menge, aber doch nicht für alle Mengen gleichzeitig zutrifft, liegt daran, dass die Dauer, bis die Menge erreicht wird, zwar für jede einzelne Menge immer endlich ist, aber doch beliebig groß sein kann. Es gibt also keine Begrenzung der jeweiligen Dauer. Insgesamt ergibt das einen Prozess von unbegrenzter Dauer, also einen selbst unendlichen Prozess, in dem zu jedem Zeitpunkt noch Mengen zur Bearbeitung anstehen.

Mengen vorgegeben hat, wie es reelle Zahlen gibt, ist es für Menschen schlechthin unvorstellbar, wie die Auswahl tatsächlich getroffen werden sollte.

Die Auswahl ist bei näherer Betrachtung also alles andere als selbstverständlich.[56]

II. Auswahl unter Optionen

Indem die Auswahlfunktion der einzelnen Menge eines ihrer Elemente zuordnet, stellt sie die Auswahl gerade dieses Elementes fest. Jedes andere Element dieser Menge wären auch eine Option gewesen, wurde aber nicht ausgewählt. Wenn jemand eine Auswahlfunktion festlegt, trifft er damit die Auswahl unter diesen zur Wahl stehenden Optionen.[57] Genau diese Vorstellung verbindet man mit dem Auswahlaxiom (auch wenn man weiß, dass bei einer großen Anzahl vorgegebener Mengen diese Auswahl tatsächlich immer nur partiell vorgenommen werden kann) – deshalb heißt es auch so.

III. Unerklärbarkeit

Nur in Sonderfällen, in denen wenige Mengen vorgegeben wurden oder sich wegen spezieller Eigenschaften der vorgegebenen Mengen eine Auswahl durch sprachliche Kunstgriffe formulieren lässt, kann man eine Auswahl tatsächlich angeben. (Beispiel: Wenn alle noch so großen Mengen die Null enthalten, kann man sagen: „Wähle immer die Null.“) Das ist im Allgemeinen aber gerade nicht möglich. Das Axiom setzt (u.a. deshalb) insbesondere nicht voraus, dass die Auswahlfunktion tatsächlich angegeben wird. Die Auswahl muss also nicht wirklich getroffen werden.

Die Forderung nach mathematischer Existenz der Auswahlfunktion beinhaltet nur, dass (1.) die Vorstellung einer solchen Funktion nicht im Widerspruch zu den sonstigen Axiomen steht und (2.) in allen auf dem Auswahlaxiom beruhen-

56 Mehr noch: In einigen mathematischen Theorien führt das Auswahlaxiom auch zu paradoxen Befunden. Zu einer Skizze eines solchen Befundes und seiner Bedeutung in der historischen Entwicklung des Auswahlaxioms bzw. der Kenntnis seiner Konsequenzen siehe *Stillwell*, Mathematics and its History, 2. Aufl. (2002), 23.4.

57 Entspr. bemerkt *Leader*, The axiom of choice (o. Fn. 52), S. 157: „Roughly speaking, the axiom of choice says that we are allowed to make an arbitrary number of unspecified choices when we wish to form a set.“

den Überlegungen eine Auswahlfunktion vorausgesetzt werden darf.[58] Deshalb bezeichnet man das Auswahlaxiom als „nicht konstruktiv“: nur die Existenz der Funktion (in dem genannten schwachen Sinne) wird verlangt. Das Axiom fordert aber nicht, dass man ein Verfahren angeben kann, nach dem die Auswahl tatsächlich zu treffen ist.[59]

Diese schwache, abstrakte Bedeutung von „Existenz“ bzw. „es gibt“ irritiert, wenn man sich an eine andere Verwendungsweise der Wörter gewöhnt hat. Inhaltlich wird mit ihr hier aber etwas ausgedrückt, das seine Entsprechung bei der Willensfreiheit findet und dort einleuchtet oder zumindest allgemein bekannt ist: Die Annahme von Willensfreiheit beinhaltet die abstrakte Vorstellung, dass das Subjekt durch seinen Willen seinen Körper zur Handlung bestimmen kann. Es setzt aber keine einzige konkrete Handlung voraus (um die konkrete Situation geht es ja gar nicht – ebenso wie es beim Auswahlaxiom nicht um konkrete Mengen, sondern um beliebige Mengen geht). Was dieses „bestimmen kann“ bedeuten soll, d.h. *wie* der freie Wille das Verhalten des Körpers bestimmt, bleibt offen oder zumindest problematisch.[60] Niemand kann dies als Verfahren beschreiben, und die Annahme von Willensfreiheit setzt das in keiner Weise voraus. Das Auswahlaxiom und die Annahme von Willensfreiheit sind gleicherma-

58 Zu dieser in der Mathematik heute praktisch unangefochtenen Begrifflichkeit schreibt (noch im Streit um sie) *Hilbert*, Brief an Frege vom 29. 12. 1899, in: *Hermes/Kambartel/Kaulbach* (Hrsg.), Nachgelassene Schriften und wissenschaftlicher Briefwechsel, Bd. 2 (wiss. Briefwechsel), 1. Aufl., Hamburg 1976, S. 66: „Wenn sich die willkürlich gesetzten Axiome nicht einander widersprechen mit sämtlichen Folgen, so sind sie wahr, so existieren die durch die Axiome definirten Dinge. Das ist für mich das Criterium der Wahrheit und der Existenz.“

59 Ein anderes Beispiel: Beantwortet werden soll die Frage, ob es zwei irrationale Zahlen a und b gibt, so dass a hoch b (ab) rational ist. Dazu muss man nur wissen, dass $\sqrt{2}$ irrational und 2 ist eine rationale Zahl ist, und dass $(a^b)^c=a^{(b\cdot c)}$ gilt. Man kann die Frage beantworten, indem man Überlegungen zu $\sqrt{2}^{\sqrt{2}}$ anstellt, ohne diesen Ausdruck näher zu verstehen. Vor allem kann offen bleiben, ob dieser Wert rational oder irrational ist. Entweder $\sqrt{2}^{\sqrt{2}}$ ist rational, dann erfüllt schon a=b=$\sqrt{2}$ die gewünschte Voraussetzung, denn ab=$\sqrt{2}^{\sqrt{2}}$ ist dann ja rational. Oder $\sqrt{2}^{\sqrt{2}}$ ist irrational, dann erfüllen a=$\sqrt{2}^{\sqrt{2}}$ und b=$\sqrt{2}$ die Voraussetzung, denn dann gilt ab=$\left(\sqrt{2}^{\sqrt{2}}\right)^{\sqrt{2}}=\sqrt{2}^{(\sqrt{2}\cdot\sqrt{2})}=\sqrt{2}^{2}=2$, und 2 ist ja rational. Die Frage ist also eindeutig mit „Ja“ zu beantworten. Die Überlegungen liefern absolute Gewissheit darüber, dass es die gewünschten irrationalen Zahlen gibt. Gleichzeitig lassen die Überlegungen es offen, welche Zahlen das sind. Solche Beweise nennt man „nicht konstruktiv“. (Dieses Beispiel verwendet *Leader*, The axiom of choice [o. Fn. 52], S. 157.)

60 Dazu o. insb. Fn. 31 und 32.

ßen nicht konstruktiv (im angegebenen Sinne). Wie die Auswahl stattfindet, d.h. wie man in jedem beliebigen Fall eine Auswahlfunktion erlangen soll, ist gleichermaßen unerklärbar wie die Betätigung eines freien Willens (d.h. das keiner Naturnotwendigkeit unterliegende Zustandekommen der Handlungsentscheidung und ihre Umsetzung in einer Bewegung, die den Naturgesetzen unterliegt).

IV. Unvorhersehbarkeit

Ebenso, wie Handlungen letztlich unvorhersehbar sind, liegt es nach den Voraussetzungen des Auswahlaxioms auch nicht fest und ist damit im Allgemeinen unmöglich anzugeben, welche Auswahl aus den Mengen die Auswahlfunktion tatsächlich trifft.

Nur im Grenzbereich ist das anders: Wenn alle vorgegebenen Mengen jeweils nur ein Element besitzen, kann es nur eine Auswahlfunktion geben, denn es fehlen jegliche weitere Auswahloptionen. Das entspricht dem Fall, dass sich dem Handelnden keine Handlungsalternative bietet. Nach klassischer philosophischer Terminologie ist das sogar möglich, denn sie erfasst jede Bewegung eines Körpers (z.B. auch eines Steines) als Handlung.[61] In der heute gebräuchlichen Begrifflichkeit hingegen ist der Handlungsbegriff eingeschränkt und setzt stets mindestens zwei Handlungsoptionen voraus. Um dem im Auswahlaxiom zu entsprechen, müsste nicht nur gefordert werden, dass die Mengen jeweils nicht leer sind, sondern dass sie jeweils mindestens zwei Elemente enthalten.

Dann geht die Entsprechung zwischen den Szenarien des Auswahlaxioms und der Willensfreiheit sehr weit: Man stelle sich vor, für ein Subjekt würde zu jeder Situation, in der dieses Subjekt handelt, eine Menge gebildet. Für jede Handlungsoption in dieser Situation soll die Menge jeweils ein Element beinhalten. Die Auswahlfunktion sei durch die Entscheidungen des Subjekts in der Weise bestimmt, dass jeder Menge jeweils das Element zugeordnet wird, das für die tatsächlich ausgeführte Handlung steht. Wenn man nun davon ausgeht, dass die Willensentschlüsse eines Subjekts das Subjekt ausmachen, dann ist das freie Subjekt nichts anderes als die Gesamtheit seiner Willensentschlüsse, formal also nichts anderes als die genannte Auswahlfunktion.[62] Die Unvorhersehbarkeit sei-

61 So spricht noch *Kant* davon, dass vernunftlose Wesen (Sachen) durch den Einfluss fremder Ursachen zur Tätigkeit bestimmt werden (*Kant*, Grundlegung [o. Fn. 2], S. 446).

62 In dieser rein formalen Zuordnung fehlen natürlich Inhalte: Es gibt in ihr insbesondere keine Entsprechung für das Selbstbewusstsein des Subjekts. Auch die Geschichtlichkeit des Subjekts wird nur partiell abgebildet, denn die Handlungsentscheidungen werden nur

ner Entscheidungen fällt dann unmittelbar damit zusammen, dass die Auswahlfunktion nicht im Voraus angegeben werden kann, sondern erst im Laufe des Lebens dieses Subjekts durch das Subjekt selbst bestimmt wird.

V. Eingeschränkte Formulierbarkeit der Optionen

Nach der gerade angegebenen Zuordnung[63] korrespondiert die einzelne Handlungsentscheidung der Auswahl eines Elements aus einer der Mengen. In jeder der vorgegebenen Mengen sind alle Elemente eine Auswahloption und korrespondieren jeweils einer Handlungsoption (betrachtet man die Auswahl selbst als Handlung, konstituieren sie sogar eo ipso eine Handlungsoption). Ebenso, wie man bestehende Handlungsoptionen im Allgemeinen nicht vollständig präzise angeben kann, ist auch das Vorgegebensein der Mengen und ihrer Elemente problematisch.

Das Auswahlaxiom erwartet keinesfalls eine Aufzählung der Elemente der vorgegebenen Mengen. Die Mengen können ja beliebig groß – insbesondere also überabzählbar groß –, ihre Elemente also von vornherein nicht aufzählbar sein. Viele Mengen lassen sich nur in einer Weise präzise beschreiben, die selbst nicht im gerade angegebenen Sinne konstruktiv ist und evtl. gar das Auswahlaxiom bereits voraussetzt.

Die Annahme, dass Mengen vorgegeben sind, ist also selbst recht abstrakt. Das sollte aber niemanden irritieren, der es gewohnt ist, mit Handlungsoptionen und Handlungsentscheidungen umzugehen, die in der gleichen Weise abstrakt vorausgesetzt werden und sich nicht exakt, sondern nur exemplarisch und selbst dann nicht ohne sprachliche Vagheit formulieren lassen.

als bereits getroffen erfasst. Abgebildet wird also nur das „gewordene" Subjekt (gewissermaßen im Moment seines Todes), nicht das lebende, nach und nach entscheidende und dadurch „werdende" Subjekt. Es soll auch in keiner Weise suggeriert werden, dass ein Mensch sich in einem mathematischen Modell vollständig erfassen ließe (vgl. dazu auch Fn. 27 und 36). Die Entsprechung besteht gerade nur im Hinblick auf bestimmte Aspekte.

63 Sie dient weiterhin nur dazu, die Ähnlichkeiten zwischen dem Auswahlaxiom und der Annahme von Willensfreiheit zu erläutern. Sie ist weder Teil dieses Axioms noch Gegenstand mathematischer Theorien.

VI. Widerspruchsfreie Alternativmodelle

Zu etlichen (Teil-)Theorien der Mathematik sind das Auswahlaxiom und seine Verneinung gleichermaßen konsistent. Das entspricht dem Umstand, dass sich sowohl Verhaltenstheorien mit der Annahme von Willensfreiheit also auch Verhaltenstheorien mit der Annahme von Determiniertheit aufbauen lassen. Diese unterscheiden sich dann freilich erheblich, und ebenso ist das bei mathematischen Theorien mit bzw. ohne Auswahlaxiom.

VII. Reichhaltigkeit der Annahme

Sehr viele interessante mathematische Theorien setzen das Auswahlaxiom voraus. Weite Bereiche der Mathematik wären ohne Auswahlaxiom nicht möglich.[64] So setzt z.B. die aus der Schule bekannte Analysis das Auswahlaxiom voraus – was Schüler üblicherweise nicht bemerken, denn man axiomatisiert die Theorie dort ja nicht. Es gibt daher nur wenige Mathematiker, die es in Betracht ziehen, auf dieses Axiom generell zu verzichten. Das entspricht der Bedeutung der Annahme von Willensfreiheit für rechtliche Theorien und der unter Juristen verbreiteten Haltung zu ihr.

64 In etlichen Teilbereichen der Mathematik gibt es recht zentrale Sätze, die zum Auswahlaxiom äquivalent sind. Diese Äquivalenz bedeutet, dass diese Sätze immer dann als wahr angesehen werden dürfen, wenn das Auswahlaxiom als wahr angesehen wird, und immer dann nicht als wahr angesehen werden dürfen, wenn man das Auswahlaxiom nicht als wahr ansieht (kurz: sie sind genau dann wahr, wenn das Auswahlaxiom es ist). Zu diesen Sätzen gehört z.B. in der linearen Algebra: „Jeder Vektorraum hat eine Basis.“ Damit wird (zusammen mit weiteren Anforderungen) gewährleistet, dass man für Punkte in diesen Räumen Koordinaten angeben kann. Würde dieser Satz nicht gelten, müsste es Raumpunkte geben, für die man schlechterdings keine Koordinaten angeben kann. Dann könnte man auch lineare Gleichungssysteme nicht mehr als Matrizen schreiben und nicht mit Computern lösen. Zahlreiche weitere Sätze aus verschiedensten Teilbereichen der Mathematik, für die Entsprechendes gilt (und deren fachsprachliche Formulierung gerade mathematisch ungebildeten Lesern viele Anknüpfungspunkte für freie Assoziationen und damit Unterhaltungswert bietet), zitiert myops 13 (2011), Seite Eins. Der dort nicht zitierte Literaturhinweis sei hier ergänzt: *Herrlich*, Axiom of Choice, 2006, insb. S. 9 ff.; *Rubin*, Equivalents of the axiom of choice, II, 1985, passim, jeweils m.w.N.

VIII. Interesse an Abhängigkeitsanalysen

Mathematiker legen großen Wert auf die Untersuchung, welche Theoreme das Auswahlaxiom bzw. eine zu diesem äquivalente Annahme voraussetzen, und welche ebenso zur Gegenannahme konsistent wären.[65]

F. Wider den Nimbus der Willensfreiheit

1. Der Vergleich zeigt, dass sich zu jedem der vorhin genannten Aspekten der Willensfreiheit eine Entsprechung beim Auswahlaxioms darstellen lässt.[66]
   Es wäre daher ein grundlegender Irrtum, wenn man diese Aspekte der Willensfreiheit als dem Wesen des Menschen eigentümlich ansehen wollte. Natürlich hängt auch das Auswahlaxiom in gewisser Weise vom Wesen des Menschen ab, denn dieses Axiom gibt es nur in seiner Vorstellungswelt. Aber es ist eben auch nur eine mehr oder minder willkürlich getroffene Annahme. Die Annahme wird getroffen wegen der Konsequenzen, die sich aus ihr ergeben, auch wenn man sie nicht weiter rechtfertigen kann. Sie hat schlicht technische Bedeutung innerhalb diverser deduktiver Ableitungszusammenhänge. Sie ist nichts anderes als ein Mittel zur Konstruktion der gewünschten Theorien. Das Auswahlaxiom hat keine ontologische Basis und schon gar keine im Menschsein. Weil sich gleichwohl alle dargestellten Aspekte am Auswahlaxiom aufweisen lassen, können sie keine Eigentümlichkeiten des Menschseins darstellen.
   Weder diese Beobachtung noch die in ihrem Zusammenhang vorgetragenen weiteren Überlegungen bedeuten, dass die Annahme von Willensfreiheit aufgegeben werden müsste. Sie unterstreichen aber, dass ein nüchternerer Umgang mit der Annahme von Willensfreiheit Not tut.[67] Ihr einen besonderen

65 Mit den Worten von *Shelah* und *Soifer*, Axiom of choice and chromatic number of the plane, Journal of Combinatorial Theory Ser. A (JCTA) 103 (2003), 387, 388: „So, it is natural to ask, what if we have no choice? Absence of choice – in mathematics as in life – may affect outcome."

66 Es sei betont, dass die Entsprechung sich nur auf diese Aspekte bezieht, also nicht mehr als eine partielle Entsprechung von Willensfreiheit und Auswahlaxiom behauptet werden soll (vgl. o. Fn. 62).

67 Zu der Nüchternheit gehört es freilich auch, bei einer Umgehung dieser Annahme evtl. drohende Gefahren zu berücksichtigen. So mahnt *Möllers*, Willensfreiheit durch Verfassungsrecht (o. Fn. 49), S. 273: „Freilich kann das Recht diese Zusammenhänge [insb. zwischen Zurechnung und der Möglichkeit, eine Begründung der Handlung einzufor-

Nimbus anzuheften, suggeriert einen unbegründbaren ontologischen Status und kaschiert, dass es sich um ein Postulat handelt. Willensfreiheit ist eine technische Annahme, die zum Zwecke einer bestimmten Art Handlungstheorie aufgestellt wird, nämlich solcher Handlungstheorien, die sich präskriptiven Systemen zugrunde legen lassen. Die Annahme rechtfertigt sich aus dem Interesse an diesen Systemen; sie füllt dort eine argumentative Leerstelle.[68]

dern; J.S.] auch unterlaufen, indem es Regelungstechniken wählt, die die Anerkennung als freie Rechtsperson zwar formell intakt lassen, die aber Zurechnungs- und Begründungsstandards in einer Weise ausgestalten, die individuell zu treffende Entscheidungsalternativen als rechtlich irrelevant behandelt. Wenn Individuen als Beiträger zu gesamtgesellschaftlich definierten Risiko- und Erkenntnisstrukturen behandelt werden, deren einzelne Entscheidungen für das Recht folgenlos bleiben, so wird aus der freiheitssichernden Funktion der Form der Rechtsperson eine funktionslose Förmelei, die über den praktischen Freiheitsverlust durch Recht hinwegtäuscht."

68 Mit dem präskriptiven System kann man dann auch versuchen, Annäherungen an das Ideal der Freiheit zu realisieren (dazu *Hassemer*, Einführung in die Grundlagen des Strafrechts, 2. Aufl. [1990], S. 229 f.).
Roxin bezeichnet Willensfreiheit – obigen Feststellungen entsprechend – als normative Setzung und vergleicht sie als solche mit dem Regelungsprinzip rechtlicher Gleichheit (*Roxin*, Zur Problematik des Schuldstrafrechts, ZStW 96 [1984], S. 641, 650 f.; und er betont die rechtsstaatliche Funktion des darauf gegründeten Schuldprinzips, entspr. *Lüderssen*, Ändert die Hirnforschung das Strafrecht?, in: *Geyer* (Hrsg.), Hirnforschung und Willensfreiheit, 2004, S. 98, 101 f. [Orig.: FAZ v. 4. 11. 2003]). Wenn dem entgegengehalten wird, es gebe ein bewusstes Erleben des So-oder-anders-wollen-Könnens, und das beweise die Freiheit als reales Faktum (*Griffel*, Prävention und Schuldstrafe, ZStW 98 [1986], 28, 35, 43; *Guss*, Willensfreiheit – oder: Beruht das deutsche Strafrecht auf einer Illusion?, 2002, S. 79 ff., 156 ff.; *Hirsch*, Zur gegenwärtigen deutschen Diskussion über Willensfreiheit und Strafrecht, ZIS 2010, 62, 65 ff.), beruht das auf Verwechslungen. Ich kann den inneren Akt meiner Handlungsentscheidung erleben, daraus Gewissheit über ihn erlangen und diese in einer ontologischen Feststellung ausdrücken. Die Wirkungsweise der Entscheidung auf das Verhalten meines Körpers kann man aber nicht erleben. Der Zusammenhang von Ereignissen (die Gesetzmäßigkeit) hat auch keinen ontologischen Seins-Status, sondern ist nur eine mehr oder minder gut bestätigte (und irgendwann evtl. doch verworfene) vom Menschen aufgestellte Hypothese (näher dazu in den Nachweisen in Fn. 25), einem ontologischen Beweis also grundsätzlich nicht zugänglich. Hier kommt hinzu, dass auch zu beweisen wäre, dass das Verhalten des eigenen Körpers nicht von äußeren Umständen, sondern allein vom eigenen Willen bestimmt wird; zu beweisen wäre also nicht nur eine positive Tatsache, sondern das Nicht-Vorliegen eines Zusammenhangs. Dass die eigene Überzeugung, man hätte auch anders handeln können, auf einem Irrtum beruht, lässt sich aus Perspektive des Handelnden aber nie mit letzter Gewissheit ausschließen. Das Evidenzerlebnis eines inneren Vorgangs beweist nicht das Nicht-Bestehen eines äußeren Zusammenhangs bzw. Zwangs. Zu den aus dieser Einsicht resultierenden Problemen für die an den Zweifelssatz gebundene Anwendung von § 20 StGB und Lösungsvorschlägen siehe *Merkel*, Willensfreiheit und rechtliche Schuld, 2008, S. 104 ff., 134 ff.

2. Die hier vorgetragene Beobachtung der Übereinstimmungen von Willensfreiheit und Auswahlaxiom wurde – soweit ersichtlich – bislang noch nicht so herausgearbeitet, wie das hier geschehen ist. Trotzdem ist sie zumindest in allgemeinerer Form weithin bekannt. Schon der Name „Auswahlaxiom" bezeugt das. Bereits im Deutschen ruft das Wort „Auswahl" die Assoziation eines menschlichen Agenten hervor. Im Englischen ist das noch viel deutlicher: Dort heißt das Axiom „axiom of choice", und „choice" ist zugleich ein Wort für Willensfreiheit. Die Bezeichnung des Axioms spielt also bereits mit der hier ausgeführten Beobachtung.

G. *Ausblick*

Abschließend sei noch einmal auf die Roboter zurückgekommen: Roboter sind vom Menschen konstruierte Geräte. Als solche werden sie ziemlich sicher niemals in der Lage sein, die Auswahl, die das Auswahlaxiom voraussetzt, im allgemeinen Fall vorzunehmen. Ihre Fähigkeiten mögen die Fähigkeiten eines Menschen hinsichtlich der Geschwindigkeit des Treffens einer Auswahl in Fällen, in denen der Mensch grundsätzlich die Auswahl auch selbst treffen könnte, weit übersteigen. Es ist aber praktisch sicher davon auszugehen, dass sie es niemals in einer grundsätzlich über die Fähigkeiten des Menschen hinausgehenden Weise vermögen werden, die Auswahl zu treffen. Das hängt z.B. damit zusammen, dass man ihnen die nötigen Mengen, aus denen die Auswahl zu treffen wäre, nicht einmal real vorgeben könnte.

Gleichwohl kann man sich vorstellen, dass es irgendwann einmal Roboter geben wird, deren Verhalten sich nur noch mithilfe einer das Auswahlaxiom voraussetzenden Theorie modellieren lässt. Das ist dann der Fall, wenn sie Bauteile beinhalten, deren Funktion sich nur noch mit einer Theorie beschreiben lässt, die das Auswahlaxiom voraussetzt.[69] Es ist sinnlos, darüber zu spekulieren, ob das eintreten wird oder nicht. Entweder es tritt ein oder es tritt nicht ein. Jede Bemerkung über die Wahrscheinlichkeit eines singulären Ereignisses würde nur eine Verkennung des Wahrscheinlichkeitsbegriffs beweisen, aber keinerlei Erkenntnis bringen. Unabhängig von Spekulationen über den künftigen Realitäts-

69 Dazu genügt es z.B., wenn die physikalische Theorie Teile der mathematischen Analysis verwendet, die nicht ohne das Auswahlaxiom auskommen. Das ist zwar auch heute in vielen physikalischen Theorien der Fall. Die Funktion digitaler Bauteile und ihrer Programme lässt sich aber mit diskreten Modellen beschreiben, die sogar nur endlich viele Zustände vorsehen müssen. Eine Theorie mit Auswahlaxiom ist dazu nicht erforderlich.

gehalt dieser Vorstellung, kann man sich aber gedanklich mit dieser Situation befassen: In diesem Szenario würde das Verhalten der Roboter in allen hier behandelten Aspekten der Willensfreiheit mit menschlichen Handlungen übereinstimmen.

Individuelle Autonomie und Technik im Körper

Beatrice Brunhöber, Berlin

Mensch-Maschine-Wesen sind längst nicht mehr utopische Bildmotive, Roman- und Filmfiguren. Die Wirklichkeit ist zwar weniger beeindruckend als der Mechanische Kopf des Dadaisten *Raoul Hausmann*, weniger perfektionistisch als *Stanislaw Lems* Cyborgs mit künstlichem Verdauungsapparat und weniger bedrohlich als die Borgs in Star Trek. Sie ist so unspektakulär wie ein Herzschrittmacher. Aber bereits dieses Gerät löste gesellschaftliches Unbehagen und eine philosophische Debatte aus. In den letzten Jahren hat sich das Machbare stark erweitert - man denke nur an den Hirnschrittmacher für Parkinson-Kranke. Mit der Technisierung des Körpers und des Gehirns drängen sich Fragen danach auf, ob, unter welchen Bedingungen und wie weit wir autonom über unseren Körper verfügen dürfen. Auf diese Problemkreise konzentrieren sich die philosophischen Diskussionen, die der Beitrag systematisiert und bewertet (B.). Weniger Beachtung finden Fragen danach, warum es das Problem der autonomen Verfügung über unseren Körper überhaupt gibt und warum wir es auf eine bestimmte Weise zu lösen versuchen. Diesen möglichen Blindstellen in der philosophischen Diskussion wird unter C. nachgegangen. Die Systematisierung bedarf einiger Vorbemerkungen (A.) zur thematischen Eingrenzung und zu Grundstrukturen der Diskussion, deren dominanteste die Differenzierung zwischen Heileingriffen und Selbstverbesserungen ist.

A. Vorbemerkungen

I. Phänomen und Begriff der Technisierung des Körpers

Die fortschreitende Technisierung hat auch das Innere des menschlichen Körpers erreicht.[1] Dies gilt vor allem für die Medizin. Hier werden zunehmend sog. neu-

1 S. zum Folgenden *Foster,* Engineering the brain, in: *Illes* (Hrsg.), Neuroethics, 2006, S. 185 ff.; *Hennen/Grünwald/Revermann/Sauter*, Einsichten und Eingriffe in das Gehirn, 2008, S. 111 ff.; *Merkel/Boer/Fegert/Galert* u.a. (Hrsg.), Intervening in the Brain, 2007, S. 117 ff., 161 ff.

roelektrische Schnittstellen angewendet, um etwa Störungen der Sinnesorgane, der Motorik und der Psyche zu behandeln (sog. Neurobionik oder Neuroprothetik). Am weitesten fortgeschritten sind auditorische Implantate im Innenohr, mit denen Hörgeschädigte wieder hören können (Cochlea-Implantate). Die unwillkürlichen Bewegungen von Parkinson-Kranken können mit Computerchips unterdrückt werden, die das Tiefenhirn stimulieren (Deep Brain Stimulation). Die Stimulation des Tiefenhirns und anderer Nerven (zB des Vagusnervs) wird auch schon eingesetzt, um chronische Schmerzen, Zwangsneurosen und Depressionen zu behandeln. Intensiv geforscht wird an sog. Gehirn-Computer-Schnittstellen (Brain-Computer-Interfaces), die es ermöglichen, mittels Nervenimpulsen im Gehirn einen Computer oder ein anderes Gerät zu steuern. Auf diese Weise können etwa völlig bewegungsunfähige Patienten mit Locked-In-Syndrom über die Bewegung eines Mauszeigers auf einem Bildschirm kommunizieren. Außerdem können damit beispielsweise Armprothesen direkt über Nervenimpulse bewegt werden.

Diese Technologien werden künftig zunehmend auch in anderen Bereichen als der Krankheitsbehandlung Anwendung finden. Zum einen wird verstärkt von militärischer Seite erforscht, inwiefern etwa die Seh- und Hörfähigkeit von Soldaten gesteigert oder Waffen mit Gehirn-Computer-Schnittstellen gesteuert werden können. Zum anderen sind binnenkörperliche Technologien auch Gegenstand der Anti-Aging- und Lifestyle-Medizin, an der Forschung und biotechnologische Unternehmen zunehmend interessiert sind und mit der Gesunde etwa ihre Fähigkeiten steigern oder ihre Stimmung aufhellen können (sog. Enhancement).

Gemeinsam ist diesen Beispielen, dass eine technische Komponente operativ zu medizinischen oder optimierenden Zwecken in den Körper eingesetzt wird. Es werden also keine Medikamente oder andere Stoffe eingenommen, sondern technische Hilfsmittel wie Computerchips oder Elektroden invasiv angewendet. Der Beitrag wird sich auf solche Binnentechnisierungen des menschlichen Körpers konzentrieren. Ein Schwerpunkt wird dabei auf Eingriffen in das Nervensystem liegen, da diese unmittelbar auf diejenigen Organe (Gehirn und Sinnesorgane) einwirken, die wir als untrennbar verknüpft ansehen mit der Fähigkeit, uns autonom selbst zu bestimmen.

Bewusst wird im Folgenden weder von Cyborgs noch von Mensch-Maschine-Wesen gesprochen - Begriffe, mit denen das einschlägige Phänomen ebenfalls umschrieben wird. Denn erstens wecken sie äußerst unterschiedliche Assoziationen und werden sehr disparat verwendet. Die Bedeutungsgehalte dieser Begriffe variieren zum einen zwischen Alltags- und Wissenschaftssprache. Niemand würde umgangssprachlich einen Menschen mit Herzschrittmacher als Cyborg oder Mensch-Maschine-Wesen bezeichnen, auch wenn er dies nach der in der Wissenschaft überwiegenden Definition ist. Zum anderen sind die Begriffe selbst innerhalb der Philosophie umstritten. Beispielsweise wird mit Cyborgisierung einerseits sehr allgemein beschrieben, dass der Mensch inzwischen Technik in allen Lebensbereichen einsetzt.[2] Andererseits wird der Begriff auf „Technologie unter [der] Haut“ beschränkt.[3] Zweitens lassen sich aus den jeweiligen Unterscheidungen keine normativen Rückschlüsse ziehen.[4] Aus normativer Perspektive kommt es beispielsweise nicht darauf an, ob die Hirnströme äußerlich durch Elektroden, die auf dem Kopf angebracht sind, oder innerlich durch einen implantierten Neurochip beeinflusst werden. Ethisch relevant ist vor allem, ob der Betroffene über mögliche Risiken aufgeklärt wurde und eingewilligt hat.

II. Strukturen der philosophischen Diskussion über Autonomie und Technik im Körper

Bei der Sichtung der philosophischen Abhandlungen, die sich mit Autonomie und Technik im Körper befassen, fiel Folgendes besonders ins Auge:

Erstens konzentriert sich der Großteil der einschlägigen philosophischen Abhandlungen auf die angewandte Ethik. Tonangebend sind vor allem sog. bio-, medizin- und neuro-ethische Ausführungen. Häufig ist ein Schwerpunkt die praktische Umsetzung der ethischen Vorgaben, etwa bei der ärztlichen Behandlung. Die Einordnung der Problematik in eine gesondert entwickelte eigenständige Ethik - die eben nicht nur *Bio*ethik ist - ist ebenso selten wie erkenntnistheoretische Überlegungen. Diese Verengung lässt vermuten, dass die Diskussion Blindstellen aufweist, die im letzten Teil des Beitrags (C.) untersucht werden.

Zweitens werden Heilbehandlungen und Enhancementmaßnahmen meistens gesondert erörtert. Dabei werden für medizinische Therapien grundsätzlich alle Mittel als legitim angesehen, während den Mitteln zur Selbstverbesserung ethische Grenzen gesetzt werden. Damit lässt sich vielleicht erklären, warum es bei *Heilverfahren* vorrangig um Autonomie*wahrung* und bei *Enhancement* vor allem um Autonomie*grenzen* geht. Die Weichenstellung für ethische Folgerungen ist

2 *Zimmerli*, Der Mensch wird uns erhalten bleiben, Forschung & Lehre 9 (2000), S. 455 ff. (457).

3 *Spreen*, Cyborgs und andere Technokörper, 1998, S. 28.

4 Vgl. des Weiteren *Synofzik*, der den qualitativen Unterschied zwischen invasiven und non-invasiven Maßnahmen infragestellt (Die neuen Möglichkeiten der Neurowissenschaften und ihre ethischen Implikationen, Ethik in der Medizin 3 [2005], S. 206 ff. [213]) und *Groß*, der technologische und pharmazeutische Enhancement-Behandlungen weitgehend parallelisiert (Neuro-Enhancement unter besonderer Berücksichtigung neurobionischer Maßnahmen, in: *Wienke/Eberbach/Kramer/Janke* (Hrsg.), Die Verbesserung des Menschen, 2009, S. 85 ff. [100 ff.]).

also häufig die vorgeordnete Frage, ob es sich bei dem Eingriff um Heilung oder um Enhancement handelt, was wiederum vom jeweiligen Krankheitsbegriff abhängt. Diese Weichenstellung ist derart diskussionsbestimmend, dass sie sogleich (siehe III.) noch einmal ausführlicher erläutert wird.

Drittens fällt auf, dass sich das jeweilige Autonomiekonzept vielfach ebenfalls danach richtet, ob es um Heilung oder Enhancement geht. Bei der Erörterung von Heilbehandlungen wird regelmäßig ohne vertiefte Auseinandersetzung auf das Prinzip der Achtung der Patientenautonomie abgestellt, wie es ursprünglich *Tom L. Beauchamp* und *James F. Childress* entwickelt haben.[5] Dagegen werden im Zusammenhang mit Enhancement viel häufiger Überlegungen zum Autonomiebegriff angestellt und die Bandbreite der vertretenen Ansichten ist dementsprechend groß.

III. Die entscheidende Weichenstellung: Der Begriff der Krankheit

Die Abgrenzung zwischen Heilung und Enhancement ist schwierig - was teilweise nicht ausreichend reflektiert wird. Enhancement wird als korrigierende Maßnahme definiert, die weder eine Krankheit behandeln noch einer Krankheit vorbeugen soll.[6] Deshalb kommt es wesentlich auf die Differenzierung zwischen Krankheit und Gesundheit an. Über sie besteht allerdings keine Einigkeit. Grob lassen sich drei Richtungen unterscheiden.[7] Die einen betrachten Krankheit als empirisch-biologisches Phänomen. Danach ist ein Organismus gesund, wenn er die normalen Funktionen zum individuellen Überleben und zur Fortpflanzung aufweist. Krankheit ist eine Abweichung von diesem Normalzustand.[8] Die anderen sehen in Krankheit zumindest auch ein soziokulturelles Phänomen.[9] Gesund-

5 S. B. I. 1.

6 *Birnbacher,* Natürlichkeit, 2006, S. 111; *Juengst*, Was bedeutet Enhancement?, in: *Schöne-Seifert/Talbot* (Hrsg.), Enhancement, 2009, S. 25 ff.

7 Hierzu und zum Folgenden *Lanzerath*, Krankheit und ärztliches Handeln, 2000, bes. S. 92 ff., 168 ff.; *Merkel/Boer/Fegert/Galert* u.a. (Hrsg.) (o. Fn. 1), S. 299 ff.; *Paul*, Gesundheit und Krankheit, in: *Schulz/Steigleder/Fangerau/Paul* (Hrsg.), Geschichte, Theorie und Ethik der Medizin, 2006, S. 131 ff.; *Wiesing*, Kann die Medizin als praktische Wissenschaft auf eine allgemeine Definition von Krankheit verzichten, Zeitschrift für medizinische Ethik 44 (1998), S. 83 ff.

8 Etwa *Boorse*, Health as a Theoretical Concept, Philospophy of Science 44 (1977), S. 542 ff. (562).

9 Etwa *Engelhardt*, Health and Disease. History of the Concepts, in: *Reich* (Hrsg.), Encyclopedia of Bioethics, 1995, Bd. 3, S. 1085 ff. Er stützt sich auf die Definition der Weltgesundheitsorganisation: „Health is a state of complete physical, mental and social

heit ist danach ein Zustand bestmöglicher Leistungsfähigkeit eines Individuums, der es befähigt, seine Rollen und Aufgaben zu erfüllen, für die es sozialisiert wurde. Krank ist eine Person somit, wenn sie aus soziokultureller Sicht fehlerhaft mit bestimmten Umständen umgeht oder wenn sie organisch daran gehindert ist, entsprechend ihrer sozialen Rolle zu handeln. Schließlich wird vertreten, dass es für Krankheit wesentlich auf das subjektive physische oder psychische Leiden des Betroffenen ankäme.[10]

Sämtliche Ansichten sind Einwänden ausgesetzt. *Dirk Lanzerath* kritisiert in seiner Monographie über den Krankheitsbegriff an der empirisch-biologischen Definition, dass sie, entgegen der eigenen Annahme, nicht rein empirisch vorgeht, sondern Wertungen enthält.[11] Insbesondere müsse bewertet werden, welche bzw. wie große Normabweichungen als Krankheit zu klassifizieren seien. So ließe sich beispielsweise aus der Abweichung von der Normalkörpergröße nicht ableiten, warum Großgewachsenheit als wünschenswert betrachtet, aber Kleinwüchsigkeit als Krankheit behandelt würde. Vielmehr zeige dies, dass die Relevanz einer Normabweichung und damit die Definition von Krankheit auch von den jeweiligen kulturellen und sozialen Vorstellungen abhänge. Eine ethische Beurteilung sollte sich im Klaren sein, dass die Unterscheidung zwischen Heilung von Krankheit und Verbesserung der Gesundheit also nicht objektiv gegeben, sondern eine normative Wertung ist. So wichtig es ist, zu erkennen, dass Krankheit eine soziale Dimension hat, so problematisch ist nach *Lanzerath* aber der soziologische Krankheitsbegriff. Aufgrund seiner Weite sei er einerseits konturlos und andererseits mache er soziale Probleme, wie etwa Arbeitslosigkeit, letztlich zu medizinischen Problemen. Dieser Kritik sei auch ein subjektivierender Begriff ausgesetzt. Allein das Leiden des Betroffenen mache einen Zustand noch nicht zur Krankheit.

B. Autonomiewahrung und Autonomiegrenzen bei der Technisierung des Körpers

Bei Heilbehandlungen geht es in der philosophischen Diskussion vorrangig um die Wahrung der Patientenautonomie (I.), während mit Blick auf Enhancement die Grenzen der autonomen Verfügung über den Körper im Mittelpunkt stehen

well-being and not merely the absence of disease or infirmity.“ (Constitution of the WHO i.d.F. v. 15. September 2005).

10 *Reznek*, The Nature of Disease, 1987, bes. S. 80 ff.

11 *Lanzerath* (o. Fn. 7), S. 129 ff.

(II.). Diese Unterscheidung ist, wie vor allem die Bewertung des Krankheitsbegriffs zeigt (siehe oben A. III.), durchaus kritisch zu betrachten. Dennoch folgt die Darstellung dieser Unterscheidung, weil dies einen zusammenfassenden Überblick und eine gebündelte Würdigung der gegenwärtigen Diskussion ermöglicht.

I. Heilung durch Technik im Körper und die Wahrung der Patientenautonomie

1. Wahrung der Patientenautonomie als „respect for autonomy“

Als wichtigstes ethisches Prinzip bei Heilmaßnahmen wird - unabhängig von der angewandten Methode - die Wahrung der Autonomie des Patienten angesehen. Bis heute sehr einflussreich sind die „Principles of Biomedical Ethics“, die *Beauchamp* und *Childress* entwickelt haben.[12] Zu diesen gehört der „respect for autonomy“ (Achtung der Autonomie). Als Ausfluss des Vorrangs individueller Freiheit in demokratischen Gesellschaften hat sich dieses Prinzip inzwischen zum Leitprinzip der Medizinethik entwickelt und den Primat der ärztlichen Fürsorge abgelöst.[13] *Beauchamp* und *Childress* gehen von einer Theorie der Handlungsautonomie aus, die sich auf *Immanuel Kant* und *John Stuart Mill* stützt. Sie verstehen unter „respect for autonomy“ das Prinzip, nach dem jeder anzuerkennen hat, dass andere das Recht haben, eine eigene Meinung zu bilden sowie auf der Grundlage ihrer persönlichen Werte und Vorstellungen Entscheidungen zu treffen und zu handeln.[14] Aus diesem Prinzip leiten sie die Regel ab, dass der Arzt vor einer Behandlung die informierte Einwilligung des Patienten („infor-

12 *Beauchamp/Childress*, Principles of Biomedical Ethics, 6. Aufl. (2009) ist nach *Holm* das meist gelesene Buch über Bioethik (Not just Autonomy: the principles of American biomedical ethics, in: *Harris* [Hrsg.], Bioethics, 2004, S. 494). Zur Kritik s. aaO, S. 494 ff. (495 ff.). *Birnbacher* bezeichnet die Achtung der Autonomie als das wichtigste Leitprinzip bei Eingriffen in das Gehirn (Hirngewebstransplantation und neurobionische Eingriffe - anthropolgische und ethische Fragen, in: *ders.*, Bioethik zwischen Natur und Interesse, 2006, S. 273 ff. [288]).

13 Vgl. *Quante*, Menschenwürde und personale Autonomie, 2010, S. 143.

14 *Beauchamp/Childress* (o. Fn. 12), S. 103. Sie folgen also nicht einer hierarchischen Idee von Autonomie, wie sie etwa *Harry G. Frankfurt* und *Gerald Dworkin* entwickelt haben (s. u. II. 2.).

med consent") einholen soll.[15] Dies erfordere, dass der Patient einwilligungsfähig ist, freiwillig entscheidet, über Diagnose und Behandlungsplan aufgeklärt wird, beides versteht, sich für den vorgeschlagenen Plan entscheidet und ihn bewilligt.[16] Dieses ethische Erfordernis gehe möglicherweise über konkrete rechtliche Vorgaben hinaus. So habe der Arzt beispielsweise besondere Informationsbedürfnisse aufgrund der individuellen Vorgeschichte oder religiöser Vorstellungen zu berücksichtigen.[17]

2. Einschränkung der Patientenautonomie

Das Prinzip der Autonomieachtung kann durch kollidierende Prinzipien, insbesondere die Prinzipien der Fürsorge (beneficence) und der Nichtschädigung (non-malificence) beschränkt sein.[18] Dies wird in der Literatur unter dem Stichwort Paternalismus diskutiert, weil es darum geht, den Betroffenen vor sich selbst zu schützen.[19] In unserem Zusammenhang könnte das Prinzip der Fürsorge dafür sprechen, sehr risikoreiche oder stark persönlichkeitsverändernde technische Eingriffe zu unterbinden.

Eine rechtliche Ausprägung haben diese Überlegungen in der Einwilligungsschranke des § 228 des Strafgesetzbuches (StGB) gefunden. Danach ist eine Einwilligung in eine ärztliche Behandlung sittenwidrig, wenn konkret schwere Gesundheitsschäden (zB Epilepsie, Lähmungen)[20] drohen, die nicht durch den verfolgten Zweck aufgewogen werden (zB Beseitigung stark beeinträchtigender

15 *Beauchamp/Childress* (o. Fn. 12), S. 104, 107 ff., 117 ff.; im Zusammenhang mit medizinischen Technisierungen des Körpers etwa *Ford/Henderson*, Functional neurosurgical intervention: neuroethics in the operating room, in: *Illes* (Hrsg.), Neuroethics, 2006, S. 213 ff. (220 ff.); *Sabine Müller*, Dilemmata bei operativen Eingriffen in das Gehirn, in: *Groß/dies.* (Hrsg.), Sind die Gedanken frei?, 2007, S. 175 ff. (194).

16 *Beauchamp/Childress* (o. Fn. 12), S. 120.

17 *Beauchamp/Childress* (o. Fn. 12), S. 123. Dies sei eine moralische, aber keine rechtliche oder ethische Pflicht (aaO, S. 124).

18 *Beauchamp/Childress* (o. Fn. 12), S. 207 ff.

19 Vgl. dazu *Anderheiden/Bürkli/Heinig/Kirste/Seelmann* (Hrsg.), Paternalismus und Recht, 2006; *Fateh-Moghadam/Sellmeier/Vossekuhl* (Hrsg.), Grenzen des Paternalismus, 2010.

20 *Merkel* (Neuartige Eingriffe ins Gehirn - Verbesserung der mentalen condicio humana und strafrechtliche Grenzen, ZStW 121 [2009], S. 919 ff. [946 ff.] mN) macht zu Recht darauf aufmerksam, dass rein psychische Folgen der technologischen Behandlung nicht berücksichtigt werden können. Sie wären nach hM und st. Rspr. keine Körperverletzung gem. § 223 StGB und können deshalb auch nicht als Schranke für die Einwilligung in die Körperverletzung durch die Heilmaßnahme relevant werden.

Krankheitssymptome wie ausgeprägte motorische Störungen oder unerträgliche Schmerzen). Der Arzt, der eine in diesem Sinne sittenwidrige Maßnahme vornimmt, macht sich strafbar (§§ 223, 224 StGB).[21] Das Prinzip der Fürsorge könnte auch dafür sprechen, Nebenwirkungen eines Implantats gegen den Willen des Patienten zu beheben, die er zwar selbst aufgrund psychischer Folgen des Eingriffs nicht bemerkt, die ihn aber objektiv beeinträchtigen.[22] Beispielsweise wird diskutiert, dass der Arzt die Einstellungen einer Tiefenhirnstimulation zur Parkinsonbehandlung verändern darf, wenn die Stimulation eine Manie auslöst, durch die der Patient sich hervorragend fühlt, die aber seine Entscheidungsfähigkeit stark beeinträchtigt. Inzwischen sehen die §§ 1896 ff. des Bürgerlichen Gesetzbuches (BGB) eine pragmatische Lösung für solche Fälle vor:[23] Solange der Patient seine Angelegenheiten besorgen kann, ist auf seinen Willen abzustellen. Kann er dies nicht mehr, kommt es bei ärztlichen Behandlungsmaßnahmen auf die Einwilligung eines Bevollmächtigten oder Betreuers[24] an (§ 1901a Abs. 1, 2 und 5 BGB). Nur wenn deren Zustimmung in einer Notsituation (zB akut drohender Suizid) nicht rechtzeitig einzuholen ist, darf der Arzt im Sinne der mutmaßlichen Einwilligung des Patienten handeln (vgl. § 1904 I 2 BGB).

II. Technologisches Enhancement und die Grenzen der Autonomie

Grenzen der autonomen Verfügung über den Körpers werden vor allem in Bezug auf Enhancement diskutiert.[25] Dabei standen bisher einerseits pharmakologische und andererseits gentechnische Verbesserungen im Mittelpunkt philosophischer Erörterungen. Die diesbezüglichen Überlegungen können aber größtenteils auf technologische Transformationen übertragen werden, weil die Unterschiede gering sind. Mit Blick auf Pharmaka ist anzumerken, dass die Implantierung technischer Komponenten anders als die Medikation zwar regelmäßig bleibende phy-

21 *Paeffgen*, in: *Kindhäuser/Neumann/ders.* (Hrsg.), NomosKommentar Strafgesetzbuch, Bd. 2, 3. Aufl. (2010), § 228 Rn 56 ff. mwN.

22 *Ford/Henderson* (o. Fn. 15), S. 213 ff. (221).

23 Vgl. *Reus*, Die neue gesetzliche Regelung der Patientenverfügung und die Strafbarkeit des Arztes, JZ 2010, 80 ff.

24 Ein Betreuer ist bei eingetretener Einwilligungsunfähigkeit gegebenenfalls von Amts wegen vom Betreuungsgericht zu bestellen, was der Arzt anzuregen hat, § 1896 Abs. 1 BGB. Bei der stellvertretenden Entscheidung ist eine Patientenverfügung, soweit vorhanden, zu berücksichtigen (§ 1901a Abs. 1 BGB).

25 Zum Begriff Enhancement s. o. A. III.

sische Veränderungen hinterlässt. Diese sind allerdings meist marginal.[26] Hinsichtlich gentechnischer Modifikationen besteht zwar der erheblichere Unterschied, dass diese anders als technische Implantate vererbt werden. Dieser Unterschied wird im Folgenden berücksichtigt. Er wird aber möglicherweise dadurch eingeebnet, dass die Epigenetik heute davon ausgeht, dass Zustandsänderungen zu neuen Prägungen der Gene führen, die vererbt werden.

Ausgangspunkt der philosophischen Diskussion ist überwiegend, dass individuelle Autonomie sich grundsätzlich auf die Selbstverbesserung erstreckt.[27] Individuelle Autonomie wird als persönliche Selbstbestimmung definiert.[28] Was dies im Einzelnen bedeutet, ist allerdings umstritten. Die einen betonen mit *Immanuel Kant*, dass es um die Selbstbestimmtheit des *Handelns* geht.[29] Autonom ist ein Handeln, das nach selbst gegebenen Zwecken erfolgt. Die anderen stellen etwa mit *Harry G. Frankfurt* und *Gerald Dworkin* stärker auf die Selbstbestimmtheit der *Person* ab.[30] Autonomie bedeutet danach, dass eine Person sich mit ihren unmittelbar handlungsleitenden Einstellungen (ihren Wünschen erster Ordnung) über ihre zugrunde liegenden Motivationen (Wünsche zweiter Ordnung) identifizieren und erstere über letztere steuern kann. Je nach zugrunde liegender Autonomiekonzeption werden verschiedene Einwände gegen die unbegrenzte Selbstverfügung über den Körper erhoben bzw. fallen die Bewertungen der Einwände unterschiedlich aus. Im Folgenden sollen diese systematisiert und exemplarisch dargestellt werden; für eine vertiefte Auseinandersetzung ist hier kein Raum.

Die Erörterungen über Enhancement beginnen meist mit dem Hinweis darauf, dass wir viele Selbstverbesserungen ganz selbstverständlich für legitim hielten, beispielsweise die Steigerung der Fähigkeiten durch Bildung, durch den Einsatz von Maschinen wie Kraftfahrzeugen und durch „harmlose" Substanzen wie Kaf-

26 So hinterlässt ein Neurochip nur eine kleine Läsion im Gehirn, die normalerweise keine nachweisbaren Wirkungen entfaltet.

27 S. etwa *DeGrazia*, Prozac, Enhancement, and Self-Creation, Hastings Center Report 30, 2000, S. 34 (37 ff.); *Birnbacher*, Der künstliche Mensch, in: *ders.*, Bioethik zwischen Natur und Interesse, 2006, S. 77 ff. (95 ff.); *Merkel* (o. Fn. 20), S. 919 ff. (937).

28 Hierzu und zum Folgenden *Gerhardt*, Art. Selbstbestimmung, in: *Sandkühler* (Hrsg.), Enzyklopädie Philosophie, Bd. 3, 2010, S. 2408 ff.

29 *Kant*, Grundlegung zur Metaphysik der Sitten (1785), in: Kants Werke. Akademie-Textausgabe, Nachdr. 1968, Bd. 4, S. 385 ff. (bes. 427).

30 *Dworkin,* The Theory and Practice of Autonomy, 1988, S. 3 ff.; *Frankfurt,* Freedom of the Will and the Concept of a Person, The Journal of Philosophy 68 (1971), S. 5 ff.

fee.[31] Daraus wird der Schluss gezogen, dass eine Selbstverbesserung, auf die sich die Autonomie erstreckt, grundsätzlich auch durch „unnatürliche“ Mittel vorgenommen werden darf. Ein qualitativer Unterschied zwischen natürlichen und technischen Mitteln[32] sei schwer zu begründen.[33] Dennoch könnten der Autonomie mit Blick auf die technische Verfügung über den Körper aufgrund entgegenstehender Werte Grenzen gesetzt sein: Angeführt werden vor allem der Schutz vor Selbstschädigung (1.), die Wahrung der Identität (2.), der Authentizität (3.) und der Natur des Menschen (4.) sowie die Beeinträchtigung weiterer Allgemeingüter wie etwa der Chancengleichheit (5.).

1. Schutz vor Selbstschädigung

Fast durchweg wird erörtert, ob der Autonomie bezüglich binnenkörperlicher Technisierungen deshalb Grenzen zu setzen seien, weil der Betroffene vor unvorhersehbaren oder unkontrollierbaren Folgen solcher Eingriffe geschützt werden müsse.[34] Gerade Implantate im Gehirn könnten weitreichende Konsequenzen für die Autonomiefähigkeit und Persönlichkeit der Betroffenen haben. Als unkalkulierbar werden beispielsweise technologische Modifikationen der Sinneswahrnehmung über das „Artspezifische“ hinaus angesehen, weil die Reizüberflu-

31 Vgl. etwa *Buchanan,* Enhancement and the Ethics of Development, Kennedy Institute of Ethics 18 (2008), S. 1 ff. (4); *Groß* (o. Fn. 4), S. 85 ff. (94 ff.). In diesem Sinne bezeichnet *Sloterdijk* alle Selbsttechniken mit dem Überbegriff „Anthropotechnik“ (Regeln für den Menschenpark, 1999, bes. S. 43 ff.).

32 Zur Abgrenzung s. *Birnbacher* (o. Fn. 6), S. 102 ff.

33 Vgl. etwa *Schöne-Seifert*, Pillen-Glück statt Psycho-Arbeit, in: *Ach/Pollmann* (Hrsg.), no body is perfect, 2006, S. 279 ff. (283 f.); *Groß* (o. Fn. 4), S. 85 ff. (94 ff.). Solche Unterschiede arbeitet etwa *Siep* heraus (Die biotechnische Neuerfindung des Menschen, in: *Ach/Pollman* [Hrsg.], aaO, S. 21 [26 ff.]).

34 *Farah/Illes/Cook-Deegan* u.a., Neurocognitive enhancement: what can we do and what schould we do?, Nature Reviews 5 (2004), S. 421 ff. (423); *Sabine Müller* (o. Fn. 15), S. 175 ff. (178 ff.); speziell zu der Einwilligungsschranke des § 228 StGB bei Enhancemnt s. *Eberbach*, Möglichkeiten und rechtliche Beurteilung der Verbesserung des Menschen - Ein Überblick, in: *Wienke/Eberbach/Kramer/Janke* (Hrsg.), Die Verbesserung des Menschen, 2009, S. 1 ff. (29 f.); *Merkel/Boer/Fegert/Galert* (Hrsg.) (o. Fn. 1), S. 440 ff. Aus verfassungsrechtlicher Sicht *Höfling,* Salus aut/et voluntas aegroti suprema lex - Verfassungsrechtliche Grenzen des Selbstbestimmungsrechts, in: *Wienke/Eberbach/Kramer/Janke* (Hrsg.), aaO, S. 119 ff.; *Lindner*, „Neuro-Enhancement“ als Grundrechtsproblem, MedR 2010, S. 463 ff. (469). Dabei ist zu beachten, dass beim Enhancement anders als bei der Heilung der verfolgte Zweck drohende schwere Gesundheitsschäden nicht aufwiegt, weil es um bloße Selbstverbesserung geht.

tung dauerhafte psychische Schäden hervorrufen könnte. Ebenso unberechenbar könnten gedächtnissteigernde Neurochips sein, da sie partielles Vergessen verhinderten, das vermutlich notwendig sei, um neue Informationen aufzunehmen oder traumatische Erfahrungen zu verarbeiten.[35] Hier ist jedoch zu bedenken, dass eine Beschränkung der Autonomie mit dieser Argumentation nicht allgemein begründet werden kann. Es sind durchaus technische Eingriffe denkbar, die nicht risikoreicher sind als andere Selbstmodifikationen. So könnte etwa ein gut erforschter, ausschaltbarer Tiefenhirnstimulus weniger Risiken bergen als dauerhafter Alkoholgenuss. Selbst bei Nachweis höchster Risiken ist zu beachten, dass die Einschränkung eines der wichtigsten Werte in einer liberalen Gesellschaft, die Selbstbestimmung, hohen Legitimationsanforderungen unterliegt. Zur Begründung werden deshalb meist weitere Aspekte angeführt. Insbesondere wird darauf verwiesen, dass die Solidargemeinschaft davor bewahrt werden müsse, die Kosten für die Behandlung der eingetreten nachteiligen Folgen zu tragen.[36] Damit ist aber der Rahmen des Schutzes vor Selbstschädigung verlassen, denn es geht nunmehr um den Schutz der Gesellschaft vor finanzieller Belastung. Außerdem ließe sich mit dem Argument, dass die Folgen selbst verschuldet sind, eine Solidarpflicht ausschließen. Entsprechend sieht beispielsweise § 52 Abs. 2 des fünften Sozialgesetzbuches vor, dass der Krankenversicherte an den Kosten für Folgen von Schönheitsoperationen uÄ zu beteiligen ist.

2. Wahrung der Identität

Des Weiteren wird diskutiert, ob der Autonomie bei Selbsttechnisierungen Grenzen zu setzen seien, wenn und weil der Betroffene durch sie seine Identität aufhebe.[37] Jedenfalls technische Aggregate im Gehirn könnten dazu führen, dass der Betreffende zu einem völlig anderen werde. Hier ist zunächst zu klären, inwiefern Autonomie und Identität überhaupt zusammenhängen. Das hängt zum einen davon ab, welches der am Anfang dieses Abschnitts genannten Autonomiekon-

35 *Groß* (o. Fn. 4), S. 85 ff. (106 f.); *Engels*, Plädoyer für eine nicht-reduktionistische Neurophilosophie, in: *ders./Hildt* (Hrsg.), Neurowissenschaften und Menschenbild, 2005, S. 221 ff. (235 f.); *Glannon*, Neuroethics, Bieoethics 20 (2006), S. 37 ff. (50 f.).

36 *Siep* (o. Fn. 33), S. 21 ff. (36 f.).

37 Etwa *Elliot*, Bioethics, Culture and Identity, 1999, S. 28 ff.; *Glannon* (o. Fn. 35), S. 37 ff. (51); krit. *Merkel* (o. Fn. 20), S. 919 ff. (935 ff.); *Birnbacher* (o. Fn. 12), S. 273 ff. (bes. S. 282 ff.).

zepte zugrunde gelegt wird. Zum anderen ist hier zwischen der numerischen und der biographischen Identität zu differenzieren.

a) Versteht man mit *Kant* unter Autonomie die Fähigkeit, nach selbst gegebenen Zwecken zu handeln, berührt eine Identitätsveränderung diese nicht unmittelbar. Denn der Betroffene kann seine Handlungen vor und nach dem Eingriff selbst bestimmen (es sei denn der Eingriff schließt diese Fähigkeit aus, worauf unter 3. zurückzukommen sein wird). Auf der Basis eines solchen Autonomiekonzepts könnte allenfalls argumentiert werden, dass Autonomie sich nicht darauf erstreckt, seine eigene Existenz, seine sog. numerische Identität, aufzuheben. Ein technischer Eingriff in das Gehirn könnte nämlich zur Folge haben, dass der Betroffene ein völlig anderer wird, also seine alte Existenz beseitigt wird und eine neue Person entsteht. Allerdings ist hier mit *Dieter Birnbacher* Folgendes anzumerken:[38] Die momentan verfügbaren technischen Hirneingriffe führen keine derartigen Veränderungen herbei, dass wir tatsächlich davon sprechen könnten, es sei eine neue Person - im numerischen Sinne, also eine zweite Person - entstanden. So mag ein Neurochip einzelne Fähigkeiten wie die Sehfähigkeit oder einzelne Eigenschaften wie die Gemütslage modifizieren, aber der Betroffene selbst bleibt (numerisch) derselbe. Allenfalls können die technischen Eingriffe in das Nervensystem dazu führen, dass sich die Persönlichkeit wandelt. Verändert wird damit unter Umständen die sog. psychologische oder biographische Identität, die überwiegend von der numerischen Identität unterschieden wird. Für die Konzeption der Handlungsautonomie berührt aber selbst ein vollständiger Wechsel der Persönlichkeit nicht die Autonomie, denn die einzelnen Handlungen bleiben autonom.

b) Etwas anderes gilt für eine Konzeption personaler Autonomie im Sinne *Frankfurts* und *Dworkins*. Nach ihr setzt Autonomie voraus, dass die Handlungen durch *eigene* Einstellungen hervorgerufen wurden, die wiederum durch *eigene* Motivationen des Handelnden gesteuert sind. Bei *selbst veranlassten* Persönlichkeitsänderungen, und seien sie technisch bedingt, ist hier jedoch zu bedenken, dass solche Wandlungen gerade zur autonomen Lebensgestaltung eines Menschen gehören. Innerhalb unserer Biographie gibt es eben manchmal extreme Brüche, die durchaus auch gewollt sind. Problematisch könnte allenfalls ein kompletter Austausch der Persönlichkeit, die Beseitigung der sog. biographischen Identität, sein. Dies könnte man damit be-

38 Hierzu und zum Folgenden *Birnbacher* (o. Fn. 12), S. 286 ff.

gründen, dass die biographische Identität notwendige Bedingung der Autonomie ist, wie etwa *Michael Quante* meint.[39] Er stützt seine Annahme, dass die biographische Identität Bedingung von Autonomie ist, mit einem argumentum ad absurdum: Denn sei dies nicht der Fall, so *Quante*, müsse eine Person als autonom gelten, die derart durch einen Dritten manipuliert worden sei, dass ihr ohne ihr Wissen ein kohärentes Set an Wünschen ins Gehirn unter Erhaltung ihrer Fähigkeit zur reflexiven Identifikation mit diesen Wünschen gepflanzt worden sei. Was bedeutet dies nun für einen Hirneingriff, der *mit dem Willen* des Betroffenen vorgenommen wird? Hat ein freiwilliger Hirneingriff zur Folge, dass der Betroffene keine Beziehung mehr zu seiner biographischen Vergangenheit herstellen kann, so ist die biographische Identität unterbrochen. Damit wäre nach *Quantes* Konzeption eine Voraussetzung von Autonomie entfallen. Dies gilt allerdings nur, wenn die biographische Erinnerung vollständig ausgelöscht wird. Da die gegenwärtig eingesetzten Verfahren technischen Enhancements allerdings, wie gesagt, nur einzelne Charakterzüge verändern, und wohl auch künftig nur solche Anwendungen nachgefragt werden, sind sie mit Blick auf die biographische Identität unproblematisch.

3. Wahrung der Authentizität

a) Weiterhin wird gegen die künstliche Selbsttransformation eingewandt, dass wir nur als autonom angesehen werden können, wenn wir authentische Autoren unseres Lebens sind und bleiben.[40] Diese Überlegung umfasst zwei Problemkreise. Zum einen wird befürchtet, dass nicht mehr wir selbst, sondern die Technik in unserem Körper uns bestimmt. Zum anderen wird vermutet, dass Leistungen, die mithilfe technischen Enhancements erbracht werden, nicht mehr als unsere eigenen betrachtet werden können. So formuliert, greift der Einwand, wie *Birnbacher* aufzeigt, allerdings zu kurz.[41] Wenn das elektroni-

39 *Quante*, Personales Leben und menschlicher Tod, 2002, S. 179 ff.; *ders.* (o. Fn. 13), S. 127 ff.

40 Etwa *Groß* (o. Fn. 4), S. 85 ff. (98 f.); *Lanzerath,* Enhancement: Form der Vervollkommnung des Menschen durch Medikalisierung der Lebenswelt?, Jahrbuch für Wissenschaft und Ethik 7 (2002), S. 319 ff. (332 f.); *Habermas*, Die Zukunft der menschlichen Natur, 2001, 77 und passim zu genetischen Eingriffen durch Dritte. Krit. *Birnbacher* (o. Fn. 6), S. 125 ff.; *Bublitz/Merkel*, Autonomy and Authenticity of Enhanced Personality Traits, Bioethics 23 (2009), S. 360 ff.; *DeGrazia* (o. Fn. 27), S. 34 ff. (35).

41 *Birnbacher* (o. Fn. 6), S. 124; vgl. auch *Quante* (o. Fn. 13), S. 138 f.

sche Implantat, wie gewünscht, eine Eigenschaft verändere oder Kapazitäten steigere, entsprächen erstens die Folgen dem angestrebten Ziel des Betroffenen und er bleibe authentischer Urheber seines Lebensweges. Zweitens bleibe ein mit künstlichen Mitteln erreichter Erfolg ein authentischer Eigenerfolg, denn er beruhe gerade auf dem intelligenten Einsatz der Mittel. Der Einwand ließe sich nur aufrechterhalten, wenn der autonomen Verfügung über den Körper durch das Erfordernis der Natürlichkeit der Mittel oder des Erhalts der menschlichen Natur Grenzen gesetzt sind - dazu sogleich unter 4.

b) Hier lässt sich ein weiterer Einwand einordnen, der weit seltener erhoben wird: das Problem der Entfremdung. So betont etwa *Oliver Müller*, dass die technische Selbsttranszendierung das Verhältnis zu uns selbst wandelt.[42] Mit dieser Möglichkeit beginne der Mensch, sich selbst als Ding zu sehen, das es zu optimieren gelte. Letztlich führe dies zu einer Beschränkung unserer Autonomie, weil wir uns selbst nur noch unter einem einzigen Blickwinkel betrachteten, nämlich danach, ob wir funktionierten. Ein plakatives Beispiel dafür ist die Selbstbeschreibung eines Studenten, der zur Konzentrationssteigerung das Medikament Methylphenidat (Ritalin) einnahm: „Ich bin ein Zombie, und ich lerne wie eine Maschine."[43] Problematisch ist also weniger, dass wir durch die Technik „ferngesteuert" werden oder unsere Leistungen nicht mehr die unsrigen sind, als vielmehr dass sich unsere Selbstbeschreibung auf das Schema „funktioniert/funktioniert nicht" reduziert.

4. Natürlichkeitseinwand

Der individuellen Autonomie könnten zudem Grenzen gesetzt sein, wenn die Verfügung über den Körper dazu führt, dass die „Natürlichkeit" des einzelnen Menschen oder der Spezies Mensch aufgehoben wird. Unter dem Stichwort der „Natürlichkeit" wird eine Fülle von verschiedenen Einwänden diskutiert, die hier nicht sämtlich dargestellt werden können. Im Wesentlichen lassen sich drei Argumentationsstränge unterscheiden:

42 *Oliver Müller*, Zwischen Mensch und Maschine, 2010, S. 174 ff.

43 *Anonym*, Ich bin ein Zombie, und ich lerne wie eine Maschine, ZEIT Campus v. 18. Februar 2009, http://www.zeit.de/campus/2009/02/ritalin.

a) Erstens wird gegen technische Selbststeigerungen vorgebracht, dass diese illegitim seien, weil sie auf unnatürlichem *Wege* erfolgten.[44] Begründet wird dies meist mit einer Parallele zum Dopingverbot beim Leistungssport. Da die Fairness nicht beeinträchtigt wäre, wenn alle gleichermaßen dopen dürften, hat dieses Verbot seinen überzeugendsten Grund im Natürlichkeitsprinzip. Kern des sportlichen Wettkampfs ist es, denjenigen zu küren, der die beste natürliche Leistung erbringt. Jedoch weist *Birnbacher* zu Recht darauf hin, dass es sich bei dieser Regel um ein Spezifikum des Leistungssports handelt, die nicht notwendig auf andere Lebensbereiche übertragen werden kann und muss.[45]

b) Zweitens wird die Natur des Einzelnen und der Gattung Mensch als Grenze der individuellen Autonomie betrachtet. Hier häufig anzutreffende religiöse Begründungen, die etwa aus der Gottesebenbildlichkeit folgern, der menschliche Körper sei heilig, können in einer säkularen, pluralistischen Gesellschaft keine Allgemeinverbindlichkeit beanspruchen. Religiöse Wurzeln haben auch Einwände, die technische Selbstgestaltungen für Hybris halten oder die auf den „respect for the given" abstellen.[46] Vertiefte ethische Begründungen, die über die bloße Nennung der Natur als Autonomieschranke hinausgehen, sind selten. Einen umfangreichen Begründungsversuch unternimmt *Ludwig Siep* im Rahmen seiner Naturethik. Natürlichkeit bedeutet für ihn vor allem Spontaneität im Sinne von Unabhängigkeit von menschlicher Beherrschung, eine natürliche Ordnung aufgrund der Naturgesetze und der Evolution sowie die Vielfalt des Existierenden.[47] Daraus folgert er die grundsätzliche Pflicht, den vorgefundenen „natürlichen" Körper so zu erhalten wie er ist.[48] Dies gelte nur dann nicht, wenn der Eingriff darauf abziele, von Krankheit zu heilen oder von Leid zu befreien. Dies mag man mit dem in diesem Fall überwiegenden Wert der Nichtschädigung des Kranken und Pflichten zum Schutz vor Schädigung begründen. Allerdings verschiebt sich das Problem

44 *Groß* (o. Fn. 4), S. 85 ff. (97); *Schöne-Seifert*, Neuro-Enhancement: Zündstoff für tiefgehende Kontroversen, in: *Schöne-Seifert/Talbot/Opolka/Ach* (Hrsg.), Neuro-Enhancement, 2009, S. 347 ff. (354 ff.).

45 *Birnbacher* (o. Fn. 6), S. 118 f. Zum Fairnessproblem s. a. B. II. 5.

46 ZB *President's Council on Bioethics*, Beyond therapy: biotechnology and the pursuit of happiness, 2003, S. 287 ff.; krit. *Birnbacher* (o. Fn. 6), S. 100 f.

47 *Siep*, Konkrete Ethik, 2004, S. 247 ff.

48 *Siep* (o. Fn. 47), S. 312 (zur künstlichen Befruchtung); 340 (zu Organtransplantation); *ders.*, Normative Aspekte des menschlichen Körpers, in: *Bayertz* (Hrsg.), Die menschliche Natur. Welchen und wie viel Wert hat sie?, 2005, S. 157 ff. (161).

dann auf die Abgrenzung zwischen Gesundheit und Krankheit (siehe oben A. III.). Diese Abgrenzung ist nicht nur, wie *Siep* einräumt, schwierig. Stellt man für die Abgrenzung auf den natürlich-biologischen Normalzustand des Körpers ab, ist zu bedenken, dass Normalität nicht empirisch feststellbar ist, sondern einer Wertung bedarf. Diese Wertung erfolgt aber nicht argumentativ, wenn auf empirische Befunde der Medizin verwiesen wird. Grenzt man nach dem subjektiven Wohlbefinden ab, erweist sich die Autonomieschranke als weitgehend hinfällig, weil niemand sich mit künstlichen Mitteln selbst verändern wird, wenn nicht ein gewisser Leidensdruck vorhanden ist.

Einen anderen ethischen Begründungsweg schlägt *Jürgen Habermas* im Zusammenhang mit gentechnischen Modifikationen ein. Er argumentiert, dass moralische Interaktion voraussetzt, mich und die anderen als eigenständige Personen, als Selbstseiende, zu betrachten.[49] Dieses „Selbstsein" dürfe zum einen nicht durch einen (gen-)technischen Eingriff beeinträchtigt sein. Zum anderen könnten wir uns nur deshalb als frei erfahren, weil wir uns als „etwas natürlich Unverfügbares" erlebten.[50] Damit hat *Habermas* aber möglicherweise den deontologischen Rahmen seiner Theorie verlassen, weil er für die ethische Bewertung nicht mehr auf die Handlung (den Eingriff) selbst, sondern auf dessen mögliche Konsequenzen abstellt. Außerdem bleibt offen, welche Merkmale für ein Selbstsein unantastbar sind und welche nicht. Gerade über die Bestimmung der natürlichen Merkmale des Menschen besteht keine Einigkeit.[51] Sie ist in hohem Maße von der jeweils vertretenen Theorie abhängig - die Wesensmerkmale reichen von der Vernünftigkeit (Aufklärungsphilosophie) bis hin zur Leidensfähigkeit (christliche Theologie). Zudem ist sie stark kulturabhängig, man denke nur an die frühere Annahme der natürlichen Unvernünftigkeit von Frauen. Schließlich liegt es möglicherweise gerade in der Natur des Menschen seine Natur zu verändern und so über sich selbst hinauszuwachsen.

Die Natürlichkeit als Grenze der autonomen Verfügung über den eigenen Körper erfährt eine verfassungsrechtliche Aufladung in der Annahme, Art. 1 Abs. 1 Grundgesetz (GG) schütze auch die Menschengattung oder das grundgesetzliche Bild vom Menschen als natürlichem, unverfügbarem Wesen und ver-

49 *Habermas* (o. Fn. 40), S. 100 ff. in Bezug auf gentechnische Eingriffe vor der Geburt.

50 *Habermas* (o. Fn. 40), S. 101. Ähnl. *Siep* (o. Fn. 33), S. 21 ff. (38); *Lanzerath* (o. Fn. 7), S. 149.

51 Zum Folgenden s. *Birnbacher* (o. Fn. 6), S. 171 ff.

biete dem Einzelnen Handlungen, die die Spezies Mensch veränderten.[52] Geht man von epigenetischen Prägungen durch technische Eingriffe aus, so wird die Gattung durch sie verändert. Allerdings gilt dies im selben Maße für nichttechnische Selbstverbesserungen wie Bildung, so dass es erforderlich wäre, einen qualitativen Unterschied aufzuzeigen. Dieser könnte möglicherweise darin liegen, dass der Mensch durch technische Selbststeigerungen zu etwas Verfügbarem wird. Damit wäre auch die zweite Variante des Arguments - Schutz des verfassungsrechtlichen Menschenbildes - einschlägig. Problematisch ist eine solche Interpretation von Art. 1 Abs. 1 GG in beiden Varianten vor allem deshalb, weil die Norm, die den Einzelnen vor Würdeverletzungen schützen soll, gegen den Würdeträger gewendet wird, indem mit ihr seiner Autonomie Grenzen gesetzt werden.[53]

5. Beeinträchtigung anderer Allgemeingüter

Es werden noch weitere Allgemeingüter diskutiert, die der autonomen Verfügung über den Körper Grenzen setzen könnten, von denen hier nur die beiden am häufigsten genannten erwähnt werden können.

a) Zum einen wird angenommen, dass Enhancement die Chancen im Bildungswesen und auf dem Arbeitsmarkt verzerrt, wenn nicht die Solidargemeinschaft für gleichen Zugang zu Enhancement-Maßnahmen sorgt.[54] Es wird aber befürchtet, dass die Gemeinschaft hier schnell an ihre finanziellen Grenzen stößt, weil technologische Eingriffe mit hohen Kosten verbunden sind.

52 Vgl. aus der umfangreichen rechtlichen Literatur nur *Isensee*, Die alten Grundrechte und die biotechnische Revolution, in: *Bohnert/Gramm/Kindhäuser* u.a., FS Hollerbach, 2001, S. 243 ff. (253 f., 261 f.); *Seelmann*, Gefährdungs- und Gefühlsschutzdelikte an den Rändern des Lebens, in: *Zaczyk/Köhler/Kahlo* (Hrsg.), FS E. A. Wolff, 1998, S. 481 ff. (488 ff.); aus der philosophischen Debatte etwa *Sturma*, Jenseits der Natürlichkeit, in: *Bayertz* (Hrsg.), Die menschliche Natur, 2005, S. 174 ff. (180).

53 *Birnbacher* (o. Fn. 6), S. 133; *Dreier*, in: *ders* (Hrsg.), Grundgesetz Kommentar, 2. Aufl. (2004), Bd. I, Art. 1 I Rn. 116 ff.; 168 f. mwN; *Neumann*, Die Menschenwürde als Menschenbürde - oder wie man ein Recht gegen den Berechtigten wendet, in: *Kettner* (Hrsg.), Biomedizin und Menschenwürde, 2004, S. 42 ff. (45 ff.). Zur Biologisierung der Menschenwürde s. *Hilgendorf,* Biostrafrecht als neue Disziplin? Reflexionen zur Humanbiotechnik und ihrer strafrechtlichen Begrenzung am Beispiel der Ektogenese, in: *Eberle/Ibler/Lorenz* (Hrsg.), FS Brohm, 2002, S. 387 ff. (395 ff.).

54 ZB *Gesang*, Moderates und radikales Enhancement - die sozialen Folgen, in: *Schöne-Seifert/Talbot/Opolka/Ach* (Hrsg.), Neuro-Enhancement, 2009, S. 221 ff.; *Siep* (o. Fn. 33), S. 21 ff. (38 f.).

Allerdings ist hier zu berücksichtigen, dass Chancenungleichheiten vor allem durch die ungleiche Verteilung materieller und immaterieller Ressourcen bedingt sind und Enhancement neben den übrigen Vorteilen der Besserstehenden nicht sonderlich ins Gewicht fiele. Überdurchschnittliche finanzielle Ausstattung und gesellschaftliche Vernetzung sowie ein akademischer Hintergrund werden einen größeren Einfluss auf die Karriere haben als beispielsweise punktuelle Konzentrationssteigerungen durch technische Eingriffe. Etwas anderes mag bezüglich Gedächtnischips oder implantierbarer Lernsoftware gelten, die jedoch angesichts der Komplexität des Erinnerns und Lernens wahrscheinlich nie Realität werden. Möglicherweise hätte ein verbreitetes Enhancement außerdem zur Folge, dass bei Leistungsanforderungen und Einstellungen stärker Eigenschaften in den Vordergrund treten, die nicht durch künstliche Mittel verbessert werden können, indem etwa auf eine lange Probezeit und nicht auf eventuell durch leistungssteigernde Medikamente beeinflusste Noten abgestellt würde.

b) Zum anderen wird mit Blick auf beeinträchtigte Allgemeingüter vermutet, dass mit fortschreitender Technisierung des menschlichen Körpers der „normale Mensch" als Orientierungsmaßstab für die Solidarität verloren ginge und dass Gleichbehandlung mit den wachsenden Unterschieden in den Eigenschaften der Menschen schwieriger würde.[55] Zu bedenken ist hier allerdings, dass Normalität, wie beim Krankheitsbegriff aufgezeigt wurde (A. III.), von soziokulturellen Vorstellungen abhängt, die sich durch den technischen Fortschritt ändern können. Heute erscheinen uns Menschen mit Brille oder Herzschrittmacher als normal, während sie zurzeit der Einführung des jeweiligen Hilfsmittels als etwas Außergewöhnliches angesehen wurden. Bestehen bleibt der Einwand, dass extreme Differenzen in der körperlichen Ausstattung der Menschen es erschweren, füreinander einzustehen.

C. Blinde Flecke der philosophischen Diskussion über Autonomie und Technik im Körper

Wenig Raum nimmt die Diskussion darüber ein, warum wir unseren Körper überhaupt mittels technischer Maßnahmen verbessern wollen und ob unsere vermeintlich autonomen Entscheidungen möglicherweise durch latente Denk-

55 *Siep* (o. Fn. 33), S. 21 ff. (38).

muster mitbestimmt werden. Autonomieverzerrende Konformitäts- und Leistungszwänge, Stigmatisierungsrisiken und Instrumentalisierungsgefahren werden zwar angesprochen, jedoch nur kursorisch. Mit Blick auf Konformitätszwänge wird vor allem hinsichtlich der Schönheitschirurgie die sog. „Komplizenschaft" (complicity) erörtert.[56] Damit wird das Problem bezeichnet, dass sich mit der Nachfrage nach bestimmten Optimierungen bedenkliche gesellschaftliche Ideale oder Vorurteile durchsetzen; beispielsweise ließen sich seit den 1920er Jahren in den USA viele Menschen ihre Nase operieren, um nicht als Juden angesehen zu werden. Steigender Leistungsdruck wird meist im Zusammenhang mit den möglichen Chancenverzerrungen durch Enhancement sporadisch erwähnt.[57] Teilweise klingt die Befürchtung an, dass zunehmend lästige Verhaltensweisen stigmatisiert und medizinisch behandelt werden. Paradebeispiel ist der „Zappelphilipp", der nunmehr als aufmerksamkeitsgestörtes Kind mit Methylphenidat (Ritalin) kuriert wird. Schließlich wird heute die Frage nach dem Schutz der individuellen Autonomie vor ungewollter Manipulation weit weniger prominent erörtert als noch in der Gentechnik-Kontroverse - man denke nur an die von *Peter Sloterdijks* „Regeln für den Menschenpark" (1999) ausgelöste Debatte Ende der 1990er Jahre. Diskutiert wird heute vor allem der Schutz von Kindern vor elterlich forcierten technischen Verbesserungen.[58]

Die angesprochenen Problemkreise lassen sich nur verstehen und einordnen, wenn man sie vor dem Hintergrund wissenstheoretischer und gesellschaftlicher Entwicklungen betrachtet. Beispielsweise ist die Frage, ob Eltern in einen irreversiblen technologischen Eingriff einwilligen dürfen, um ihr Kind wegen einer Aufmerksamkeitsdefizit-/Hyperaktivitätsstörung (ADHS) zu behandeln, nicht nur eine Problem der Autonomie des Kindes. Vielmehr stellt sich diese Frage überhaupt erst, wenn bestimmte Denkweisen dazu führen, eine unterdurch-

56 *Little,* Schönheitschirurgie, fragwürdige Normen und die Ethik der Komplizenschaft, in: *Schöne-Seifert/Talbot* (Hrsg.), Enhancement, 2009, S. 127 ff.; *Nagel*, Ethics and the Neurosciences, 2010, S. 273 ff. Das Bsp. ist von *Elliott*, Better than well, 2003, S. 190.

57 Etwas ausführlicher etwa *Schöne-Seifert* (o. Fn. 44), S. 347 ff. S.a. B. II. 5a).

58 *Beck,* Enhancement - die fehlende rechtliche Debatte einer gesellschaftlichen Entwicklung, MedR 2006, S. 95 ff. (100) mN. Daneben wird vereinzelt der Schutz von Sportlern vor erzwungenen technischen Eingriffen thematisiert (*Eberbach,* Die Verbesserung des Menschen - Tatsächliche und rechtliche Aspekte der wunscherfüllenden Medizin, MedR 2008, S. 325 [330 f.] mN). *Merkel* (o. Fn. 20, S. 949 ff.) ist der Ansicht, dass es de lege ferenda eines strafrechtlichen Schutzes vor unfreiwilligen Manipulationen bedürfe, die mittels pharmakologischer, chirurgischer, neurostimulierender, gentechnischer o.ä. Eingriffe ins Gehirn vorgenommen würden.

schnittliche Konzentrationsfähigkeit als Krankheit zu betrachten. Eine solche Einordnung führt zu vier Beobachtungen: Erstens bestimmen die Erfahrungswissenschaften unser Nachdenken über Technisierungsprozesse, was zu einer Reihe von Fehlschlüssen führt (I.). Zweitens besteht eine Tendenz, den Einzelnen für Probleme verantwortlich zu machen, für die es auch nicht-individuelle Gründe gibt (II.). Drittens werden Verhalten, Eigenschaften und Lebensvorgänge zunehmend dem Bereich der Medizin zugeordnet (III.), was auch dazu führt, dass sie dem politischen Diskurs entzogen werden (IV.).

I. Vorherrschaft der Erfahrungswissenschaften

1. Wissensregime

Erstens lässt sich beobachten, dass die Diskussion teilweise von naturwissenschaftlich-empirischen Vorgaben dominiert wird, auch wenn es um normative Probleme geht. Den Grund dafür kann man mit *Michel Foucault* darin sehen, dass Wissen seine Gegenstände überhaupt erst hervorbringt und die Art und Weise prägt, wie wir über diese Gegenstände denken und wie wir unser Handeln an diesem Wissen ausrichten.[59] Leben und Körper sind zunächst Gegenstand der heute sog. Lebenswissenschaften, insbesondere der Biologie und Medizin; Technik ist zuerst Gegenstand der Ingenieurwissenschaften. Diese Wissenschaften verstehen sich vor allem als Naturwissenschaften. Ihre Methode ist überwiegend empirisch, dh sie stützen ihre Erkenntnisse auf Erfahrung und Beobachtung (Experimente, Feldforschung). Medizin und Ingenieurwissenschaften sind zudem stark anwendungsorientiert. Vor dem Hintergrund der *Foucault'schen* Überlegungen sind die Wissensgegenstände Leben, Körper und Technik damit von empirischen und praktischen Wissensregimen dominiert. Dies hat Auswirkungen darauf, wie wir über diese Gegenstände sprechen und nachdenken.

59 *Foucault,* Der Wille zum Wissen, 1983, S. 119 und passim. Krit. *Rabinow/Rose*, Biopower Today, BioSocieties 1 (2006), S. 195 ff. (202 f.).

2. Fehlschlüsse

Als Folge dieser Dominanz der Naturwissenschaften sind drei Fehlschlüsse zu beobachten, die man als naturalistisch, isolationistisch und fatalistisch bezeichnen könnte.

Der naturalistische Fehlschluss besteht darin, dass aus einem empirisch-naturwissenschaftlichen So-Sein ein Sein-Sollen geschlossen wird. Dies lässt sich an einem Beispiel aus der Rechtswissenschaft in Bezug auf den Gegenstand menschliches Leben aufzeigen. Teilweise wird die Frage, ab wann der Lebensschutz gem. Art. 2 Abs. 2 S. 1 GG eröffnet ist, mit dem Verweis auf die „biologisch-naturwissenschaftliche Erkenntnis" beantwortet, dass Leben mit der Verschmelzung von Ei- und Samenzelle beginne.[60] Diese Ansicht übersieht, dass Recht als Normwissenschaft anders als die Biologie als Erfahrungswissenschaft eine wertende, nicht rein deskriptive Unterscheidung vornehmen muss. Die Frage lautet nicht - wie in der Biologie -, ab wann sich etwas als individuiertes Leben beschreiben lässt. Vielmehr geht es im Recht um die Frage, ab wann dem Staat Begründungslasten auferlegt sein sollten, wenn sein Handeln möglicherweise menschliches Leben beeinträchtigt.

Als „isolationistischen" Fehlschluss bezeichnet *Oliver Müller* das Phänomen, dass die normativen Debatten von den technischen Entwicklungen dominiert werden.[61] Dies äußert sich darin, dass ethische und rechtliche Überlegungen in der Regel von der Erfindung einer neuen Technologie angestoßen, von den technischen Begrifflichkeiten beherrscht werden und sich vorrangig um die (Nicht-) Zulassung der neuen Technologie drehen. Beispiele dafür finden sich vor allem im Zusammenhang mit biomedizinischen Themen.[62] Das Embryonenschutzgesetz (ESchG) verbietet es beispielsweise in § 6, einen Embryo künstlich herzustellen, der die gleiche Erbinformation wie ein anderer Embryo, Foetus, Mensch oder Verstorbener hat. Das Embryonenschutzgesetz wurde in den 1990er Jahren unter anderem als Reaktion auf erste erfolgreiche Klonverfahren mit Tieren eingeführt. In der öffentlichen Diskussion während des Gesetzgebungsverfahrens ging es durchweg um das Klonen, nicht etwa um die künstliche Herstellung von Zwillingen. Auch der Gesetzgeber übernimmt den Begriff Klonen in der amtli-

60 Beispielhaft *Lorenz*, Embryonenforschung als Humanexperiment, in: *Eberle/Ibler/Lorenz* (Hrsg.), FS Brohm, 2002, S. 441 ff. (444 f.). Krit. *Schulze-Fielitz*, in: *Dreier* (Hrsg.), Grundgesetz Kommentar, 2. Aufl. (2004), Bd. I, 2004, Art. 2 II Rn 26 ff. mwN in Fn 99.

61 *Oliver Müller* (o. Fn. 42), S. 42 ff., bes. 45 f.

62 Hierauf und auf das Folgende macht *Gehring* aufmerksam (Ist die Bioethik ein „Diskurs" im Sinne Foucaults?, in: *dies.*, Was ist Biomacht?, 2006, S. 128 ff. [145 f.]).

chen Überschrift von § 6 ESchG. Die Diskussionen laufen nach einem Für- und Wider-Schema ab. Jüngstes Beispiel dafür ist die Kontroverse über die Präimplantationsdiagnostik (PID), nachdem der Bundesgerichtshof entschieden hatte[63], dass sie nicht von den ESchG-Verboten (§ 1 Abs. 1 Nr. 2, § 2 Abs. 1 ESchG) erfasst ist. Öffentlichkeit und Parlament debattierten überwiegend, ob nun ein Verbot einzuführen sei oder nicht. Schon das naheliegende Thema eines allgemeinen Fortpflanzungsmedizingesetzes, das sämtliche Fragen der natürlichen und künstlichen Reproduktion regelt, war selten Gegenstand der Diskussion. Philosophische Fragen werden fast ausschließlich unter dem ethisch-praktischen Blickwinkel der (Nicht-)Zulassung diskutiert - vor allem in der jungen Wissenschaftsdisziplin Bioethik und in Ethikkommissionen. Phänomenologische oder erkenntnistheoretische Untersuchungen sind selten.[64] Beispielsweise wird kaum thematisiert, dass Technisierungsprozesse häufig mit Heilsversprechen einhergehen und dass diese als Legitimationsstrategien dienen[65] - man denke nur an die verbreitete Befürwortung therapeutischen Klonens, da es der Heilung dient, während reproduktives Klonen perhorresziert wird. Es fehlt zudem - um ein weiteres Beispiel zu nennen - eine vertiefte Auseinandersetzung damit, warum technische Selbstmodifikationen zu einer Selbstverdinglichung führen (s.o. B. II. 3.), und ob dies möglicherweise etwas mit der objektivierenden, totalisierenden Vernunft der Aufklärung zu tun hat, wie etwa *Max Horkheimer* und *Theodor W. Adorno* annehmen.[66]

Der isolationistische Fehlschluss zieht einen weiteren Fehlschluss nach sich, den *Oliver Müller* „fatalistisch" nennt.[67] Da der Technisierungsprozess mit seiner Entwicklungsgeschichte und seinen Folgen nicht als Ganzes analysiert wird, meinen wir oft, dass technische Neuerungen von selbst entstehen und politisch nicht zu lenken sind. Aus dem Blick gerät dabei, dass Technik von Menschen entworfen und ihre Erforschung beispielsweise von Vermarktungsinteressen und der Nachfrage mitbestimmt wird.

63 BGHSt 55, 206.

64 Ausnahmen sind etwa der Sammelband *Jonas/Lembeck* (Hrsg.), Mensch - Leben - Technik, 2006 und *Oliver Müller* (o. Fn. 42).

65 *Oliver Müller* (o. Fn. 42), S. 125 ff. Dort finden sich weitere ausgeblendete Themen.

66 *Horkheimer/Adorno*, Dialektik der Aufklärung, 13. Aufl. (2001), bes. 9 ff.

67 *Oliver Müller* (o. Fn. 42), S. 42 ff., bes. 45 f.

II. Individualisierung

Eine zweite Beobachtung ist, dass in unserer Gesellschaft häufig Probleme individualisiert werden, die jedenfalls auch nicht-individuelle, etwa gesellschaftliche, Ursachen haben. Mit Individualisierung wird zum einen eine soziologisch zu beobachtende gesellschaftliche Entwicklung beschrieben. Spätestens seit dem 18. Jahrhundert wird der Mensch zunehmend als Einzelner, als Individuum, angesehen und Bindungen, die der Einzelne nicht beeinflussen kann, verlieren an Gewicht, etwa die Standes- oder Familienzugehörigkeit.[68] Zum anderen wird mit Individualisierung die aufklärerisch-liberale philosophische Annahme bezeichnet, dass der Einzelne als Subjekt seine Handlungen und sein Ich selbst bestimmt.[69] Individualisierung kann durchaus positiv bewertet werden, weil der Einzelne frei über sein Leben und seine Handlungen bestimmen kann. Allerdings geht mit ihr auch eine Verantwortungszuschreibung einher, die vorrangig den Einzelnen und nicht etwa die Gesellschaft oder andere nicht-individuelle Umstände als Quelle von Veränderungen betrachtet. *Foucault* hält dies für die spezifische Form der Machtausübung des liberalen Staates. Er geht davon aus, dass liberale Regierung nicht nur mittels selbst gegebener Gesetze, sondern auch über die ökonomische Steuerung der Bevölkerung und des Einzelnen ausgeübt wird.[70] Sie reiche von der staatlichen Geburtenregulierung über wissenschaftlich begleitete Disziplinierung in der Schule oder am Arbeitsplatz (Pädagogik, Arbeitspsychologie) bis hin zu gesellschaftlich verbreiteten Lebensstilen.

Die Tendenz der Individualisierung von Problemen lässt sich auch im Zusammenhang mit Enhancement beobachten. Probleme wie etwa mangelnder Leistungserfolg oder fehlende soziale Anerkennung werden als individuelle Probleme angesehen, die individuell lösbar scheinen. Ersteres führt beispielsweise dazu, dass immer mehr Menschen zu leistungssteigernden Medikamenten greifen.[71] Hier sei noch einmal an das bereits erwähnte Ritalin-Experiment des Studenten erinnert. *Gerald Hüther* macht in Bezug auf diesen Selbstversuch da-

68 Vgl. *Junge*, Individualisierung, 2002, S. 21 ff., S. 29 ff.

69 Vgl. *Sève*, Art. Individuum, in: *Sandkühler* (Hrsg.), Enzyklopädie Philosophie, Bd. 2, 2010, S. 1094 ff. (1096 f.).

70 *Foucault,* Sicherheit, Territorium, Bevölkerung. Geschichte der Gouvernementalität I: Vorlesung am Collège de France 1977-1978, 2006, S. 76, 98 ff. und passim. Überlegungen dazu finden sich auch in *ders.*, Wille (o. Fn. 59), bes. S. 166, 170. Hier bezeichnet *Foucault* das beschriebene Phänomen noch als Biopolitik, während er in seinen Vorlesungen den Begriff Gouvernementalität einführt und die Verknüpfung mit dem Liberalismus herstellt.

71 *Eberbach* (o. Fn. 34), S. 1 ff. (5) mN.

rauf aufmerksam, dass die Nachfrage nach leistungserhöhenden Pharmaka vor dem Hintergrund einer gesellschaftlich bedingten Lebenseinstellung entsteht: „Ritalin ist die Droge für die Pflichterfüller-Generation."[72] Zweiteres hat zur Folge, dass fehlende soziale Anerkennung vermehrt individuellen Schönheitsdefiziten zugeschrieben wird, die mit kosmetischen Operationen behoben werden sollen.[73] In beiden Fällen werden parallele nicht-individuelle Problemursachen, wie etwa die Chancenverzerrung wegen ungleicher Ressourcenverteilung, ausgeblendet oder jedenfalls unterbewertet. Außerdem wird übersehen, dass das Ich als Selbstbewusstsein nur im Verhältnis zu anderen Ichs entstehen kann, in seiner Verfasstheit also immer schon auf andere, und das heißt die Gesellschaft, bezogen ist. Die gesellschaftliche Wirklichkeit ist insofern für das Ich nicht nur etwas Äußerliches, sondern sie bestimmt sein Selbstverhältnis und seine Vorstellungen, wie etwa Leistungsansprüche oder Schönheitsideale, mit. Schließlich werden Risiken individualisiert, indem der Umgang mit Gefahren auf den Einzelnen abgewälzt wird. Auch hier zeigt sich die Janusköpfigkeit liberaler Freiheitsvorstellung. Zum Beispiel geht die Freiheit, über das Ob, Wie und Wann der Fortpflanzung zu entscheiden, auch mit einer erhöhten Verantwortung einher. Die Eltern dürfen, aber müssen eben auch darüber entscheiden, ob sie abtreiben, wenn festgestellt wurde, dass ihr Kind möglicherweise an Down Syndrom leidet.[74]

III. Medikalisierung

Die dritte Beobachtung ist, dass Verhalten, Eigenschaften oder Lebensvorgänge, die ursprünglich nicht als medizinische Probleme angesehen wurden, der Domäne der Medizin zugeordnet werden.[75] Dieses Phänomen wird als Medikalisierung bezeichnet. Beispielsweise wurden Kleinwüchsige früher als „Zwerge", also als Menschen mit einer besonderen Eigenschaft angesehen (die sicherlich auch zu Ausgrenzung geführt hat). Heute gilt der Minderwuchs als eine Krankheit (Hyposomie), die mit Wachstumshormonen behandelt wird.[76]

72 *Anonym* (o. Fn. 43).

73 *Miller/Brody/Chung,* Schönheitschirurgie und die Binnenmoral der Medizin, in: *Schöne-Seifert/Talbot* (Hrsg.), Enhancement, 2009, S. 145 ff.

74 Dies wird im Zusammenhang mit der Gentechnik diskutiert, vgl. etwa *Paul* (o. Fn. 7), S. 341 ff. (357).

75 Vgl. *DeGrazia* (o. Fn. 27), S. 34 ff. (39); *Nagel* (o. Fn. 56), S. 273.

76 *Elliot* (o. Fn. 37), S. 27.

Im hiesigen Zusammenhang ist vor allem darauf aufmerksam zu machen, dass psychische Konstitutionen, die statistisch betrachtet nicht der Norm entsprechen, zunehmend als Krankheiten eingeordnet werden. Man denke nur an die relativ neue Aufmerksamkeitsdefizit-/Hyperaktivitätsstörung (ADHS), deren vorrangiges Kriterium ist, dass der Betroffene weniger aufmerksam oder hyperaktiver als Menschen im selben Alter und Entwicklungsstand ist.[77] Diese Krankheit wird vorrangig mit dem Medikament Methylphenidat (Ritalin) behandelt. Ein weiteres Beispiel ist eine besonders ausgeprägte Schüchternheit, die heute als Angststörung (soziale Phobie) charakterisiert und ebenfalls medikamentös behandelt wird.

Medikalisierung wurde zunächst in den 1970er Jahren von den sog. label theories kritisiert. Sie diene der herrschenden Klasse dazu, Menschen, die die gesellschaftliche Ordnung störten, zu kontrollieren, sie zwangsweise zu verändern (zB durch Therapie, Medikation) und gegebenenfalls aus der Gesellschaft zu entfernen (zB in geschlossenen psychiatrischen Krankenhäusern).[78]

Diese Kritik greift jedoch zu kurz. Denn einerseits sorgen nicht die Bessergestellten, sondern häufig die Betroffenen selbst für die Medikalisierung und andererseits ist das Problem nicht der Ausschluss aus der Gesellschaft, sondern die Deutungshoheit der Medizin. Beispielsweise haben die Soziologen *Peter Conrad* und *Deborah Potter* aufgezeigt, dass die Anerkennung von ADHS im Erwachsenenalter in den USA vor allem von den Betroffenen selbst forciert wurde, etwa durch Betroffenen-Organisationen, Selbsthilfe-Bücher und Medienberichte.[79] Zudem weisen sie nach, dass die meisten ärztlichen Diagnosen nach einer Selbsteinschätzung der Patienten gestellt werden. Diese Selbstbeurteilung sei selten Folge eines objektiven Leistungsdefizits, denn die meisten ADHS-Patienten seien beruflich sehr erfolgreich. Sie hätten aber das subjektive Gefühl, dass sie wegen ihrer geringeren Aufmerksamkeitsspanne oder ihrer Impulsivität weniger leistungsfähig seien als andere. Hieran wird deutlich, dass die labeling approaches die Komplexität der Machtausübung nicht erfassen können. Zwar weisen sie zu Recht darauf hin, dass die Etikettierung mit einer bestimmten Krankheit dazu führen kann, dass der Betroffene ausgegrenzt wird. Sie übersehen aber,

77 ADHS bei Kindern ist in Deutschland seit den 1980er als Krankheit anerkannt, bei Erwachsenen seit 2003. Vgl. das Klassifikationssystem der *Weltgesundheitsorganisation*, The ICD-10 classification of mental and behavioural disorders, clinical descriptions and diagnostic guidelines, 1992, F 90.0. - F 90.9.

78 *Becker,* Outsiders, 1973, S. 9; dazu *Lanzerath* (o. Fn. 7), S. 179 ff. mN.

79 *Conrad/Potter*, From Hyperactive Children to ADHD Adults: Observations on the Expansion of Medical Categories, Social Problems 47 (2000), S. 559 ff.

dass die Etikettierung auch entlastend wirken kann, weil der Betroffene sich nicht den normalen Leistungsanforderungen der Gesellschaft stellen muss. Außerdem kann die Etikettierung Ansprüche an die Solidargemeinschaft nach sich ziehen, etwa die Bezahlung von Medikamenten, Therapien und Arbeitsausfällen durch die Krankenkassen. Beides wird auch zu dem Aktivismus der ADHS-Betroffenen beigetragen haben. Problematisch ist allerdings das Phänomen, das *Foucault* als Paradoxie des Widerstandes bezeichnet hat[80], nämlich dass die Betroffenen sich damit den Normalitätsvorstellungen der Medizin und der gesellschaftlichen Rolle als Kranke unterwerfen - beides können sie nicht mehr selbstbestimmt beeinflussen. Wird ADHS als Krankheit eingeordnet, entscheiden Mediziner darüber, welche Kriterien Voraussetzung für eine Diagnose und wie die Symptome zu behandeln sind. Ziel der Medizin ist es, eine Konstitution herzustellen, die der normalen Aufmerksamkeitsspanne bzw. dem normalen Tätigkeitsdrang entspricht. Dadurch geraten Maßnahmen aus dem Blickfeld, die weniger auf Angleichung als vielmehr auf Ausgleich zielen. Beispielhaft dafür ist der Umgang mit Gehörlosen. So werden Gehörlose in den USA zunehmend mit Neuroprothesen ausgestattet, die ihnen das Hören ermöglichen. Gleichzeitig verliert damit der Ausgleich ihres Defizits, etwa durch einen Anspruch auf Gebärdensprachdolmetscher im Umgang mit Behörden, an Bedeutung.[81] Außerdem hat die Annahme der Rolle des Kranken zur Folge, dass sich die Betroffenen nicht mehr als aktive Gestalter ihrer Entwicklung ansehen können.[82]

IV. Entpolitisierung

Mit der Medikalisierung eines Verhaltens oder einer Eigenschaft geht häufig eine Entpolitisierung im Umgang mit diesen einher. Ohne den umstrittenen Politikbegriff vertiefen zu können, wird hier unter einem politischen Handeln ein Handeln verstanden, das darauf gerichtet ist, ein gesamtgesellschaftliches oder gemeinwohlorientiertes Ziel in der öffentlichen Auseinandersetzung allgemein-

80 *Foucault* (o. Fn. 59), S. 172 f., 274.

81 S. dazu *Elliot* (o. Fn. 37), S. 41 f.; *Crouch*, Letting the Deaf Be Deaf, Hastings Center Report 27 (1997), S. 14 ff.

82 So *Ahrbeck*, Gestörte Aufmerksamkeit, Frankfurter Allgemeine Zeitung v. 12. September 2011, S. 28 in einer Rezension von *Staufenberg*, Zur Psychoanalyse der ADHS, 2011, die deshalb einen psychoanalytischen Therapieansatz für ADHS-Patienten vorschlägt.

verbindlich durchzusetzen.[83] Wenn etwas als Krankheit begriffen wird, unterliegt es jedoch vorrangig dem Regime der Medizin. Es erscheint demnach als eine wissenschaftliche Frage, die nicht durch einen politisch ausgehandelten Konsens, sondern mittels medizinischer Forschung und Praxis zu beantworten ist. Die Entscheidung über den Umgang mit dem Verhalten oder der Eigenschaft wird dem Betroffenen und der Allgemeinheit damit entzogen.[84] Vielmehr entscheiden Ärzte und Mediziner. Insbesondere kann damit das fragliche Verhalten oder die fragliche Eigenschaft als Folge ihrer Einordnung als Krankheit nicht unter dem Aspekt der Freiheitsausübung thematisiert werden. Eine Krankheit gibt allenfalls einen Anspruch auf Behandlung, nicht jedoch ein Recht auf Freiheit. Deshalb fällt es beispielsweise der Autism rights movement in den USA derzeit so schwer, sich Gehör zu verschaffen.[85] Sie setzt sich dafür ein, dass Autismus nicht mehr als psychiatrische Krankheit, sondern als natürliche Abweichung von der Norm angesehen wird. Ihr geht es darum, dass die Vielfalt der neurologischen Dispositionen von Menschen ebenso wie daraus resultierende Verhaltensabweichungen anerkannt und nicht etwa durch medizinische Eingriffe beseitigt oder durch verhaltenstherapeutische Maßnahmen an die Norm angeglichen werden. Auch der Protest der Gehörlosen in den 1990er Jahren, der sich gegen den flächendeckenden Einsatz von Cochlea-Implantaten wehrte, stieß vielfach auf Unverständnis.[86] Denn die Gehörlosen setzten sich nach ihrer Darstellungsweise dafür ein, ihre Kultur zu erhalten - eine Kultur mit einer eigenen Sprache (Gebärdensprache), eigenen Geschichten, eigenen Orten der Erziehung (Gehörlosen-Schulen) und eigener Freizeitbeschäftigung. Im Zusammenhang mit Krankheiten bzw. Behinderungen sprechen wir aber gemeinhin nicht von Kultur. Das Prob-

83 Vgl. *Schmidt*, Wörterbuch zur Politik, 3. Aufl. (2010), S. 604 ff.

84 Dies gilt nicht bzgl. der Frage, wie weit die Behandlungskosten von der Solidargemeinschaft übernommen werden. Der übrige Umgang mit der Eigenschaft oder dem Verhalten, also insbesondere die Kategorisierung, Diagnoseverfahren, die Therapieformen, der Behandlungsort etc., unterliegt aber den Entscheidungen der Medizin.

85 Vgl. *Harmon*, Neurodiversity Forever: The Disability Movement Turns to Brains, The New York Times v. 9. Mai 2004, http://www.nytimes.com/2004/05/09/weekinreview/neurodiversity-forever-the-disability-movement-turns-to-brains.html; *Woodford*, „We don't need to be cured", say autistics, National Review of Medicine v. 30. April 2006, Band 3, Nummer 6 (2006), http://www.nationalreviewofmedicine.com/issue/2006/04_30/3_patients_practice05_8.html; *Solomon*, The Autism Rights Movement, New York Magazin v. 25. Mai 2008, http://nymag.com/news/features/47225/index6.html.

86 Vgl. dazu *Elliot* (o. Fn. 37), S. 41 f.; *Crouch* (o. Fn. 81), S. 14 ff.; *Christen*, Der Einbau von Technik in das Gehirn, in: *Orland* (Hrsg.), Artifizielle Körper - Lebendige Technik, 2005, S. 197 ff.

lem ist demnach nicht, wie die labeling theories annehmen, dass die Herrschenden die sozial Schwachen mittels Etikettierung unterdrücken. Das Problem ist vielmehr die mit der Medikalisierung einhergehende politische Sprachlosigkeit der Betroffenen.

D. Fazit

Das Streben nach der Verschmelzung von Mensch und Technik ist möglicherweise der Fluch einer „Pflichterfüller-Generation" (*Hüther*), die sich selbst allein nach dem Schema „funktioniert/funktioniert nicht" betrachtet. Autonome Entscheidungen über die Technisierung unseres Körpers können wir nur treffen, wenn wir uns nicht nur fragen „Was soll ich tun?", sondern auch um mögliche Fremdbestimmungen durch dominante Denkmuster wissen. Mit Blick auf die Technisierung des menschlichen Körpers ist zwar zum einen zu klären, wie weit die autonome Verfügungsbefugnis über unseren Körper reicht, ob Krankheit tiefere Eingriffe rechtfertigt und ob ihr möglicherweise Grenzen etwa durch Werte wie die Natürlichkeit gesetzt sind. Zum anderen sollten wir uns bei der Entscheidung für oder gegen ein technisches Implantat darüber im Klaren sein, dass Probleme, für die wir uns individuell verantwortlich fühlen, eventuell strukturell bedingt sind, dass Kranksein auch soziokulturell definiert wird und uns nicht notwendig die Möglichkeit nimmt, unser Leben trotz unseres Zustands selbst zu gestalten, und schließlich, dass die Vielfalt der physischen und psychischen Ausstattung des Menschen nur erhalten werden kann, wenn Defizite nicht durch Angleichung, sondern durch Nachteilsausgleich abgemildert werden.

Öffentlich-rechtliche Dimensionen der Robotik

Tade Matthias Spranger; Henning Wegmann, Bonn

A. Einleitung

Als der tschechische Autor Karel Čapek 1921 in dem Drama R.U.R. den Begriff „Roboter" erstmalig literarisch verwendete, gab er damit Maschinen einen Namen, die bis heute Protagonisten unzähliger Science-Fiction-Romane und –Filme sind. Der Begriff stammt von dem slawischen Wort „robota", welches mit Fron- oder Zwangsarbeit übersetzt werden kann[1].

Häufig werden Roboter als dem Menschen angenäherte autonom handelnde Wesen dargestellt, die mit besonderen, übermenschlichen Fähigkeiten ausgestattet sind. Was ursprünglich dem Unterhaltungsgenre der „Wissenschaftlichen Phantastik" vorbehalten war, hielt dank des enormen ingenieur- und naturwissenschaftlichen Fortschritts mehr und mehr Einzug in die Wirklichkeit. Roboter agieren nicht mehr nur in Fertigungshallen „hinter verschlossenen Türen", sondern begegnen uns im Alltag. Sogenannte Dienstleistungsroboter mähen den Rasen, helfen bei der Verrichtung der Hausarbeit[2], transportieren Bücher in Bibliotheken,[3] geben Auskünfte oder wirken als interaktive Lehrer[4]. Darüber hinaus werden Roboter als Polizisten-Ersatz[5] oder als Transportmittel eingesetzt; nach dem Mobilitätskonzept der Deutschen Bahn sollen Roboter künftig hilfsbedürftige Reisende am Zielbahnhof abholen. Hausroboter mit menschlichem Äußeren sollen in 5 bis 10 Jahren alleinstehenden alten Menschen im Haushalt behilflich sein[6]. Einige der bekanntesten dieser sogenannten „humanoiden" Roboter sind

1 *Praßler/Dillmann/Kuntze*, Robotik in Deutschland – Lehre, Forschung und Entwicklung, 1998, S. 7.

2 Vgl. hierzu die Beispiele für staubsaugende Roboter unter http://shop.kleinundmore.de/irobot.html [17.1.2012].

3 http://www.spiegel.de/wissenschaft/technik/0,1518,761752,00.html [17.1.2012].

4 http://www.spiegel.de/schulspiegel/0,1518,725160,00.html [17.1.2012].

5 http://www.electricpig.co.uk/2008/08/11/robot-law-enforcement-set-for-uk-streets/ [6.6.2011].

6 http://www.spiegel.de/wissenschaft/technik/0,1518,754478,00.html [17.1.2012].

ASIMO[7], Shakey und Aibo[8], welcher sich eher durch sein Haushund-typisches Verhalten auszeichnet.

Die Entwicklung des Roboters in den letzten Jahren zeigt sich auch in einem korrespondierenden Wandel der Definitionen des Begriffs. Nach der Richtline 2860 des Vereins Deutscher Ingenieure (VDI)[9] sind Industrieroboter „universell einsetzbare Bewegungsautomaten mit mehreren Achsen, deren Bewegung hinsichtlich Bewegungsfolge und Wegen bzw. Winkeln frei (d.h. ohne mechanischen Eingriff) programmierbar und gegebenenfalls sensorgeführt sind“. Diese Definition beschreibt noch einen klassischen Industrieroboter. Die Japan Robot Association dagegen hat in ihre Roboter-Kategorisierung die Gruppe der „Intelligent Robots“ aufgenommen. Diese Geräte sind in der Lage, sich durch Sensoren selbstständig zurechtzufinden und sich Veränderungen der Umwelt anzupassen[10].

Probleme in der rechtlichen Bewertung von Robotern ergeben sich insbesondere aus der Tatsache, dass die neueren Generationen von Robotern zunehmend autonome Entscheidungen treffen können. Sie nehmen ihre Umwelt sensorisch wahr und bestimmen selbst, wie sie sich in einer Situation verhalten. Sie sollen aus vorangegangenen Erfahrungen lernen, sich also in gewissem Umfang selber weiterentwickeln. Damit ist der Mensch als Hersteller des Roboters nicht mehr länger zu jeder Zeit der Herr über die Entscheidungen des Roboters. Vielmehr kann es zu Situationen kommen, in denen ein Roboter durch autonome Entscheidungen die Rechtsgüter des Verwenders oder auch unbeteiligter Dritter verletzen könnte.[11]

Aus einer öffentlich-rechtlichen Perspektive ergeben sich hieraus vielfältige Fragestellungen, die etwa die Festlegung einer Grenze zwischen Mensch und Maschine, mögliche Schutzpflichten des Staates vor Robotern, denkbare Einsatzfelder von Robotern zum Schutz der Menschen, die Delegation praktischer Aspekte der Eingriffsverwaltung oder die Zulassung des Gebrauchs von Robotern betreffen. Während in der Philosophie bereits seit einigen Jahren eine Debatte über die Herausforderungen der Robotik zu verfolgen ist[12], findet eine wissen-

7 http://world.honda.com/ASIMO/#HWW [17.1.2012].

8 http://support.sony-europe.com/aibo/index.asp?language=de [17.1.2012].

9 http://www.vdi.de/401.0.html?tx_vdirili_pi2%5BshowUID%5D=90416 [17.1.2012].

10 *Christaller/Decker/Gilsbach*, Robotik: Perspektiven für menschliches Handeln in der zukünftigen Gesellschaft, 2001, S. 62 ff.

11 Vgl. *Beck*, Roboter, Cyborgs und das Recht – von der Fiktion zur Realität, in: *Spranger u.a.* (Hrsg.), Aktuelle Herausforderungen der Life Sciences, 2010, S. 95 (105).

12 Hieraus resultiert auch die Kategorisierung als „Roboethik“.

schaftliche Befassung mit der Thematik in der rechtswissenschaftlichen Diskussion bislang allenfalls in Ansätzen statt. Der Beitrag soll erste Ansätze zur Lückenschließung liefern und widmet sich dem Thema Robotik unter spezifisch öffentlich-rechtlichen Fragestellungen.

B. *Begriffsbestimmungen und Bestandsaufnahme*

I. Robotik, Bionik, Enhancement

Der Bereich der Robotik beschreibt den Versuch, auf der Grundlage von Erkenntnissen aus der Informationstechnik eine Interaktion mit der physischen Welt herzustellen. Dabei beschäftigt sich der Kernbereich der Robotik mit der Entwicklung und Steuerung von Robotern. Die Umsetzung wird maßgeblich durch die Disziplinen Informatik, Elektrotechnik und Maschinenbau angestrebt. Für die vorliegende Untersuchung sei besonders darauf hingewiesen, dass sich die Robotik insbesondere dadurch auszeichnet, dass es sich hierbei im Kern um Maschinen handelt, die von Menschen hergestellt werden und denen dann aufgrund bestimmter Prozesse menschliche Eigenschaften oder Fähigkeiten „beigebracht“ werden sollen. In Abgrenzung dazu bezeichnet der Begriff „Bionik“ einen Teilbereich der Robotik, der sich mit der Verbindung bestimmter „Roboter-Merkmale“ - etwa in Form von Prothesen - mit dem menschlichen Körper beschäftigt. Einen guten Überblick über die Bandbreite der Bionik bietet ein Bericht der Büros für Technikfolgenabschätzung beim Deutschen Bundestag (TAB):

„Die Entwicklung von Arm- und Beinprothesen kann in drei Entwicklungsabschnitte unterteilt werden: mechanische Prothesen, elektrische Prothesen und computergesteuerte Prothesen. […] Elektrische Prothesen, auch myoelektrische Prothesen genannt, haben gegenüber mechanischen Prothesen den Vorteil, dass sie besser und fester greifen können sowie vielseitiger und einfacher zu benutzen sind. Die zentralen Komponenten elektrischer Prothesen sind kleine Elektromotoren, die die Finger-, Hand- und Ellenbogengelenke der Prothese bewegen. Die am weitesten entwickelte myoelektrische Prothese ist der so genannte bionische

Arm. Der bionische Arm ist eine Prothese im Falle des vollständigen Armverlustes (Rehabilitation Institute of Chicago o.J.).“[13]

Auch gewisse Seh- und/oder Hörfunktionen können mit Mitteln der Bionik ersetzt werden:

„In Deutschland leiden etwa 3 Mio. Menschen an einer Innenohrschwerhörigkeit, die mit herkömmlichen Hörgeräten nicht behoben werden kann. Meist liegt der Grund dafür in einer irreversiblen Schädigung der Haarsinneszellen im Hörorgan, der Cochlea oder auch Innenohrschnecke. Da die zum Zentralnervensystem führenden Nerven in diesen Fällen noch intakt sind, kann durch eine direkte Elektrostimulation der Nervenendungen die fehlende Sinnesübertragung ersetzt werden. Schallsignale werden durch ein Mikrophon aufgefangen, in ihre Frequenzanteile zerlegt, und dieses Signal wird durch Bündel von Elektroden frequenzspezifisch an die Nervenendungen übertragen.“[14]

Von Interesse ist in diesem Zusammenhang insbesondere die begriffliche und thematische Abgrenzung zum sogenannten Enhancement, unter dem man üblicherweise die medizinisch nicht indizierte Verbesserung der menschlichen Fähigkeiten durch technische Hilfsmittel versteht. Insoweit kann festgehalten werden, dass Methoden und Techniken der Robotik zum Zwecke eines menschlichen Enhancements eingesetzt werden können, mit der Folge, dass dann die spezifischen rechtlichen Verwerfungen einer solchen „Verbesserung“ – etwa mit Blick auf hieraus resultierende (Un-)Gleichbehandlungsprobleme – zusätzlich auf den Prüfstand geraten. Im Kontext des vorliegenden Beitrags bleiben auf ein mögliches Enhancement bezogene Fragestellungen jedoch ausgeblendet.

II. Roboterrecht

Die ersten Verhaltensregeln zum Umgang mit Robotern finden sich bereits in der Erzählung „Runaround“ von Isaac Asimov aus dem Jahr 1942, in der der Autor die berühmten „Drei Gesetze der Robotik“ aufstellte:

1. Ein Roboter darf kein menschliches Wesen (wissentlich) verletzen oder durch Untätigkeit gestatten, dass einem menschlichen Wesen (wissentlich) Schaden zugefügt wird.

13 *Oertel/Grunwald*, Potenziale und Anwendungsperspektiven der Bionik, Arbeitsbericht Nr. 108, April 2006, online unter http://www.tab-beim-bundestag.de/de/pdf/publikatio nen/ berichte/TAB-Arbeitsbericht-ab108.pdf [17.1.2012], S. 109.

14 *Oertel/Grunwald* (o. Fn. 13) S. 111.

2. Ein Roboter muss den ihm von einem Menschen gegebenen Befehlen gehorchen, es sei denn, ein solcher Befehl würde mit Regel eins kollidieren.
3. Ein Roboter muss seine Existenz beschützen, solange dieser Schutz nicht mit Regel eins oder zwei kollidiert.

Aufgrund der sich rasant weiterentwickelnden technischen Möglichkeiten der Robotik können diese Regeln alleine allerdings heutzutage nicht mehr als Matrix rechtswissenschaftlicher Betrachtung dienen, da sie den einem Roboter zur Verfügung stehenden Handlungsvarianten nicht mehr gewachsen sind.

Im deutschen Recht bestehen bislang keine spezifischen Regulierungen zum Umgang mit Robotern. Es stellt sich daher die Frage, inwieweit bzw. mit welchem Erfolg die bereits bestehenden Regulierungen auf die Herstellung und Verwendung von Robotern angewendet werden können. Dabei sind auch Regeln in den Blick zu nehmen, die die Herstellung oder eine mögliche Betriebserlaubnis für Roboter beinhalten könnten.

C. Verfassungsrecht

I. Grundrechtsträgerschaft

Grundsätzlich ist jede natürliche Person und damit jedes menschliche Wesen[15] fähig, Träger von Grundrechten zu sein. Damit ist zunächst klar, dass reine Roboter jedenfalls nicht als grundrechtsfähig eingestuft werden können, da es sich bei ihnen um Maschinen und nicht um Menschen handelt. Von Interesse sind aber Fälle, in denen einem Menschen durch technische Hilfsmittel Roboterähnliche Fähigkeiten zu Teil werden. Kann es eine Grenze geben, ab der ein Mensch derart „technisiert" ist, dass er nicht mehr maßgeblich durch sein eigenes Denken bestimmt wird, sondern durch die Befehle anderer, und wenn ja, führt dies automatisch zu einem Verlust oder zumindest einer Einschränkung seiner Grundrechtsfähigkeit?

Ebenso interessant sind Konstellationen, in denen ein Roboter dazu in der Lage ist, weitgehend autonome Entscheidungen zu treffen und so in Interaktion mit anderen Menschen zu treten. Ab einem gewissen Grad an Autonomie möchte etwa der Philosoph *Andreas Matthias* Robotern eigene Rechte – also auch Grundrechte – zuerkennen. Vor allem plädiert er für die Einführung eines „Ro-

15 Die im staatsrechtlichen Diskurs offene Frage des Beginns menschlichen Lebens spielt vorliegend keine Rolle.

boter-Strafrechts"[16], weil die Autonomie des Roboters dazu führen würde, dass Hersteller und Personal für Roboter- Handeln nicht mehr verantwortlich gemacht werden könnten. Der Roboter sei für sich selbst verantwortlich. Auch wenn dieser Ansatz sowohl mit der Grund- als auch der Strafrechtsdogmatik kaum zu vereinbaren ist, zeigt er, dass die Frage nach der rechtlichen Behandlung von Robotern als solchen nicht völlig obsolet ist. Maßgeblich sollte hier die Überlegung sein, dass auch ein nach derzeitigem Verständnis völlig autonomer Roboter von sich aus nicht nach „Freiheit und Selbsterhaltung"[17] strebt; er verspürt kein Bedürfnis nach und keine Notwendigkeit von Abwehrrechten gegen den Staat oder Dritte.

II. Staatliche Schutzpflichten

In ihrer klassischen Funktion als Abwehrrechte schützen die Grundrechte das Individuum vor staatlichen Beeinträchtigungen. Allerdings statuieren die Grundrechte zugleich eine Wertordnung, die in bestimmten Fällen durch den Staat geschützt werden muss. In der Rechtsprechung des Bundesverfassungsgerichts sind in verschiedenen Konstellationen die staatlichen Schutzpflichten zur Wahrung der Grundrechte anerkannt worden, darunter ein angemessener Schutz vor risikobehafteten technischen Entwicklungen[18] und der Schutz des menschlichen Lebens und der Gesundheit[19]. Die grundrechtlichen Schutzrechte sind dann verletzt, wenn „die öffentliche Gewalt Schutzvorkehrungen entweder überhaupt nicht getroffen hat oder die getroffenen Regelungen und Maßnahmen gänzlich ungeeignet oder völlig unzulänglich sind, das gebotene Schutzziel zu erreichen."[20] Der staatliche Grundrechtsschutz darf dabei nicht erst an eine bereits manifestierte Grundrechtsverletzung anknüpfen; vielmehr ist die Aktivierung einer staatlichen Schutzpflicht schon dann anzunehmen, wenn die drohende Grundrechtsverletzung irreparabel wäre, die weitere Entwicklung der Grundrechtsgefährdung als unbeherrschbar anzusehen ist und grundrechtsschützende Maßnahmen nicht durch autonome Regelungen zwischen den Beteiligten zu erreichen sind.[21]

16 *Matthias*, Automaten als Träger von Rechten, 2008.
17 *Philipps*, in: *Philipps/Scholler* (Hrsg.), Jenseits des Funktionalismus, Festgabe für Arthur Kaufmann zum 65. Geburtstag, 1989, S. 122.
18 Vgl. BVerfGE 49, 89 (140); BVerfGE 53, 30 (53).
19 Vgl. BVerfGE 39, 1 (42); BVerfGE 88, 203 (251).
20 BVerfGE 92, 26 (46).
21 Vgl. *Pieroth/Schlink*, Grundrechte Staatsrecht II, 26. Auflage 2010, Rn. 114.

Für den Bereich der Robotik lassen sich damit staatliche Schutzpflichten unter Umständen mit Blick auf die Fähigkeit von Robotern zu eigenständigen Entscheidungen begründen. Wird das von den Robotern ausgehende Risiko – etwa hinsichtlich einer möglichen Verletzungshandlung - für den Anwender und auch für den Hersteller in bestimmten Situationen möglicherweise unbeherrschbar, so besteht ein Anknüpfungspunkt für ein entsprechendes Einschreiten von staatlicher Seite, um die mit der Technologie einhergehenden Gefährdungen auf ein vertretbares „Restrisiko" zu minimieren. Nach dem japanischen Vorbild könnte dies in etwa durch die Verpflichtung zum Einbau eines „Not-Aus" Schalters geschehen; durch einen solchen Schalter könnte der betroffene Roboter im Falle drittgefährdender ungeplanter bzw. eigenständiger Aktionen direkt oder ferngesteuert gänzlich „abgeschaltet" werden. Dadurch könnte gewährleistet werden, dass zumindest dann, wenn der Roboter erkennbares Fehlverhalten zeigt, eine Gefährdung von hochrangigen Rechtsgütern ausgeschlossen wird. Allerdings setzt dieser Ansatz voraus, dass die Abweichung des Roboters von seinem programmierten Verhalten auch rechtzeitig genug erkennbar wird, so dass eine Abschaltung vor dem erstmaligen Einwirken des Roboters auf geschützte Rechtsgüter erfolgen kann. Hier wird man in technischer Hinsicht einen strengen Standard ansetzen müssen, um mögliche rechtliche Regelungen effektiv zum Arbeiten zu bringen.

Ebenso könnten staatliche Schutzpflichten aber auch über spezifische Zulassungsvoraussetzungen umgesetzt werden. Auch hier sind mangels bereits bestehender Bestimmungen vielfältige Alternativen denkbar. Eine Zulassung kann etwa für bestimmte Gruppen von Robotern (bspw. für bloße Haushaltsroboter) generell erteilt werden, während sie für andere Gruppen von Robotern (bspw. für den Einsatz von Wach-Robotern) an konkret definierte Vorgaben technischer Art gebunden sein kann. Auch die Frage danach, welche Anforderungen an die Person des Verwenders zu stellen sind, wird im Rahmen eines Zulassungsverfahrens zu behandeln sein. Hier könnte etwa der dem öffentlichen in verschiedenen Zusammenhängen vertraute Ansatz übernommen werden, dass nur solche Personen eine Genehmigung für die Verwendung von Robotern erhalten, die als „zuverlässig" einzustufen sind.[22] Der Gedanke, den Umgang mit besonders gefährlichen Gegenständen nur Personen zu erlauben, die bestimmte persönliche Eigenschaften aufweisen, ist auf den Bereich der Robotik durchaus übertragbar. Je größer das Spektrum des Roboters an eigenen Aktionen ist, desto größer wird grund-

22 Vgl. etwa § 4 und § 5 WaffG, wo zwischen der Zuverlässigkeit und der persönlichen Eignung unterschieden wird.

sätzlich auch seine Gefährlichkeit, wenn er in bestimmten Situationen nicht mehr beherrschbar ist bzw. wenn seine Aktionen im Vorfeld nicht klar vorherzusagen sind. Gerade wenn der Einsatz von Robotern als bewaffnetes Wachpersonal diskutiert wird[23], nähern sich die Voraussetzungen an eine Erlaubnis dieses Einsatzes denklogisch den Voraussetzungen an den Besitz und Gebrauch von Waffen sehr stark an, gerade auch mit Blick darauf, dass hier ein erhebliches Missbrauchspotenzial besteht.

Mit Blick auf verbesserte Kontrollmöglichkeiten für bereits existierende Roboter wird verschiedentlich die Einführung einer Kontrollinstanz vorgeschlagen, die – vergleichbar dem TÜV – sicherstellt, dass jeder Roboter in engen und regelmäßigen zeitlichen Abständen überprüft wird und nach dem neuesten Stand der Technik neu bewertet wird. Im Rahmen seiner Schutzpflichten ist der Staat gehalten, die Aktualität der Kontrollkriterien zu gewährleisten, um so zu einer sachgerechten Einschätzung der Gefährlichkeit des jeweiligen Roboters zu gelangen. Die Umsetzung dieser Pflicht erlangt insbesondere dann besondere Bedeutung, wenn es sich um Roboter handelt, die stetig Neues erlernen. Allerdings ist die Durchsetzung eines solchen Systems gerade vor dem Hintergrund der zunehmenden technischen Ausdifferenzierung einzelner Roboter-Systeme erheblichen praktischen Schwierigkeiten ausgesetzt. Eine Kontrolle von möglicherweise äußerst seltenen Fehlfunktionen eines Roboters wird wenn überhaupt nur durch ausgewiesene Experten möglich sein. In einem ersten Schritt wird daher ein System der Selbstkontrolle vorgeschlagen, in dem die Hersteller von Robotern dazu verpflichtet werden, die eigenen Produkte einer Kontrolle durch die übrigen Hersteller zu unterziehen.[24] Dieser Ansatz ist mit Blick auf die zu Kontrollzwecken gegebenenfalls erforderlich werdende Offenbarung von Betriebs- und Geschäftsgeheimnissen brisant und daher nicht zuletzt auch am Maßstab der Art. 12 und 14 GG zu messen. Zur Sicherung eines funktionierenden Marktes wird daher auf jeden Fall (auch) eine Kontrolle durch eine unabhängige Stelle zu fordern sein. Die genaue Ausgestaltung derartiger Regelungsmodelle wird sich möglicherweise zumindest an den bereits bestehenden Regulierungen zum TÜV orientieren können.

Im Rahmen der Diskussion über die Zulassungsvoraussetzungen für einen Roboter ist ebenfalls an den verpflichtenden Einbau einer sogenannten Blackbox zu denken, die die technischen Abläufe und Aktionen des Roboters aufzeichnet.

23 Vgl. http://www.electricpig.co.uk/2008/08/11/robot-law-enforcement-set-for-uk-streets/ [17.1.2012].

24 Vgl. etwa http://archiv.raid-rush.ws/t-534332.html [17.1.2012]; http://www.magnus.de/news/neue-regeln-fuer-die-entwicklung-von-robotern-167788.html [17.1.2012].

Zwar wird diese Blackbox bestimmte Fehlfunktionen eines Roboters nicht verhindern können und kommt somit als Schutzmechanismus nur eingeschränkt in Frage; allerdings ist der Einsatz einer solchen Aufzeichnungsmethode durchaus sinnvoll, um mögliche Fehlerquellen für die Zukunft zu eliminieren. So könnten durch eine zeitlich nachgelagerte Maßnahme mögliche Gefährdungen für die Zukunft präventiv ausgeschaltet werden.

Die beschriebenen Methoden und Szenarien stehen beispielhaft für eine Vielzahl möglicher anderer Ansätze, mittels derer der Staat seine grundrechtlichen Schutzpflichten gegenüber dem Einzelnen verwirklichen könnte. Diese Schutzpflichten entstehen vor allem dann, wenn hochrangige Rechtsgüter wie das Leben oder die Gesundheit betroffen sind. Damit wird zugleich deutlich, dass die Standards, die an die Verwendung von Robotern zu stellen sind, je nach Art des Roboters teilweise stark voneinander abweichen werden: An einen Roboter, der als bloßer Staubsauger-Ersatz im Haushalt eingesetzt werden soll, werden deutlich weniger strenge Anforderungen zu stellen sein als an einen Wach-Roboter, oder auch generell an Roboter, die im öffentlichen Raum zum Einsatz kommen und dadurch unbeteiligte Dritte gefährden könnten.

Parallel stellt sich an dieser Stelle die Frage, wer Adressat einer regulatorischen Konkretisierung staatlicher Schutzpflichten sein müsste. Denkbar wäre, bereits bei der Herstellung von Robotern anzusetzen, so dass schon die Herstellung zu „gefahrgeneigten Zwecken“ verboten oder zumindest sehr stark eingeschränkt werden könnte. Hierbei wäre jedoch zu bedenken, dass häufig nicht die Herstellung, sondern die individuelle Programmierung und Nutzung des Roboters durch den Verwender Gefahren schafft. Die bereits angesprochene Lösung durch bestimmte Anforderungen an den Verwender des Roboters knüpft dementsprechend an den Gedanken an, dass durch einen möglichst verantwortungsvollen Umgang mit den Robotern ihre Gefahrenpotentiale eingedämmt werden können. Hier bleibt allerdings die Unsicherheit bestehen, dass selbst ein überdurchschnittlich verantwortungsvoller Verwender möglicherweise als technischer Laie eine Reihe von Aktionen des Roboters nicht verhindern könnte.

Eine vollkommene Sicherheit in Form eines lückenlosen Schutzes kann allerdings weder durch Anforderungen des einfachen Rechts gewährleistet werden, noch wird dies von der Grundrechtsordnung gefordert. Insofern wird es immer bei einem „Restrisiko“ bleiben, welches mit den Mitteln des Rechts nicht ausgeräumt werden kann. Die Figur des „Restrisikos“ ist dem öffentlichen Recht gerade bei technikrechtlichen Umsetzungen bestens vertraut. Im Zusammenhang mit Anlagen für Nanopulver hat etwa das Bundesverwaltungsgericht vor einigen Jahren dargestellt, dass die lückenlose Gewährleistung eines Schutzes der Gesundheit nicht immer möglich ist und sich die Ergebnisse einer Risikoanalyse in erster Linie an den zum Bewertungszeitpunkt bekannten wissenschaftlichen und technischen Erkenntnissen zu orientieren haben:

„Die immissionsschutzrechtliche Schutzpflicht als Instrument der Gefahrenabwehr greift ein, wenn die hinreichende Wahrscheinlichkeit eines Schadenseintritts besteht. Sie dient der Abwehr erkannter Gefahren und der Vorbeugung gegenüber künftigen Schäden, die durch solche Gefahren hervorgerufen werden können. Ob Umwelteinwirkungen im Einzelfall geeignet sind, Gefahren herbeizuführen, unterliegt der verwaltungsgerichtlichen Prüfung […]. Eine Gefahr liegt nach der klassischen Begriffsdefinition dort vor, wo "aus gewissen gegenwärtigen Zuständen nach dem Gesetz der Kausalität gewisse andere Schaden bringende Zustände und Ereignisse erwachsen werden" […]. Daran fehlt es bei Ungewissheit über einen Schadenseintritt. Potentiell schädliche Umwelteinwirkungen, ein nur möglicher Zusammenhang zwischen Emissionen und Schadenseintritt oder ein generelles Besorgnispotential können Anlass für Vorsorgemaßnahmen sein, sofern diese nach Art und Umfang verhältnismäßig sind. Vorsorge gegen schädliche Umwelteinwirkungen erfasst mithin mögliche Schäden, die sich deshalb nicht ausschließen lassen, weil nach dem derzeitigen Wissensstand bestimmte Ursachenzusammenhänge weder bejaht noch verneint werden können, weshalb noch keine Gefahr, sondern nur ein Gefahrenverdacht oder ein Besorgnispotential besteht […]. Gibt es hinreichende Gründe für die Annahme, dass Immissionen möglicherweise zu schädlichen Umwelteinwirkungen führen, ist es Aufgabe der Vorsorge, solche Risiken unterhalb der Gefahrengrenze zu minimieren […].

Ob bei ungewissem Kausalzusammenhang zwischen Umwelteinwirkungen und Schäden eine Gefahr oder ein Besorgnispotential anzunehmen ist, hängt vom Erkenntnisstand über den Wahrscheinlichkeitsgrad des Schadenseintritts ab.“[25]

Auch die Rechtsprechung des BVerwG im Bereich der Risikobewertung von Atomanlagen weist explizit auf das hinzunehmende Restrisiko hin:

„Entgegen der Auffassung des Klägers folgt aus dem Umstand, dass die Risikoermittlung und Risikobewertung im Bereich der atomrechtlichen Schadensvorsorge der Genehmigungsbehörde obliegt, nicht, dass an die Ermessensausübung gemäß § 99 Abs. 1 Satz 2 VwGO "besonders strenge" Anforderungen zu stellen sind. Der im Atomrecht geltende sogenannte Funktionsvorbehalt, mit dem zum Ausdruck gebracht wird, dass die Genehmigungsbehörde in eigener Verantwortung über das Maß des erforderlichen Schutzes entscheidet […], führt […]

25 Urteil des BVerwG vom 11.12.2003, Az.: 7 C 19/02, juris-Rn. 12.

zu einer eingeschränkten gerichtlichen Nachprüfung der behördlichen Risikoermittlung und -bewertung einschließlich des hinzunehmenden Restrisikos."[26]

Auch in seiner bis dahin ersten Entscheidung zur Atomkraft, der sogenannten „Kalkar-Entscheidung", führt das Bundesverfassungsgericht instruktiv zum Begriff des Restrisikos im Zusammenhang mit dem damaligen § 7 AtomG aus:

„Die Vorschrift nimmt insoweit, wie bereits erwähnt, ein Restrisiko in Kauf. Bei Regelungen dieser Art kann ein Verfassungsverstoß nicht schon mit dem Hinweis abgetan werden, das Risiko eines künftigen Schadens stelle nicht schon gegenwärtig einen Schaden und mithin keine Grundrechtsverletzung dar. Auch Regelungen, die im Laufe ihrer Vollziehung zu einer nicht unerheblichen Grundrechtsgefährdung führen, können selbst schon mit dem Grundgesetz in Widerspruch geraten. Nach ständiger Rechtsprechung des Bundesverfassungsgerichts enthalten die grundrechtlichen Verbürgungen nicht lediglich subjektive Abwehrrechte des Einzelnen gegen die öffentliche Gewalt, sondern stellen zugleich objektivrechtliche Wertentscheidungen der Verfassung dar, die für alle Bereiche der Rechtsordnung gelten und Richtlinien für Gesetzgebung, Verwaltung und Rechtsprechung geben [...]; dies wird am deutlichsten in Art 1 Abs 1 Satz 2 GG ausgesprochen, wonach es Verpflichtungen aller staatlichen Gewalt ist, die Würde des Menschen zu achten und zu schützen. Daraus können sich verfassungsrechtliche Schutzpflichten ergeben, die es gebieten, rechtliche Regelungen so auszugestalten, daß auch die Gefahr von Grundrechtsverletzungen eingedämmt bleibt. Ob, wann und mit welchem Inhalt sich eine solche Ausgestaltung von Verfassungs wegen gebietet, hängt von der Art, der Nähe und dem Ausmaß möglicher Gefahren, der Art und dem Rang des verfassungsrechtlich geschützten Rechtsguts sowie von den schon vorhandenen Regelungen ab."[27]

Damit wird hinreichend deutlich: ein lückenloser Schutz durch die Grundrechtsordnung kann auch beim Umgang mit neuen und potentiell gefahrgeneigten Technologien nicht gewährleistet werden. Ein solcher Schutz ist zum Schutze der Grundrechte aber auch nicht geboten. Vielmehr ist gerade im Bereich technischer Entwicklungen ein Zustand vollständiger Sicherheit bzw. umgekehrt vollständige Risikolosigkeit nicht zu erreichen. Diese Grundsätze hinsichtlich eines hinzunehmenden Restrisikos sind zwanglos auch auf den Umgang mit Robotern zu übertragen. Auch hier bestehen gerade im Hinblick auf die körperliche Un-

26 Beschluss des BVerwG Fachsenat für Entscheidungen nach § 99 Abs 2 VwGO vom 20.9.2010, Az.: 20 F 7/10, juris-Rn. 12.

27 BVerfGE 49, 89, Urteil vom 8.8.1978, juris-Rn. 117.

versehrtheit Schutzpflichten des Staates gegenüber dem Einzelnen. Etwaige Restrisiken unterhalb der Gefahrengrenze sind auf ein Minimum zu reduzieren.

III. Schutz des Bürgers durch Roboter

Während die bisherigen Ausführungen vornehmlich Gefährdungspotentiale aufgezeigt haben, ist in anderen Bereichen an Anwendungsoptionen zu denken, die im Gegenteil dazu bestimmt sind, den Schutz des Einzelnen *durch* Roboter zu erreichen. Diese Einsatzbereiche sind – je nach der Breite der zugrunde gelegten Definition des Begriffs Roboter – außerordentlich vielfältig und reichen von einem schlichten Einsatz eines Haushaltsroboters, über den Einsatz ferngesteuerter (Aufklärungs-) Drohnen, bewaffneter Wach-Roboter oder spezifischer Arbeitsroboter beispielsweise in radioaktiv verseuchtem Terrain[28] bis hin zum bereits erprobten Einsatz von unbemannten PKW, die auf eine Veränderung der Verkehrsbedingungen oder auftretende Gefahrensituationen teilweise schneller und effektiver reagieren können als der menschliche Fahrer.

Gerade der Einsatz von bewaffneten Robotern kann nicht nur zum Schutz bestimmter Personen, sondern auch zum Schutz der Bevölkerung allgemein, etwa vor terroristischen Angriffen, eingesetzt werden. Denkbar wären auch Verwendungen in den Bereichen Personen- und Gebäudeschutz, bei der Überwachung bzw. Sicherung von Demonstrationen und anderen Versammlungen, bei der Räumung besetzter Häuser durch Roboter bzw. mit Unterstützung durch Roboter, oder allgemein beim Betreten von Räumlichkeiten zu Zwecken der Gefahrenabwehr. Wenngleich eine Delegation der entsprechenden Tätigkeiten keine materielle Derogation des staatlichen Gewaltmonopols zur Folge hätte, stellt sich gleichwohl die Frage insbesondere nach den polizeirechtlichen Implikationen. Hier wird es entscheidend darauf ankommen, welcher Grad an autonomer Bewertung und Entscheidungsfindung zum Einsatz kommenden Robotern eingeräumt werden würde. Läge etwa die Entscheidung über einen „polizeilichen Rettungsschuss“ ausschließlich bei einem autonom handelnden Roboter, so müssten polizeirechtliche Kategorien - etwa mit Blick auf den subjektiven Gefahrenbegriff, die Folgen einer Anscheinsgefahr, oder die Zurechnung im Kontext etwaiger Regressforderungen - grundlegend neu justiert werden.

28 Siehe hierzu etwa „Roboter für den Höllenjob“, Spiegel Online vom 19.03.2011, http://www.spiegel.de/netzwelt/web/0,1518,751880,00.html [17.1.2012].

Schließlich dient auch die medizinisch indizierte, mittels Einsatz von Robotern oder korrespondierender Technologien zu erzielende Kompensation des Ausfalls von Körperfunktionen dem Schutz des betroffenen Individuums. Hiermit sind Aspekte der sogenannten Neuroprothetik angesprochen, die sich allgemein zum Ziel gesetzt hat, mit kleinsten technischen Systemen ausgefallene Funktionen im menschlichen Nervensystem zumindest teilweise zu ersetzen; Schnittstellen zwischen Gehirn und Computer, sogenannte „Brain-Computer-Interfaces" (BCI), helfen Patienten über diese Schnittstelle mit Hilfe eines Computers mit ihrer Umwelt zu kommunizieren.[29] Wenngleich sich diese Einsatzbereiche nicht sogleich dem Themenfeld der Robotik zuordnen lassen, sind doch zumindest Grenzbereiche denkbar; folgerichtig sollen nach einem weiten Verständnis durch bestimmte Formen der Neuroprothetik bereits sogenannte Cyborgs, also Mischwesen zwischen Mensch und Maschine, entstehen.[30]

IV. Dual Use

Bei der Frage nach der Genehmigungsfähigkeit bestimmter Arten von Robotern wird es auch darum gehen müssen zu entscheiden, inwieweit die betroffenen Roboter möglicherweise auch zu militärischen Zwecken eingesetzt werden können. Ist dies der Fall, so ist eine erhöhte Vorsicht mit Blick darauf geboten, dass die Roboter nicht „in falsche Hände" geraten dürfen. Hier wäre zusätzlich noch über etwaige Handelsbeschränkungen nachzudenken, die allerdings an den strengen europarechtlichen Vorgaben in diesem Bereich zu messen sein werden.

D. Zusammenfassung

Wie in vielen Bereichen neuartiger Entwicklungen steht das Recht auch im Bereich der Robotik vor neuen Herausforderungen. Die Ausführungen haben aber gezeigt, dass es bereits durchaus rechtliche Instrumente gibt, mittels derer man zumindest bestimmten Grundaspekten dieser Herausforderungen begegnen kann; dies gilt etwa mit Blick auf die im Kontext staatlicher Schutzpflichten hinzu-

29 http://www.imtek.de/bmt/index.php?page=http://www.imtek.de/bmt/content/neuropro-thetik.php [22.04.2009]. Hierzu: *Spranger*, Neuroprothetik und bildgebende Hirnforschung: Neue Impulse für die Praxis des Betreuungsrechts, in: Betreuungsmanagement 2009, 206 ff.

30 Hierzu m.w.N. *Clausen*, Technik im Gehirn, 2010, S. 93.

nehmenden Restrisiken. Andererseits führen ein weiteres Vordringen von Robotern in den Alltag ebenso wie etwa Fortschritte bei der im Schnittfeld zum Enhancement angesiedelten Bionik dazu, dass die Analyse etwaiger Regelungslücken oder eines allgemein bestehenden Regulierungsbedarfes mit Nachdruck vorangetrieben werden muss. Hier wird es in Teilbereichen kaum vermeidbar sein, in ausgewählten Kontexten spezielle Regulierungen zum Umgang mit Robotern zu erlassen, die insbesondere die technischen Spezifika und die hiermit einhergehenden Möglichkeiten und Risiken in diesem Bereich in den Blick nehmen.

Können Roboter schuldhaft handeln?

Zur Übertragbarkeit unseres normativen Grundvokabulars auf Maschinen

Eric Hilgendorf, Würzburg

Auf einem mittelgroßen Planeten einer mittelgroßen Sonne im Sternbild Cassiopeia entwickelte sich vor langer Zeit eine Kultur von Lebewesen auf Metallbasis. Sie nannten sich selbst „Roboter". Nach und nach machten sie sich ihren Planeten untertan und entwickelten Literatur, Philosophie, Wissenschaft und Recht. Viele ihre größten Philosophen fragten nach der Bedeutung von „gut" und schlecht" und danach, was „Schuld" eigentlich sei und auf welchen Voraussetzungen sie beruhe. Der zivilisatorische Fortschritt der Roboter ging so weit, dass sie eines Tages Raumschiffe bauen konnten, die bis zur Erde flogen. Dort trafen sie auf eine unterentwickelte Spezies auf Kohlenstoffbasis, die sich selbst „Menschen" nannte. Auch die Menschen schienen zu handeln, sie bewerteten ihre Handlungen nach Kategorien, die „gut" und „schlecht" zum Verwechseln ähnlich sahen, und schienen auch so etwas wie „Schuld" zu kennen. Doch die Roboterphilosophen versicherten, dass es für Menschen unmöglich sei, wirklich zu handeln, sich an „gut" und „schlecht" zu orientieren und Schuld auf sich zu laden, denn nur Roboter besäßen Willensfreiheit. Begriffe wie „Handlung", „Verantwortung" oder „Schuld" seien nur auf Roboter anwendbar, nicht auf Menschen.

A. Einleitung

Viele Probleme, die im Zusammenhang mit der rechtlichen Bewältigung der Robotik[1] auftauchen, hängen damit zusammen, dass Konzepte wie „Handlung", „Zurechnung", „Verantwortung" oder „Schuld" als sakrosant und unveränderlich angesehen werden, so dass ihre Anwendung auf robotische Akteure von vornherein ausgeschlossen erscheint. Roboter können nach dieser Sichtweise weder handeln noch lassen sich ihnen bestimmte Ereignisse in einem ethisch oder rechtlich relevanten Sinn zurechnen. Sie können keine Verantwortung tragen und damit auch nicht juristisch haften. Völlig verfehlt erscheint es aus dieser Sicht, von der „Schuld" eines Roboters zu sprechen. Menschliche Kategorien können unter keinen Umständen auf Maschinen angewandt werden, auch wenn

1 *Beck*, Grundlegende Fragen zum rechtlichen Umgang mit der Robotik, JR 2011, S. 225–230.

letztere sich autonom oder zumindest „quasi-autonom“ verhalten.[2] Die damit angedeutete Position geht von einer kategorialen und unaufhebbaren Dichotomie zwischen Mensch und Maschine aus.[3] Sie schränkt die Möglichkeiten der Rechtsordnung, neue Rechtsfragen im Zusammenhang mit autonomen Robotern zu beantworten, erheblich ein. Sie scheint a priori auszuschließen, autonome Maschinen in irgendeinem Sinne selbst für von ihnen verursachte Schäden haften zu lassen. Während die technische Entwicklung offenkundig dahin geht, mehr und mehr autonom (oder „quasi-autonom“) agierende Systeme zu entwickeln, oft genug sogar mit einem humanoiden Äußeren, existiert für die Vertreter der hier angesprochenen Position ein unüberwindlicher Unterschied zwischen Mensch und Maschine.

Wir haben keine Probleme damit, etwa von der „Bewegung“ eines Roboters zu sprechen, oder davon, dass eine derartige Bewegung „kausal“ für irgendeinen Schaden geworden ist. Derartige Begriffe werden offensichtlich als neutral empfunden. Es gibt auch Ausdrücke, die ursprünglich mit Bezug auf den Menschen geprägt waren, inzwischen aber wie selbstverständlich auch auf Maschinen angewandt werden. So lässt sich etwa ohne Weiteres vom „Arm“, der „Hand“ oder dem „Fuß“ eines humanoiden Roboters sprechen. Problematischer erscheint es schon, vom „Körper“ eines Roboters zu reden, selbst wenn er menschenähnlich ist. Offenbar haften dem Ausdruck „Körper“ Konnotationen an, die gegen eine einfache Übertragung auf Maschinen sprechen. Noch problematischer ist es, Ausdrücke wie „Handlung“, „Wille“, „Intention“ oder „Schuld“ auf Maschinen anzuwenden. Völlig ausgeschlossen scheint es schließlich, dass Maschinen ein Gefühl wie „Liebe“[4] entwickeln oder eine „Seele“[5] besitzen könnten.

2 „Autonom“ soll in diesem Zusammenhang, dem Sprachgebrauch der Technik folgend, „unabhängig von menschlichen Eingaben im Einzelfall“ bedeuten. Der philosophische Autonomiebegriff ist wesentlich voraussetzungsreicher.

3 Das Spannungsverhältnis von „Mensch“ und „Maschine“ wurde schon in der Antike diskutiert. Vgl. dazu *Völker* (Hrsg.), Künstliche Menschen. Über Golems, Homunculi, Androiden und lebende Statuen, 1971; *Geier*, Fake. Leben in künstlichen Welten. Mythos, Literatur, Wissenschaft, 1999; eine Aufhebung der Grenze zwischen Mensch und Maschine konstatierend *Benford/Malartre*, Beyond Human. Living with Robots and Cyborgs, 2007. Beispielhaft für die aktuelle Diskussion *Sparrow*, Can Machines be People? Reflections on the Turing Triage Test, in: *Lin/Abney/ Bekey* (Hrsg.), Robot Ethics. The Ethical and Social Implications of Robotics, 2012, S. 301–315.

4 Vgl. aber immerhin *Levy*, Love and Sex with Robots, 2007, der es nicht für ausgeschlossen hält, dass Menschen zu Robotern nicht bloß sexuelle, sondern auch emotional stark aufgeladene (Liebes-)Beziehungen aufnehmen können.

Es wäre reizvoll, die gesamte Bandbreite der erwähnten Begriffe und Konzepte in den Fokus zu nehmen und der Frage nachzugehen, warum die angedeuteten Unterschiede bestehen. Gibt es dafür sachliche Gründe, oder haben wir es einfach mit einer Art kollektivem Vorurteil zu tun? Immerhin ist auffällig, dass die Probleme in dem Maße zuzunehmen scheinen, in dem wir mit den Begriffen (bzw. dem von ihnen Bezeichneten) Emotionen verbinden. Sind vielleicht unsere Bedenken gegen die Übertragung von Konzepten aus der menschlichen Sphäre in die der Roboter weniger sachlich motiviert als bloß Ausdruck des Beharrens auf unserer vermeintlichen Einzigartigkeit? Droht uns, nach den großen Kränkungen[6] durch Kopernikus, Darwin und Freud, nun noch eine vierte Enttäuschung durch von uns selbst geschaffene Roboter, die uns die Illusion nehmen, die einzige vernunftbegabte Spezies zu sein?

Im vorliegenden Zusammenhang können diese weit reichenden Fragen nur angesprochen, aber nicht näher behandelt werden. Die Frage, um die es im Folgenden gehen soll, lautet: Sind Bedeutung und Anwendungsbereich der genannten Begriffe ein für allemal vorgegeben und unveränderlich? Oder können die genannten Begriffe (und andere, ähnlich gelagerte) ausweitend interpretiert, ihr Inhalt modifiziert oder ihnen vielleicht sogar ein ganz neuer Inhalt gegeben werden?

Im vorliegenden Artikel sollen folgende Gedanken entwickelt werden: Begriffe erhalten ihre Bedeutung zum einen aus dem historisch gewachsenen Sprachgebrauch, zum anderen durch Definition, also durch eine Festsetzung ihrer Bedeutung durch einen Sprachverwender. Definitionen sind nicht wahr oder falsch, sondern nur mehr oder weniger zweckmäßig oder „adäquat". Sie müssen allerdings jeweils bestimmten Adäquanzbedingungen genügen, um brauchbar zu sein. Die Vorstellung, es existiere eine feste, unveränderliche Bedeutung von Begriffen (diese Vorstellung soll im Folgenden als „Essentialismus" bezeichnet werden[7]), geht von unzutreffenden sprachphilosophischen Annahmen aus. Das

5 Anders wiederum *Pircher*, Beseelte Maschinen. Über ein mögliches Wechselspiel von Technik und Seele, in: *Jüttemann/Sonntag/Wulf* (Hrsg.), Die Seele. Ihre Geschichte im Abendland, 1991, S. 477–492.

6 Zur Rede von den großen „Kränkungen" des Menschen und der Zerstörung seiner narzißtischen Illusionen *Freud*, Eine Schwierigkeit der Psychoanalyse (1917), abgedr. in *ders.*, Darstellungen der Psychoanalyse, 1969, S. 130 ff. Das Bild Freuds wurde immer wieder aufgegriffen, vgl. etwa *Vollmer*, Die vierte bis siebte Kränkung des Menschen. Gehirn, Evolution und Menschenbild, in: Aufklärung und Kritik 1 (1994), S. 81 ff.

7 *Koch/Rüßmann*, Juristische Begründungslehre. Eine Einführung in Grundprobleme der Rechtswissenschaft, 1982, S. 159 sprechen von einem sprachphilosophischen „Naturalismus" und bezeichnen damit eine Position, derzufolge „ein natürlicher Zusammenhang

Gesagte gilt auch für das ethische und juristische Grundvokabular. Begriffe wie „Handlung", „Verantwortung" oder „Schuld" besitzen deshalb keine feste, unveränderliche Bedeutung; vielmehr ist letztere vom Sprachgebrauch und von sprachlichen Festsetzungen abhängig, wie sie in der Wissenschaftssprache häufig vorkommen. Es spricht deshalb jedenfalls grundsätzlich nichts dagegen, Begriffe aus dem ethischen und juristischen Grundvokabular auch auf Automaten anzuwenden.

B. Wie kommen Begriffe zu ihren Bedeutungen?

Es gibt zwei Wege, auf denen Begriffe zu ihren Bedeutungen gelangen können: durch Sprachgebrauch und durch Definition. Dabei kommt dem Sprachgebrauch die bei weitem größere Bedeutung zu. Wichtig ist zu erkennen, dass im Kontext des allgemeinen Sprachgebrauchs die Bedeutung des Zeichens nicht einseitig durch den Verwender festgelegt werden kann, es also nicht primär auf die Intentionen des Zeichenverwenders ankommt, sondern auf das Verständnis der potentiellen Adressaten: „Die Bedeutung eines Zeichens ist sein von der Sprachgemeinschaft als richtig akzeptiertes Verständnis. Was der Sprecher mit seiner Äußerung sagt, hängt davon ab, wie er nach Auffassung jedes potentiellen Zuhörers zu verstehen ist."[8] Man kann dieses Konzept mit *Koch* und *Rüßmann* als „semantischen Konventionalismus" oder „konventionalistische Semantik" bezeichnen.[9]

Identische Ausdrücke werden in der Sprachgemeinschaft nicht immer im selben Sinne verwendet; in manchen Fällen ist der Sprachgebrauch sogar widersprüchlich. Des Weiteren haftet der Verwendung eines Wortes im allgemeinen Sprachgebrauch nicht selten eine erhebliche Unbestimmtheit an. Oft ist nicht eindeutig zu entscheiden, ob ein Gegenstand von einem bestimmten Wort erfasst wird oder nicht. Diese Unbestimmtheit überträgt sich auch auf die wissenschaftlichen Disziplinen, die Termini der Alltagssprache verwenden, etwa die Soziologie, die Philosophie oder eben auch die Jurisprudenz. In den Wissenschaften müssen deshalb Wege gefunden werden, Begriffe zu präzisieren. Ein erster Weg,

zwischen einem sprachlichen Zeichen und seiner Bedeutung bestehen soll". Da der Begriff „Naturalismus" in der heutigen Fachphilosophie aber ganz überwiegend anders verwendet wird, soll dem Sprachgebrauch von *Koch* und *Rüßmann* hier nicht gefolgt werden.

8 *E. von Savigny*, Philosophie der normalen Sprache, 2. Aufl. 1980, S. 275; näher dazu *Koch/Rüßmann*, Juristische Begründungslehre (Fn. 7), S. 161 ff.

9 *Koch/Rüßmann*, Juristische Begründungslehre (Fn. 7), S. 159, 161 und passim.

um einem Begriff eine schärfere Bedeutung zu geben, ist seine Explikation. Darunter versteht man die Entfaltung der Bedeutung eines Begriffs, sozusagen die Auseinanderlegung seiner einzelnen Begriffsmerkmale.[10] Ein Beispiel aus dem Recht ist etwa die Explikation des Begriffs „Wegnahme“ als „Bruch fremden und Begründung neuen Gewahrsams“.[11]

Eine zweite Möglichkeit, begriffliche Unschärfe zu vermeiden, ist die Definition.[12] Definitionen können sich sowohl auf unscharfe Termini der Alltagssprache beziehen als auch auf neue Begriffe, denen durch Definition erstmals eine Bedeutung zugeordnet wird. Häufig besitzen Definitionen eine Abkürzungsfunktion, d.h. für lange (und umständliche) sprachliche Ausdrücke wird durch Festsetzung ein „Platzhalter“ geschaffen. Beispiele für Definitionen finden sich im Recht häufig, bisweilen sogar in Gesetzesform (sog. Legaldefinitionen).[13] So heißt es etwa in § 11 StGB: „Im Sinne des Gesetzes ist 1. Angehöriger: wer zu den folgenden Personen gehört a) Verwandte und Verschwägerte gerader Linie, der Ehegatte, der Verlobte, Geschwister, Ehegatten der Geschwister, Geschwister der Ehegatten, und zwar auch dann, wenn die Ehe, welche die Beziehung begründet hat, nicht mehr besteht oder wenn die Verwandtschaft oder Schwägerschaft erloschen ist; b) Pflegeeltern und Pflegekinder, …“.

Ein anderes Beispiel für eine Legaldefinition findet sich in § 194 Abs. 1 BGB: „Das Recht, von einem anderen ein Tun oder ein Unterlassen zu verlangen (Anspruch), unterliegt der Verjährung.“ Hier wird der Begriff „Anspruch“ als „Recht, von einem anderen ein Tun oder Unterlassen zu verlangen“ definiert, so dass der kürzere Ausdruck als Platzhalter für den längeren verwendet werden kann.

Definitionen sind Festsetzungen sprachlicher Bedeutung. Sie beschreiben also nicht, sondern legen per Konvention eine neue sprachliche Bedeutung fest.[14] Definitionen sind deshalb nie wahr oder falsch, sondern nur mehr oder weniger

10 *K. Röhl/ H. C. Röhl*, Allgemeine Rechtslehre, 3. Aufl. 2008, S. 37.

11 *Heinrich* in: *Arzt/Weber/Heinrich/Hilgendorf*, Strafrecht Besonderer Teil, 2009, § 13 Rn. 37.

12 Einführend der Artikel „Definition“ in: *Seiffert/Radnitzky* (Hrsg.), Handlexikon zur Wissenschaftstheorie, 1989, S. 27–33; ausführlicher und für die Jurisprudenz aufbereitet *Herberger/Simon*, Wissenschaftstheorie für Juristen, 1980, Kapitel 13.

13 *Röhl/Röhl*, Allgemeine Rechtslehre (Fn. 10), S. 57 f.

14 Es handelt sich hierbei um eine sog. Nominaldefinition, vgl. *Herberger/Simon* (Fn. 12), S. 304. Davon zu unterscheiden sind Realdefinitionen, in denen eine Aussage über einen Gegenstand gemacht wird (z.B. „Ein Stuhl ist ein von Menschen zum Sitzen verwendetes Gerät“).

adäquat (zweckmäßig).[15] Auch wenn eine Definition grundsätzlich Beliebiges festlegen kann, sind doch manche Definitionen brauchbarer als andere. Definitionen sind Mittel, um bestimmte Ziele zu erreichen, und können daher nach ihrer Eignung zur Zielerreichung bewertet werden. So ist es i.d.R. unzweckmäßig, einen Begriff so zu definieren, dass die per definitionem festgelegte Bedeutung einem allgemein üblichen Sprachgebrauch widerspricht. In einem solchen Fall hätte die Definition nur wenig Chancen, sich durchzusetzen.[16]

Die bisherigen Ausführungen zeigen, dass sprachliche Bedeutung keineswegs ein für allemal festgelegt ist. Sprachen verändern sich im historischen Ablauf, und mit ihnen die darin vorkommenden Worte und Begriffe. Durch Definition können Bedeutungen verändert oder auch ganz neue Bedeutungen festgelegt werden. Es gibt keine unveränderlichen sprachlichen Bedeutungen. Jede Form des sprachlichen Essentialismus, also die Vorstellung, es existiere so etwas wie eine feste und unveränderliche Bedeutung von Begriffen, ist mit der modernen Sprachforschung und Wissenschaftslehre unvereinbar. Gerade im Recht werden Begriffe fortlaufend verändert, indem sie durch Neuinterpretation veränderten Bedürfnissen angepasst werden. Vor allem Begriffe mit hohem Allgemeinheitsgrad werden von Zeit zu Zeit unterschiedlich interpretiert, man denke nur an den Übergang vom kausalen zum sozialen Handlungsbegriff[17] oder den Wechsel vom psychologischen zum normativen Schuldbegriff.[18] Bemerkenswert ist, dass Änderungen im Grundverständnis eines Begriffs, sozusagen in seinem metaphysischen Hintergrund, praktisch meist weitgehend irrelevant zu sein scheinen.[19]

15 *Herberger*/Simon (Fn. 12), S. 305.

16 Gelegentlich werden solche Definitionen aber gezielt eingesetzt, um bestimmte Konnotationen, die einem Gegenstandsbereich anhaften, auf einen anderen Gegenstandsbereich zu übertragen, indem man beide Gegenstandbereiche mit demselben Begriff bezeichnet. Ein Beispiel ist der Versuch, die positiven Konnotationen, die dem Begriff „Embryo" i.S. des ungeborenen menschlichen Lebens im Mutterleib anhaften, auf jede totipotente Zelle (auch in vitro) zu übertragen, indem man einfach die Defintion von „Embryo" entsprechend ausweitet.

17 *Baumann/Weber/Mitsch*, Strafrecht Allgemeiner Teil, Lehrbuch, 2003, § 13 Rn. 56, 61 ff.

18 *Baumann/Weber/Mitsch* (Fn. 17), § 18 Rn. 9 ff.; 12 ff.

19 Vgl. *Fischer*, Strafgesetzbuch und Nebengesetze, 59. Aufl. 2012, § 20 Rn. 3 (zur Schuld). Die Frage müsste allerdings ausführlicher untersucht werden.

C. *Konsequenzen für die normative Erfassung der Robotik*

Für den rechtlichen Umgang mit Robotern haben diese Feststellungen erhebliche Konsequenzen, zeigen sie doch, dass jedenfalls im Grundsatz nichts dagegen spricht, juridische Grundbegriffe wie „Handlung", „Verantwortung", „Haftung" und „Schuld" auch auf Roboter anzuwenden. Daraus folgt nicht, dass die normative Erfassung autonomer Maschinen beliebig erfolgen könnte. Wichtig ist aber, dass der gegenwärtige Sprachgebrauch nicht sakrosankt ist, sondern sich ändern kann. Im allgemeinen Sprachgebrauch erfolgt dies durch den normalen historischen Wandel; für die Zwecke der Fachsprache kann der Sprachgebrauch jederzeit durch zielgerichtete Definitionen modifiziert werden.

I. Können Maschinen „handeln"?

Versteht man unter „Handeln" willensgesteuertes Verhalten, so wird man zumindest feststellen können, dass Roboter „Verhalten" in Sinne von äußerlich erkennbaren Körperbewegungen zeigen. Der Roboter bewegt seine Extremitäten, vielleicht erzeugt er auch Sprachlaute und wirkt auf seine Umgebung ein. Unklar ist, ob dieses Verhalten als „willensgesteuert" bezeichnet werden kann. Ein menschlicher Wille fehlt der Maschine offenkundig. Man könnte versuchen, auf den Willen des Menschen abzustellen, der die Maschine programmiert oder zum Einsatz gebracht hat. Aber bei dieser Konstruktion würde man nicht der Maschine, sondern dem „dahinterstehenden" Menschen das Verhalten der Maschine zurechnen; nicht die Maschine handelte, sondern der Mensch.

Es ist deshalb zu prüfen, ob nicht in der Maschine selbst ein Korrelat zum menschlichen Willen aufzufinden ist. In Frage kommt offenkundig das Programm, welches die Maschine steuert. Im einfachsten Fall besteht das Programm aus einer Abfolge von „Wenn-dann-Verknüpfungen": Wenn Situation A vorliegt, bewegt sich der Roboter in der Weise A*, wenn Situation B vorliegt, in der Weise B* usw. Spricht dies dagegen, von einem „Handeln" i.S. eines willensgesteuerten Verhaltens des Roboters zu sprechen? Es scheint ohne Weiteres möglich zu sein, eine Analogie zum menschlichen Verhalten zu ziehen. Auch Menschen verhalten sich im Grundsatz regelkonform und auch regelgeleitet, sonst wäre es kaum möglich, ihr Verhalten zu prognostizieren.[20] Wie die Willenssteue-

20 Ein eindrucksvolles Beispiel für die Voraussagbarkeit menschlichen Verhaltens sind Wahlprognosen.

rung beim Menschen im Detail erfolgt, ist Gegenstand lebhafter wissenschaftlicher Debatten und von einer Klärung weit entfernt.[21] Angesichts dieser Problemlage erscheint es gerechtfertigt, die Analogie Mensch-Maschine zu wagen und von einer „Willenssteuerung" via Programm bei der Maschine zu sprechen.

Niemand wird bestreiten, dass diese Analogie reduktionistisch verfährt und die Komplexität menschlicher Willenssteuerung nur höchst unvollständig in den Blick nimmt. Insbesondere wird ein Problemfeld ausgeblendet, welches traditioneller Weise als „Problem des freien Willens" bezeichnet wird.[22] Der Mensch, so wird postuliert, sei in seinem Verhalten nicht (vollständig) determiniert, sondern könne frei entscheiden. Gerade im Strafrecht spielt dieses Postulat eine erhebliche Rolle.[23] Allerdings ist es bislang – trotz ganz erheblicher Bemühungen – nicht gelungen, das Problem der Willensfreiheit zu lösen. Ganz im Gegenteil: Die jüngste, von der Hirnforschung losgetretene Debatte zur Willensfreiheit[24] hat gezeigt, dass sogar hinsichtlich der Problemformulierung keine Einigkeit besteht. Die Problemstellung ist so vage und offen, dass in die Auseinandersetzungen über die Willensfreiheit in erheblichem Maße auch weltanschauliche und religiöse Motive einfließen, was der Klarheit und Sachlichkeit der Auseinandersetzung nicht gedient hat.

Die juridische Praxis hält sich bemerkenswerterweise mit Stellungnahmen zur Willensfreiheit und auch zur Art und Weise der Steuerung menschlichen Verhaltens durch den Willen deutlich zurück. Die Gerichte beschränken sich im Wesentlichen darauf, sozusagen ex negativo diejenigen Bedingungen in den Fokus zu nehmen, die eine Willenssteuerung ausschließen, also etwa unwiderstehlichen Zwang.[25] Die Grundlagenfragen und auch ihre metaphysischen Implikationen bleiben ausgeblendet. Genauso ließe sich auch im Bereich robotischen Handelns verfahren: Die Maschine wird als handlungsbefähigt angesehen und nur dann,

21 Bemerkenswert ist, dass in den größeren fachpsychologischen Referenzwerken Begriffe wie „Willenssteuerung" oder „Willensfreiheit" kaum angesprochen werden. Vgl. etwa *Zimbardo/Gerrig*, Psychologie, 18. Aufl. 2008, wo stattdessen ausführlich das Thema „Motivation" behandelt wird.

22 Aktuelle Einführung: *Keil*, Willensfreiheit, 2007 (Grundthemen der Philosophie).

23 Klassische Darstellung bei *Engisch*, Die Lehre von der Willensfreiheit in der strafrechtsphilosophischen Doktrin der Gegenwart, 1963; aus neuerer Zeit *Jescheck/Weigend*, Lehrbuch des Strafrechts, Allgemeiner Teil, 5. Aufl. 1996, S. 407 ff.

24 Umfangreiche Nachweise bei *Fischer* (Fn. 19), Vor § 13 Rn. 11 a.

25 Thematisiert werden diesen Fragestellungen i.d.R. im Zusammenhang mit dem Handlungsbegriff, vgl. *Lenckner/Eisele*, in: *Schönke/Schröder*, 28. Auflage 2010, Vorbem. §§ 13 ff., Rn. 23 ff.; davon zu unterscheiden sind die Schuldfragen, die meist im Kontext des § 20 StGB behandelt werden, vgl. nur *Perron*, ebenda, § 20 Rn. 1 m.w.N.

wenn zusätzliche Faktoren wie unwiderstehlicher äußerer Zwang oder ähnliche Faktoren vorliegen, wird ein Handeln verneint. Die Struktur der Problemlösung ist identisch mit der beim menschlichen Verhalten.

II. Zur Übertragbarkeit des Konzepts „Verantwortung" auf Maschinen

Ein anderes Beispiel, an dem die These von der Übertragbarkeit juridischer Grundbegriffe auf Maschinen exemplifiziert werden soll, ist das Konzept der Verantwortung. Juristen ziehen meist den Ausdruck „Haftung" vor. Man kann den Begriff „Verantwortung" wie folgt explizieren: Der Verantwortungsträger X ist nach der Regel Y für das Ereignis Z verantwortlich. Die im Recht praktisch wichtigste Form von Verantwortlichkeit ist die zivilrechtliche Haftung (etwa auf Schadensersatz), daneben stehen etwa die strafrechtliche und die polizeirechtliche Haftung.

Fraglich ist zunächst, ob nur Menschen, also natürliche Personen, für „X" einzusetzen sind, also Verantwortungsträger sein können. Die Frage ist offensichtlich zu verneinen: Es ist allgemein anerkannt, dass z.B. Unternehmen u.U. zivilrechtlich zur Verantwortung gezogen werden können; in vielen Ländern wird sogar eine strafrechtliche Verantwortlichkeit von Unternehmen angenommen. Dies gilt allerdings nicht für Deutschland, wo eine strafrechtliche Unternehmenshaftung mit dem Argument abgelehnt wird, Unternehmen könnten weder handeln noch seien sie schuldfähig.[26] Ob dies überzeugt, braucht hier nicht entschieden zu werden; fest steht, dass nicht das gängige Verantwortungskonzept die strafrechtliche Verantwortlichkeit von Unternehmen ausschließen soll, sondern die Konzepte „Handlung" und „Schuld" (nach ihrem traditionellen Verständnis). Einer Rechtsordnung steht es jedenfalls grundsätzlich frei, auch nichtmenschliche Akteure zur Verantwortung zu ziehen. Ist dies erst einmal eingestanden, so dürfte es jedenfalls begrifflich weitgehend unproblematisch sein, auch von einer „Verantwortung" von Robotern zu sprechen.

Problematisch ist weniger die Verantwortungszuschreibung als solche als vielmehr die Festlegung der Rechtsfolge. Was soll es praktisch bedeuten, dass ein Roboter z.B. zivilrechtlich verantwortlich ist? Kann man einen Roboter zu Schadensersatz verurteilen? Dagegen scheint zu sprechen, dass Roboter (jedenfalls bisher) kein Vermögen besitzen können und deshalb schon aus grundsätzli-

26 Rechtsvergleichender Überblick bei *Schünemann*, in: Leipziger Kommentar zum Strafgesetzbuch, Bd. 1, 2007, Vor § 25 Rn. 20 ff. mit umfassenden Nachweisen.

chen Erwägungen als schadensersatzleistende Instanzen auszuscheiden scheinen. Dieses Problem lässt sich allerdings lösen, indem man etwa jeden, der einen Roboter einsetzt, gesetzlich dazu verpflichtet, eine Versicherung für den Fall abzuschließen, dass der Roboter schadensersatzpflichtig wird. Eine andere Möglichkeit besteht darin, gesetzlich vorzuschreiben, dass für jeden eingesetzten Roboter eine bestimmte Summe auf ein Bankkonto eingezahlt werden muss, so dass eine evtl. Schadensersatzverpflichtung des Roboters daraus beglichen werden kann.[27] Im Ergebnis bedeutet dies, dass der Annahme, ein Roboter könne zivilrechtlich Verantwortung tragen, jedenfalls grundsätzlich keine Bedenken entgegenstehen.

III. Strafrechtliche Schuld

Strafrechtliche Verantwortung setzt nicht bloß Handlungsfähigkeit, sondern auch Schuld voraus. Was genau unter „Schuld" zu verstehen ist, ist allerdings in der Literatur umstritten. Weit verbreitet ist die Umschreibung von „Schuld" als „persönliche Vorwerfbarkeit". Auch die ältere Rechtsprechung hat Schuld als „Vorwerfbarkeit" bestimmt, damit aber einige weit reichende metaphysische Annahmen verknüpft. Dies zeigen besonders deutlich die viel zitierten Äußerungen des Großen Senats des Bundesgerichtshofes zur Willensfreiheit aus dem Jahr 1952.[28] Dogmatisch ging es dabei um die Verortung des Verbotsirrtums im Verbrechensaufbau. Das Gericht führt dazu aus:

> „Mit dem Unwerturteil der Schuld wird dem Täter vorgeworfen, dass er sich nicht rechtmäßig verhalten, dass er sich für das Unrecht entschieden hat, obwohl er sich rechtmäßig verhalten, sich für das Recht hätte entscheiden können. Der innere Grund des Schuldvorwurfs liegt darin, dass der Mensch auf freie, verantwortliche, sittliche Selbstbestimmung angelegt und deshalb befähigt ist, sich für das Recht und gegen das Unrecht zu entscheiden, sein Verhalten nach den Normen des rechtlichen Sollens einzurichten und das rechtlich Verbotene zu vermeiden, so bald er die sittliche Reife erlangt hat und solange die Anlage zur freien sittlichen Selbstbestimmung nicht durch … krankhafte[n] Vorgänge vorübergehend gelähmt oder auf Dauer zerstört ist."[29]

27 Näher zu Rechten und Pflichten von Robotern *Beck*, Brauchen wir ein Roboterrecht? Ausgewählte juristische Fragen zum Zusammenleben von Menschen und Robotern, in: Japanisch-Deutsches Zentrum (Hrsg.): Mensch-Roboter-Interaktionen aus interkultureller Perspektive. Japan und Deutschland im Vergleich, 2012, S. 124–146.

28 BGHSt 2, 194.

29 BGHSt 2, 194, 200 f.

In diesen Worten legt der BGH ein Bekenntnis zur These von der Willensfreiheit ab: Der Mensch kann frei zwischen Recht und Unrecht, Gut und Böse unterscheiden, solange er daran nicht durch krankhafte psychische Veränderungen gehindert wird. Die so verstandene Willensfreiheit soll wesentliches Element des Schuldstrafrechts sein und wird im deutschen strafrechtlichen Schrifttum bis heute überwiegend akzeptiert.[30] Angesichts dieser Sachlage erscheint es auf den ersten Blick ausgeschlossen, von der „Schuld" eines Roboters zu sprechen.

Allerdings gibt es auch Argumente für eine Übertragbarkeit des strafrechtlichen Schuldbegriffs auf autonome Maschinen. Zu bedenken ist zunächst, dass die erwähnte Entscheidung des Bundesgerichtshofes aus den 50er Jahren des vergangenen Jahrhunderts stammt, einer Periode der deutschen Rechtsprechung, die als „Renaissance des Naturrechts" bezeichnet wird.[31] Damals erlebten unter dem noch frischen Eindruck der nationalsozialistischen Verbrechen ältere Theorien und Konzepte eine Renaissance, die schon in der Mitte des 20. Jahrhunderts nicht mehr dem aktuellen Stand der wissenschaftlichen Forschung entsprachen. Vor allem das Konzept der Willensfreiheit, wie es der BGH in der genannten Entscheidung einführt, ist lediglich ein Postulat und als solches weder beweisbar noch auch nur wissenschaftlich überprüfbar. Als in den ersten Jahren des 21. Jahrhunderts das Dogma der Willensfreiheit durch die Hirnforschung erschüttert wurde,[32] zog sich die Jurisprudenz auf die alte, schon von *Kohlrausch* vertretene Position zurück, es handele sich um eine (notwendige) Fiktion.[33]

Wenn Willensfreiheit aber bloß eine Fiktion ist, warum sollte man die Fiktion dann nicht auch auf Roboter ausweiten? Fiktionen sind aus Zweckmäßigkeitsgesichtspunkten heraus erfolgende Setzungen, die nicht die „reale" Situation widerspiegeln, mit ihr bisweilen sogar unvereinbar sind.[34] Fiktionen sind im Recht häufig, allerdings wird der Begriff uneinheitlich verwendet. Zu unterscheiden

30 Für eine sehr weit verstandene Willensfreiheit argumentiert *Dreher*, Die Willensfreiheit. Ein zentrales Problem mit vielen Seiten, 1987; die bis heute differenzierteste Auseinandersetzung mit dem Problem der Willensfreiheit in der Jurisprudenz stammt von *Engisch* (Fn. 23). Zur heutigen Diskussionslage neben der in Fn. 23 genannten Literatur auch *Roxin*, Strafrecht Allgemeiner Teil, Bd. 1, 4. Aufl. 2006, § 19 Rn. 36 ff. (mit eingehenden Nachweisen a.a.O., Rn. 20 ff.).

31 *Kaufmann*, Problemgeschichte der Rechtsphilosophie, in: *Kaufmann/Hassemer/Neumann* (Hrsg.), Einführung in die Rechtsphilosophie und Rechtstheorie der Gegenwart, 8. Aufl. 2011, S. 26 – 147 (81 ff.).

32 Vgl. oben Fn. 24.

33 *Fischer* (Fn. 19), Vor § 13 Rn. 8.

34 *Röhl/Röhl*, Allgemeine Rechtslehre (Fn. 10), S. 58.

sind gesetzliche, argumentative und rechtspolitische bzw. rechtstheoretische Fiktionen.[35]

Gesetzliche Fiktionen sind z.B.: „Ein uneheliches Kind und dessen Vater gelten als nicht verwandt" (§ 1589 Abs. 2 BGB a.F., in Geltung bis 1969) oder § 1923 Abs. 2 BGB: „Wer zur Zeit des Erbfalls noch nicht lebte, aber bereits gezeugt war, gilt als vor dem Erbfall geboren."[36] Davon zu unterscheiden sind argumentative Fiktionen, die in Begründungsketten zum Einsatz kommen. So behelfen sich Gerichte vor allem bei subjektiven Gegebenheiten („inneren Tatsachen") wie dem Vorsatz, also dem „Wissen und Wollen" eines Akteurs bezüglich der Tatbestandserfüllung, häufig mit fiktiven Annahmen. Im Strafrecht ist dies zwar grundsätzlich untersagt; dort muss bei ernsthaften Tatsachenzweifeln zugunsten des Angeklagten entschieden werden („in dubio pro reo").[37] Faktisch sind unausgesprochene Fiktionen jedoch auch im Strafverfahren nicht selten. Eine dritte Gruppe bilden rechtspolitische und rechtstheoretische Fiktionen. Beispiele sind der schon erwähnte freie Wille, die Figur der Ansicht „aller billig und gerecht Denkenden"[38], die u.a. bei der Feststellung der Übereinstimmung einer Handlung mit den „guten Sitten" eingesetzt wird, oder die Berufung auf die „objektive Werteordung des Grundgesetzes".[39]

Es wäre also denkbar, die „Willensfreiheit" von Robotern als Fiktion einzuführen, wenn sich hierfür ein entsprechendes praktisches Bedürfnis zeigen würde. Derzeit scheint dies aber nicht der Fall zu sein; insbesondere ist die Vorstellung einer „Bestrafung" von Robotern analog der Bestrafung von Menschen bislang eher ein Thema der science fiction als ein solches der Rechtswissenschaft.

35 Von den Fiktionen zu unterscheiden sind gesetzliche Vermutungen. Beispiele sind § 612 Abs. 1 BGB: bei Dienst- und Arbeitsverträgen gilt eine Vergütung als stillschweigend vereinbart, wenn solche Leistungen nach den Umständen üblicherweise nur entgeltlich erbracht werden (unwiderlegbare Vermutung), der § 1566 BGB: das Scheitern einer Ehe wird unwiderlegbar vermutet, wenn die Eheleute ein Jahr getrennt leben und beide die Scheidung wollen oder wenn sie seit drei Jahren getrennt leben, oder § 613 BGB: Dienste im Arbeitsverhältnis sind im Zweifel „in eigener Person" zu leisten (und nicht durch andere) (widerlegbare Vermutung). Die Abgrenzung zwischen gesetzlichen Vermutungen und Fiktionen ist in Rechtslehre und juristischer Methodenlehre nicht hinreichend geklärt.

36 Vgl. in diesem Zusammenhang auch § 1923 Abs. 1 BGB: Erben kann nur, wer zur Zeit des Erbfalls lebt.

37 *Beulke*, Strafprozessrecht, 11. Aufl. 2010, Rn. 25.

38 RG JW 1938, 30; BGHSt 4, 91; 49, 41; kritisch *Stree/Sternberg-Lieben*, in: *Schönke-Schröder* (Fn. 25), § 228 Rn. 2.

39 *Herdegen*, Art. 1 Abs. 3 Rn. 52 ff., in: *Maunz/Dürig u.a.* (Hrsg.), Grundgesetzkommentar, Bd. 1, Stand 2005.

Um Verhaltensänderungen bei Robotern herbeizuführen, ist die Umprogrammierung das einfachste Mittel. Sollte ein Eingriff auf Programmebene nicht sinnvoll sein, etwa weil es sich um ein selbstlernendes System handelt, so ist eine „Übelszufügung" denkbar, die das Verhalten der Maschine zu ändern vermag.[40] Nicht erforderlich ist es hingegen, für derartige Übelszufügungen den mit vielfältigen Konnotationen behafteten Begriff der „Strafe" zu verwenden.[41]

Die Bedeutung, die Konzepte wie „Willensfreiheit" in der praktischen Jurisprudenz spielen, wird im Übrigen regelmäßig weit überschätzt. Es gibt nur sehr wenige Entscheidungen, in denen Willensfreiheit im Strafrecht überhaupt thematisiert wird. Von der „Schuld" eines Täters spricht man dann, wenn folgende Voraussetzungen erfüllt sind: Der Täter muss zunächst zum Zeitpunkt der Tat schuldfähig gewesen sein, §§ 20, 21 StGB. Des Weiteren müssen spezielle Schuldmerkmale, wenn sie vom jeweiligen Tatbestand erfordert werden, erfüllt sein (z.B. das Merkmal „rücksichtslos" i.S.v. § 315c StGB). Darüber hinaus erfolgt nach inzwischen überwiegender Meinung auf Schuldebene eine nochmalige Prüfung von (individueller) Fahrlässigkeit bzw. Vorsatz (letzterer wird auf der Schuldebene allerdings nur beim Erlaubnistatbestandsirrtum relevant). Des Weiteren gehört zur Schuld das Unrechtsbewusstsein, also die Fähigkeit, das Unrecht der Tat einzusehen. Abgeschlossen wird die Schuldprüfung mit der Frage, ob bestimmte Entschuldigungsgründe, etwa ein entschuldigender Notstand, vorliegen. Das Problem der Willensfreiheit taucht in diesem Prüfungsschema nicht auf.

Der Grund für dieses vielleicht manche überraschende Phänomen liegt darin, dass die deutsche Rechtsordnung, anders als etwa das traditionelle islamische Rechtsverständnis oder die meisten afrikanischen Rechte, fast durchweg naturalistisch argumentiert, also so, dass religiöse oder metaphysische Gesichtspunkte (wie die Willensfreiheit) darin keine unmittelbare Bedeutung mehr haben.[42] Nun wäre es sicherlich übertrieben, den Glauben an die menschliche Willensfreiheit bloß als eine Art „metaphysisches Rauschen" zu betrachten. Die Vorstellung, der Mensch könne sich frei für das Richtige und gegen das Falsche entscheiden, bildet ein wichtiges Element im geistesgeschichtlichen Hintergrund unseres Strafrechts und wirkt nach wie vor als zentrale Leitidee im Gesetzgebungsverfahren.

40 Vgl. in diesem Zusammenhang auch die Beiträge in *Wallach/Allen* (Hrsg.), Moral Machines. Teaching Robots Right from Wrong, 2009.

41 Für das traditionelle Verständnis von Strafe in der deutschen Rechtswissenschaft repräsentativ *Jescheck/Weigend*, Lehrbuch des Strafrechts (Fn. 23), § 8.

42 *Hilgendorf*, Naturalismus im (Straf-)Recht. Ein Beitrag zum Thema „Recht und Wissenschaft", in: Jahrbuch für Recht und Ethik Bd. 11(2003), S. 83–102.

Für die praktische Jurisprudenz ist die These der Willensfreiheit jedoch in aller Regel ohne Bedeutung.

Man könnte deshalb von einem „schuldhaften“ Verhalten eines Roboters sprechen, wenn die Maschine die oben aufgeführten fünf Bedingungen erfüllt. Kritiker mögen erklären, dass die Maschine doch nicht „wirklich“ die Fähigkeit habe, das Unrecht ihrer Tat einzusehen, nicht „wirklich“ rücksichtslos handele usw. Dem ist jedoch zum einen entgegenzuhalten, dass auch beim Menschen nicht klar ist, was dieses „wirklich“ bedeutet, zum anderen, dass es sich bei der Anwendung des genannten Vokabulars bloß um eine Fiktion handelt, die aus praktischen Gründen eingeführt wurde und gar nicht den Anspruch erhebt, die bezeichneten innerpsychischen Phänomene „wirklich“ zutreffend abzubilden.

D. Ergebnisse

Die vorstehende Analyse hat ergeben, dass zentrale Begriffe unseres normativen Grundvokabulars wie „Handlung“ und „Verantwortung“ jedenfalls im Grundsatz auf autonome Maschinen übertragen werden können. Hinsichtlich ihrer rechtlichen Funktionen führt die Übertragung derartiger Begriffe auf Maschinen zu keinen größeren Problemen; soweit Anpassungsbedarf besteht, erscheinen die dafür erforderlichen Modifikationen im Rechtssystem leicht durchführbar, indem man die genannten Begriffe ausweitend interpretiert. Anders verhält es sich im Bereich der Grundlagen, insbesondere dort, wo metaphysische Postulate und Thesen, etwa die Annahme menschlicher Willensfreiheit vs. Determination des Automaten, relevant werden. Die in diesem Zusammenhang auftretenden Probleme lassen sich teilweise durch den Hinweis entschärfen, dass metaphysische Fragen, etwa die Problematik der Willensfreiheit, in der Praxis ohnehin nahezu vollständig ausgeblendet werden. Unsere Rechtsordnung ist in hohem Maße naturalistisch orientiert. Hinzuweisen ist ferner darauf, dass das Problem der Willensfreiheit auch beim Menschen alles andere als gelöst erscheint, so dass erst recht fraglich ist, was „Willensfreiheit“ bei einer Maschine eigentlich bedeuten soll. Im Humanbereich begnügt sich die überwiegende Meinung in der Jurisprudenz mit dem Hinweis, es handele sich bei der Willensfreiheit um eine (staatsnotwendige) Fiktion. Dieser Lösungsansatz lässt sich auf den robotischen Bereich übertragen. Folgt man dem, so ließe sich nicht bloß von Handlungen und der Verantwortung eines Roboters sprechen, sondern auch von seiner Schuld.

Rechtssubjekte und Teilrechtssubjekte des elektronischen Geschäftsverkehrs

Malte-Christian Gruber, Frankfurt am Main[*]

A. Ausgangspunkte: Rechtsfähigkeiten und Teilrechtsfähigkeiten

I. Zwischenstufen der Rechtsfähigkeit

> „Man könnte die Rechtsfähigkeit im Sinne der modernen Rechtswissenschaft bestimmen als die Fähigkeit, in die durch das geltende Recht gewährleisteten Verhältnisse zu treten und die dadurch gewährte Möglichkeit, rechtlich geschützten Vorteil zu genießen. Das ist dann allerdings eine recht verschwommene, nichtssagende Begriffsbestimmung. Sie teilt jedoch dieses Schicksal mit allen Bestimmungen juristischer Grundbegriffe, etwa des Eigentums, der Familie, der Freiheit oder des Bürgerrechts. Denn hier überall handelt es sich, ebenso wie bei der Rechtsfähigkeit, um gesellschaftliche Einrichtungen, die nicht auf einmal geschaffen worden sind, sondern eine tausendjährige Geschichte hinter sich haben, und heute noch etwas von jeder Zwischenstufe ihrer ganzen Entwicklung mit sich tragen. Das Werk, an dem so ungezählte Geschlechter gehämmert und gemeißelt haben, mit kurzen Worten zu bezeichnen, ist freilich eine Aufgabe, die nicht anders als höchst mangelhaft gelöst werden kann.“[1]

Eugen Ehrlich, der Autor dieser einleitenden Worte, befreit den Rechtswissenschaftler von allzu hohen Erwartungen an die Möglichkeiten seiner begrifflich-systematischen Arbeit. Dass man juristische Grundbegriffe wie die Rechtsfähigkeit eindeutig bestimmen und klar abgrenzen könnte, mag eine notwendige Unterstellung der rechtsdogmatischen Arbeit sein. In der Konfrontation mit dem lebenden Recht der gesellschaftlichen Verhältnisse erweist sie sich jedoch als Illusion. Zwar könnte man den Fortschrittsglauben unseres technischen, insbesondere informationstechnischen Zeitalters auf die Rechtswissenschaft übertragen und hoffen, dass sie inzwischen eine präzisere Fassung gefunden habe. Aber das Gegenteil dürfte der Fall sein. Auch in den letzten gut einhundert Jahren seit Ehrlichs Arbeit „Die Rechtsfähigkeit“ ist die Jurisprudenz keineswegs derart ge-

* Für Anregungen und Kritik danke ich Susanne Beck, Jochen Bung, Jan-Philipp Günther, Hans Kudlich, Jan Schuhr und Gunther Teubner.

1 *Ehrlich*, Die Rechtsfähigkeit, 1909 (Neudruck Aalen 1973), S. 1.

reift, um sich nicht doch immer wieder aufs Neue in Verlegenheit bringen zu lassen.[2]

Was die juristische Verlegenheit bei der Bestimmung der Rechtsfähigkeit heute hervorruft, ist allerdings weniger die von Rudolf von Jhering in den Blick genommene Geschichte[3] – vielmehr sind es die neuen technischen und gesellschaftlichen Herausforderungen, denen auch eine Jahrtausende währende juristische Arbeit nicht zuvorkommen kann. Die dadurch hervorgerufenen Auseinandersetzungen um den rechtlichen Status des menschlichen Lebens in den Randbereichen seiner Existenz,[4] die Frage nach den Rechten nichtmenschlicher Lebewesen[5] und anderer Entitäten,[6] aber auch die jüngsten Veränderungen im Recht der Personengesellschaften[7] führen jeweils auf andere Weise dazu, dass der Begriff der Rechtsfähigkeit in der Gegenwart eher noch verschwommener, fragmentierter als zu Ehrlichs Zeiten erscheint.

Insoweit scheint auch die jüngere Entwicklung der gesellschaftlichen Einrichtungen, insbesondere der Konzeptionen von Rechtsfähigkeit und damit auch von Rechtssubjektivität oder auch von Rechtspersönlichkeit,[8] die von Ehrlich konstatierte graduelle Entwicklung in Zwischenstufen fortzusetzen. Als Zeichen dieser Zwischenstufen sind die Begriffe der Teilrechtsfähigkeit und entsprechend der Teilrechtssubjektivität, die nachfolgend anhand neuer Formen der Handlungs-

2 Eine gereifte Jurisprudenz mag sich zwar, wie *v. Jhering* (Jherings Jahrbücher 1, 1857, S. 1 [16]) schreibt, „nicht mehr durch die Geschichte in Verlegenheit setzen [lassen]", aber ihre Konstruktionen sind dennoch umso mehr den Bedingungen ihrer gesellschaftlichen (und auch: nicht-gesellschaftlichen) Umwelten verpflichtet. Siehe *Wiethölter*, Zur Regelbildung in der Dogmatik des Zivilrechts, in: *Herberger/Neumann/Rüßmann* (Hrsg.), Generalisierung und Individualisierung im Rechtsdenken, 1992, S. 222 ff. (226).

3 Siehe *v. Jhering* (o. Fn. 2), S. 16.

4 Vgl. *Gruber*, Vom Kontinuum der Herkunft ins Kontinuum der Zukunft. Zur Relevanz von Argumenten der Potentialität bei der Bestimmung des rechtlichen Status von Biofakten, in: *Karafyllis* (Hrsg.), Biofakte. Versuch über den Menschen zwischen Artefakt und Lebewesen, 2003, S. 131 ff. (135 ff.), m.w.N.

5 Vgl. hierzu *Gruber*, Rechtsschutz für nichtmenschliches Leben. Der moralische Status des Lebendigen und seine Implementierung in Tierschutz-, Naturschutz- und Umweltrecht, 2006.

6 Siehe etwa *Teubner*, Elektronische Agenten und grosse Menschenaffen: Zur Ausweitung des Akteursstatus in Recht und Politik, in: *Becchi/ Graber/ Luminati* (Hrsg.), Interdisziplinäre Wege in der juristischen Grundlagenforschung, Bd. 25 (2008), S. 1 ff.

7 Siehe etwa *Reuter*, Rechtsfähigkeit und Rechtspersönlichkeit. Rechtstheoretische und rechtspraktische Anmerkungen zu einem großen Thema, AcP 207 (2007), S. 673 ff.; jüngst auch *Beuthien*, Zur Funktion und Verantwortung juristischer Personen im Privatrecht, JZ 2011, S. 124 ff.

8 Zur Differenzierung von Rechtsfähigkeit und Rechtspersönlichkeit *Reuter* (o. Fn. 7), S. 674 und 687 ff.

und Identitätszurechnung im elektronischen Geschäftsverkehr näher beleuchtet werden sollen, zugleich Teil der aktuell beobachtbaren „Grenzen des Rechts". Diese zeigen sich in den bereits vielfach diagnostizierten Auflösungserscheinungen tradierter begrifflicher Dichotomien, in der Überforderung des binär codierten Rechts in der Begegnung mit den vielfältigen neuen Herausforderungen seiner gesellschaftlichen Umwelt, und schließlich auch in der Ausbildung neuer Rechtsbegriffe und -konstruktionen, um diesen Herausforderungen künftig besser gerecht zu werden.

II. Rechtsbeteiligung und Rechtsschutz

Nimmt man Eugen Ehrlichs Eingangszitat noch einmal etwas genauer in Blick, so lassen sich in der von ihm als „verschwommen" und „nichtssagend" bezeichneten Begriffsbestimmung immerhin schon zwei wichtige Elemente der Rechtsfähigkeit erkennen: Erstens die Fähigkeit, in Rechtsverhältnisse zu treten, und zweitens die Möglichkeit, rechtlich geschützten Vorteil, oder anders ausgedrückt: Rechtsschutz zu genießen.

Die erstgenannte Beteiligung an Rechtsverhältnissen verweist auf die bekannte, von Savigny formulierte Prämisse, dass jedes Rechtsverhältnis in der Beziehung einer Person zu einer anderen Person bestehe.[9] Diese basiert wiederum auf der Kantischen Bestimmung, dass „Person [...] dasjenige Subjekt [ist], dessen Handlungen einer Zurechnung fähig sind."[10] Auch wenn hier mit „Person" und „Subjekt" selbstverständlich nur Menschen gemeint sind, die verantwortungsfähig, d.h. unter Gesetzen der Verbindlichkeit des kategorischen Imperativs handeln können, so findet sich darin bereits eine funktionale Umorientierung des Personenbegriffs: Das Subjekt ist nicht mehr ohne weiteres Träger seiner Handlungen, alleine weil es bestimmte Eigenschaften wie Vernunftfähigkeit oder auch bloße körperliche Beweglichkeit aufweist. Vielmehr wird es als Urheber seiner Handlungen und deren Wirkungen erst *betrachtet*;[11] Handlungen werden ihm

9 Siehe *v. Savigny*, System des heutigen römischen Rechts II, 1840, § 60, S. 1.

10 *Kant*, Die Metaphysik der Sitten, 1797/1968, AB 22, S. 329.

11 Siehe *Kant* (o. Fn. 10), AB 22, S. 329: „Tat heißt eine Handlung, sofern sie unter Gesetzen der Verbindlichkeit steht, folglich auch, sofern das Subjekt in derselben nach der Freiheit seiner Willkür betrachtet wird. Der Handelnde wird durch einen solchen Akt als Urheber der Wirkung betrachtet, und diese, zusamt der Handlung selbst, können ihm zugerechnet werden, wenn man vorher das Gesetz kennt, kraft welches auf ihnen eine Verbindlichkeit ruhet."

zugerechnet. Dieser Wechsel der Blickrichtung auf die Zuschreibungsperspektive macht die rechtlichen Konzeptionen von Personalität, Verantwortung, mithin von Handlungs- und Rechtsfähigkeit einer funktionalen Betrachtungsweise zugänglich, für die es heute längst nicht mehr zwingend ist, dass nur menschliche Individuen als Träger von Rechten und Pflichten gelten dürften.[12]

Etwas umstrittener wird demgegenüber die Frage sein, ob auch Ehrlichs zweites, abstrakt formuliertes Element der Rechtsfähigkeit – die Gewährung rechtlich geschützten Vorteils – alleine durch Zuschreibungen von Beobachtern erzeugt wird. Es ist schon etwas anderes und bedeutet einen zusätzlichen qualitativen Schritt, wenn man – anstatt sich auf die bloße Beteiligung an Rechtsverhältnissen zu konzentrieren – darüber hinaus von der Möglichkeit spricht, rechtliche Vorteile auch zu genießen. Hier geht es offenbar nicht mehr nur um die Frage nach Rechtsträgerschaft, sondern vielmehr um einen tatsächlich zu verwirklichenden Anspruch auf Rechtsschutz. Und das berührt einen besonderen Aspekt der Rechtsfähigkeit, in dem es nicht mehr einfach um Rechte, sondern vielmehr um „Rechte auf Rechte“[13] geht, und das bedeutet: Schutz der Würde und gegebenenfalls rechtliche Anerkennung von Persönlichkeit.[14]

Derart spezifische Bestimmungen von Rechtsfähigkeit möchte man auf Menschen, auf lebendige Wesen zumindest, beschränkt wissen. Ihnen allein soll Würde zukommen, und das uneingeschränkt, absolut – und daher widerspricht es zunächst der Intuition, auch diesen Aspekt der Rechtssubjektivität vom Standpunkt eines zuschreibenden Beobachters abhängig zu machen. Wohlgemerkt handelt sich hierbei aber nur um einen spezifischen Aspekt der Rechtssubjektivität, der einen besonderen Bezug zum Menschen als ein soziales Wesen und als ein außergesellschaftliches, lebendiges Individuum zugleich aufweist. Keinesfalls wird dadurch die Vorstellung widerlegt, dass die Rechtsfähigkeit in vielen verschiedenen Zwischenstufen auftritt und auch nichtmenschlichen Subjekten in entsprechender Weise zukommen kann. Sowohl die Fähigkeit zur Beteiligung an

12 Vgl. hierzu *Raiser*, Der Begriff der juristischen Person. Eine Neubesinnung, AcP 199 (1999), S. 104ff. (118 f.), m.w.N.; *Teubner* (o. Fn. 6), S. 1 ff.; sowie insbesondere ders., Unternehmenskorporatismus. New Industrial Policy und das „Wesen“ der Juristischen Person, KritV 1987, S. 61 ff.; ferner *Gruber*, Lebenswerk, in: *Calliess/Fischer-Lescano/Wielsch/Zumbansen* (Hrsg.), Soziologische Jurisprudenz, FS Teubner, 2009, S. 299 ff.

13 Zu einem solchen „Recht, Rechte zu haben“ vor allem *Arendt*, Elemente und Ursprünge totaler Herrschaft, 1955, S. 476.

14 Näher hierzu *Gruber*, „Menschenwürde“ – Menschlichkeit als Bedingung der Würde?, in: *Baranzke/Duttge* (Hrsg.): Würde und Autonomie als Leitprinzipien in Ethik und Recht, 2012 (im Erscheinen).

Rechtsverhältnissen als auch der Anspruch auf Rechtsschutz kommen nach ihrem Inhalt und Umfang in graduell unterschiedlichen Abstufungen vor.[15]

Eugen Ehrlich verweist diesbezüglich vor allem auf die einzelnen Bestandteile der menschlichen Rechtsfähigkeit, insbesondere auf die variablen, historisch kontingenten Beschränkungen von politischen Rechten, Familienrechten, Vermögensrechten oder Persönlichkeitsrechten.[16] Ganz neue Zwischenstufen treten mit der Theorie der juristischen Person hinzu,[17] und in jüngerer Zeit mit der Rechtsprechung zur beschränkten Rechtsfähigkeit[18] und Teilrechtsfähigkeit[19] von Personengesellschaften und -gemeinschaften. Gerade die Ausweitung der Rechtsfähigkeit im Bereich des Gesellschaftsrechts zeigt, wie die gesellschaftliche Praxis des Umgangs mit Personengesellschaften als „lebendes Recht" gewirkt und zunächst die Gesetzgebung und daran anschließend die Rechtsprechung[20] zu einer Neubewertung der Rechtsfähigkeit veranlasst hat: BGB-Gesellschaften und andere Personenmehrheiten fungierten schon längst als gesellschaftliche Kollektivakteure mit eigener sozialer Adresse und Identität, bevor es etwa zur Einführung des neuen § 14 Abs. 2 BGB mit seiner Definition der rechtsfähigen Personengesellschaft[21] und der darauf bezogenen Rechtsprechung zur „Teilrechtsfähigkeit" kommen konnte.

Der Begriff der „Teilrechtsfähigkeit" findet allerdings nicht erst bei Personenmehrheiten Verwendung: Bereits in den Grenzbereichen der personalen Existenz des einzelnen Menschen finden sich entsprechende Übergangsstadien: So ist der erzeugte, indes noch ungeborene Mensch insofern teilrechtsfähig, als er beispielsweise schon in dieser Situation als erbfähig gilt (§ 1923 Abs. 2 BGB) und deliktsrechtlichen Schutz gegen vorgeburtliche Gesundheitsschädigungen genießt (§ 823 Abs. 1 BGB).[22] Und mehr noch: Mit den zunehmenden medizin-

15 Vgl. *Gruber* (o. Fn. 14); sowie ders. (o. Fn. 5), S. 160 ff.

16 *Ehrlich* (o. Fn. 1), S. 1 f.

17 Siehe etwa *Beuthien*, JZ 2011, S. 124 ff.; für einen umfassenden Überblick *Raiser* (o. Fn. 12), S. 104 ff.

18 Vgl. BGHZ 146, 341 (344) – „beschränkte Rechtssubjektivität" der Außen-GbR; zu weiteren Ausdehnungen der Rechtssubjektivität danach BGHZ 148, 291; 154, 88; 154, 370 sowie BGH NJW 2006, 3716; 2007, 995; 2008, 1378; 2009, 594; 2011, 615; 2011, 1958; 2011, 2048; ferner BGH NJW 2007, 2490; 2011, 1595.

19 BGHZ 163, 154 – Teilrechtsfähigkeit der Wohnungseigentümergemeinschaft als einer auf Gesetz beruhenden Personengemeinschaft.

20 Siehe dazu *Reuter*, AcP 2007, S. 674 ff.

21 § 14 Abs. 2 BGB, eingeführt am 30.6.2000 (BGBl. I S. 897): „Eine rechtsfähige Personengesellschaft ist eine Personengesellschaft, die mit der Fähigkeit ausgestattet ist, Rechte zu erwerben und Verbindlichkeiten einzugehen."

22 Eingehend *Gruber* (o. Fn. 4), S. 135 ff.

technischen Möglichkeiten scheinen zugleich die Schwierigkeiten zu wachsen, einen klaren Anfangs- und Endpunkt der personalen Existenz des Menschen, und damit seiner Rechtssubjektivität zu bestimmen. Schon der Zeitpunkt der Geburt wird im Recht uneinheitlich gehandhabt; im Übrigen führen neue Erkenntnisse über den pränatalen Status von Menschen, aber auch Zweifel am Hirntodkriterium sowie Unsicherheiten im Umgang mit Menschen im persistierenden vegetativen Zustand zu einer weiteren Vervielfachung graduell abweichender Personalitätszuschreibungen.[23]

Auch in diesem Kontext zeigt sich deutlich: Es gibt nicht nur eine Rechtsfähigkeit, sondern es gibt viele Rechtsfähigkeiten, die mehr oder weniger beschränkt sein können. Dementsprechend viele Arten von Rechtssubjekten und Teilrechtssubjekten gibt es, und ständig können sich neue Arten herausbilden, spätestens sobald das Recht mit neuen gesellschaftlichen und technologischen Herausforderungen konfrontiert wird. Solche Herausforderungen scheinen sich heute insbesondere im Bereich der Informations- und Kommunikationstechnologien anzukündigen.

B. *Ausweitungen: Rechtssubjektivität im elektronischen Geschäftsverkehr*

I. Informationstechnische Rechtskonstruktionen

Im Informationsrecht scheint der Begriff der Teilrechtsfähigkeit allerdings bislang noch keine nennenswerte Rolle zu spielen. Die Auflösung begrifflicher Dichotomien dürfte hier eher auf der anderen Seite des Subjekt-Objekt-Dualismus ihren Ausgang nehmen: Gleichsam als spiegelbildliches Gegenüber der Teilrechtssubjektivität wird etwa die „Teilverdinglichung“ von Internetdomains thematisiert,[24] oder auch der rechtliche Status von virtuellen Gegenstän-

23 Siehe etwa *Ulsenheimer*, Hirntod und Intensivmedizin. Juristische Probleme, Der Anaesthesist 58 (2007), S. 722 ff.; *Müller*, Revival der Hirntod-Debatte: Funktionelle Bildgebung für die Hirntod-Diagnostik, Ethik in der Medizin 22 (2010), S. 5 ff.; vgl. ferner *Eisenberg*, *Schiavo* on the Cutting Edge: Functional Brain Imaging and its Impact on Surrogate End-of-Life Decision-Making, Neuroethics 1 (2008), S. 75 ff.; *Farah*, Neuroethics and the Problem of Other Minds: Implications of Neuroscience for the Moral Status of Brain-Damaged Patients and Nonhuman Animals, Neuroethics 1 (2008), S. 9 ff.; *Varelius*, Minimally Conscious State and Human Dignity, Neuroethics 2 (2009), S. 35 ff.

24 Vgl. hierzu *Krebs/Becker*, Die Teilverdinglichung und ihre Anwendung auf Internetdomains, JZ 2009, S. 932 ff. (934): „Die Teilverdinglichung ist in gewisser Weise das

den „in der Grauzone zwischen realen Sachen und reinen Rechten".[25] Immerhin wird daran schon deutlich erkennbar, dass das Informationsrecht gezwungen zu sein scheint, mit neuen „Dingbegriffen", etwa von „Grenzobjekten" oder „Quasi-Objekten",[26] zu experimentieren.

Wieder lassen sich die begrifflichen und konstruktiven Innovationen als Antworten auf neue gesellschaftliche Herausforderungen deuten, denen sich das Recht diesmal in den technisierten Welten neuer informationstechnischer Kommunikationsmedien ausgesetzt sieht. Diese Herausforderungen resultieren in besonderer Weise aus dem Umstand, dass sinnhafte und technische Kommunikation in den informationstechnischen Kommunikationsmedien zusehends miteinander verschmelzen.[27] Dies zeigt sich beispielsweise daran, dass sich Softwarecodes von geistigen Inhalten kaum noch unterscheiden lassen,[28] oder dass Immaterialgüter ebenso wie informationstechnische Systeme gleichzeitig als Teil der gesellschaftlichen Kommunikation sowie der Persönlichkeitsentfaltung menschlicher Nutzer erscheinen,[29] kurzum: dass die klare Trennung zwischen der „inneren" Welt des personalen Rechtssubjekts und der „äußeren" Welt der verfügbaren Rechtsobjekte und Vermögensgegenstände misslingt.

Informationstechnologien sind insoweit nicht mehr nur als „äußere", rein technische Umwelten der Kommunikation zu qualifizieren, sondern bilden darüber hinaus einen neuartigen Bereich des gesellschaftlichen Lebens. Dessen Besonderheiten ergeben sich einerseits schon aus dem tatsächlichen Verhalten menschlicher Nutzer, die auf einer psychosozialen Ebene – sowohl kognitiv als auch emotional – zunehmend an informationstechnische Systeme gebunden sind. Auf der anderen Seite sind es gerade auch die besonderen materiellen Bedingungen informationstechnischer Kommunikationssysteme, die dazu führen, dass

Gegenstück zur Teilrechtsfähigkeit bei Rechtssubjekten, die heute allgemein anerkannt ist."

25 Siehe *Spindler*, Der Schutz virtueller Gegenstände, ZGE/IPJ 2011, S. 129 ff.; eingehend hierzu bereits *Berberich*, Virtuelles Eigentum, 2010, S. 82 ff.

26 Vgl. entsprechend *Latour*, Wir sind nie modern gewesen. Versuch einer symmetrischen Anthropologie, 2008, S. 67 ff.; dazu *Roßler*, Kleine Galerie neuer Dingbegriffe: Hybriden, Quasi-Objekte, Grenzobjekte, epistemische Dinge, in: *Kneer/Schroer/Schüttpelz* (Hrsg.), Bruno Latours Kollektive. Kontroversen zur Entgrenzung des Sozialen, 2008, S. 76 ff.

27 Vgl. hierzu *Vesting*, Das Internet und die Notwendigkeit der Transformation des Datenschutzes, in: Ladeur (Hrsg.), Innovationsoffene Regulierung des Internet. Neues Recht für Kommunikationsnetzwerke, 2003, S. 155 ff. (179).

28 Hierzu etwa *Bullinger/ Czychowski*, Digitale Inhalte: Werk und/oder Software? Ein Gedankenspiel am Beispiel von Computerspielen, GRUR 2011, S. 19 ff.

29 Siehe nur BVerfGE 120, 274 – Online-Durchsuchung.

menschliche Personen unter ihrem Einfluss als neue funktionale Einheiten aus Körper, Geist und artifiziellem Medium in Erscheinung treten. Es ist das vernetzte Kommunikationsmedium „Computer“, das die Bedingungen der sozialen Kommunikation aufgrund seiner technischen Vorgaben in Form von digitalen Codes, Programmiersprachen, Benutzeroberflächen oder Textformaten maßgeblich mitgestaltet.[30]

Diese spezifischen Kommunikationsbedingungen sozialer Informationstechnologien, die sich aus der technischen Vernetzung der sozialen Kommunikation ergeben, wirken sich in besonderem Maß auf die rechtlichen Identitäts- und Handlungszurechnungen und damit vor allem auf Haftungsfragen im elektronischen Geschäftsverkehr aus. Gerade hier wird es immer schwieriger, konkret handelnde Menschen auszumachen und etwa als Urheber von Willenserklärungen oder auch als individuell verantwortliche Verursacher von Rechtsverletzungen zu identifizieren. Die kommunikativen Vorgänge in diesem Bereich stellen sich vielmehr als neuartige Wirkungsketten dar, deren Akteure eher als soziotechnische Ensembles von Menschen und Dingen erscheinen – wobei die artifiziellen Teile dieser hybriden Mensch-Ding-Verknüpfungen mitunter sogar als treibende Kräfte und eigenständige Handlungsträger dargestellt werden können.

II. Informationstechnische Haftungserweiterungen

Solche hybriden Verknüpfungen von Menschen und nicht-menschlichen Systemen finden sich dabei nicht nur in den Visionen besonders zukunftsorientierter Informationstechnologien, wie etwa in den neuesten Entwicklungen des „Internet der Dinge und Services“, im Bereich von „Ambient Intelligence“, „Ambient Assisted Living“ oder auch von „Cyber-Physical Systems“.[31] Schon im alltäglichen elektronischen Geschäftsverkehr gibt es zahlreiche Fälle, die allesamt auf eine prinzipiell vergleichbare Art und Weise die Frage nach der individuellen Haftung für technische, meist automatisierte Prozesse aufwerfen – also für kommunikative Vorgänge, die aus menschlicher Sicht kaum noch kontrollierbar sein dürften. Diese Fälle betreffen etwa den Missbrauch von Benutzerkonten, WLAN-Verbindungen, Auktionsplattformen oder auch Foren durch Dritte, deren Identität in der Regel nicht mehr ermittelt werden kann. Das hat zur Folge, dass

30 Näher hierzu *Vesting* (o. Fn. 27), S. 179 ff.

31 Siehe hierzu *Herzog et al.*, Intelligente Objekte – klein, vernetzt, sensitiv, Stellungnahme acatech (Deutsche Akademie der Technikwissenschaften): acatech bezieht Position – Nr. 5 (2009), S. 11.

Haftungsansprüche wegen Rechtverletzungen nur noch gegen die jeweiligen Betreiber geltend gemacht werden können.

Inwieweit diese im Einzelfall auf Schadensersatz, Unterlassung und Beseitigung in Anspruch genommen werden können, hängt regelmäßig davon ab, ob ihnen als Mittätern oder Teilnehmern bezüglich der Rechtsverletzung ein Vorsatz nachgewiesen werden kann. Für die zahlreichen Fälle, in denen dieser Nachweis jedoch misslingt, hat die Rechtsprechung darüber hinaus die Konstruktion der mittelbaren Störerhaftung im immaterialgüterrechtlichen Bereich weiterentwickelt: Demnach können auch diejenigen Betreiber als Störer auf Unterlassung und Beseitigung in Anspruch genommen werden, die ohne eigenes Verschulden, jedoch adäquat kausal an der Rechtsverletzung mitwirken, indem sie eine Prüfungspflicht verletzen. In welchem Umfang solche Prüfungs- und Handlungspflichten dem Betreiber zuzumuten und als verhältnismäßig zu erachten sind, hängt von den Umständen des Einzelfalls ab.[32]

Angesichts der Vielzahl derartiger, inzwischen entschiedener Einzelfälle ist es hier kaum noch möglich, aus der Judikatur verlässliche Maßstäbe abzuleiten. In jedem Fall bedarf es eines gewissen Verständnisses der technischen Zusammenhänge. Nur auf einer „sachverständigen“ Grundlage lassen sich schließlich Aussagen über die Zumutbarkeit von Prüfungspflichten treffen. Diese können nämlich einzig und alleine im Rahmen der vorhandenen technischen Möglichkeiten, die zur Verhinderung einer Störung geeignet sind, beurteilt werden. Die Gerichte stützen sich bei ihren Beurteilungen der konkret zu erwartenden Handlungspflichten, insbesondere bei ihren Wahrscheinlichkeitsprognosen über Missbrauchs- und Verhinderungsmöglichkeiten, allerdings häufig auf eigene Sachkunde und daraus abgeleitete Regeln des Anscheinsbeweises.[33] Diese Verlagerung des Haftungsrechts auf die richterliche Beweiswürdigung und Einzelfallentscheidung hat zur Folge, dass die entsprechenden Handlungs- und Verantwortungszuschreibungen für das Verhalten Dritter innerhalb eines weiten Spielraums „adäquater Kausalität“ erfolgen können.

Aber auch jenseits dieser ausgedehnten Haftungsmaßstäbe finden die Gerichte noch immer neue konstruktive Wege der Zurechnung. Bei Wettbewerbsver-

32 Vgl. vor allem BGHZ 158, 236 – Internet-Versteigerung I; BGHZ 148, 13 – ambiente.de; sowie jüngst BGH GRUR 2011, 152 (154 ff.) – Kinderhochstühle im Internet; zu den aktuellen Entwicklungen der Störerhaftung im Internet siehe des Weiteren *Spindler*, Präzisierungen der Störerhaftung im Internet. Besprechung des BGH-Urteils „Kinderhochstühle im Internet“, GRUR 2011, S. 101 ff.

33 Kritisch hierzu vor allem *Hoeren*, Das Pferd frisst keinen Gurkensalat – Überlegungen zur Internet Governance, NJW 2008, S. 2615 ff. (2618), m.w.N.

stößen[34] und nun auch bei Verletzungen von Immaterialgütern[35] ist die Rechtsprechung sogar dazu übergegangen, die verantwortlichen Betreiber als unmittelbare Verletzer und somit als Täter der durch Dritte begangenen Wettbewerbs- und Schutzrechtsverletzungen zu behandeln: Nach der so genannten „Halzband-Entscheidung"[36] des BGH aus dem Jahr 2009 reichen die Verkehrspflichten von Mitgliedskonteninhabern bei eBay besonders weit. In dem entschiedenen Fall hatte die aus Lettland stammende Ehefrau des Beklagten über dessen eBay-Konto ein Halsband zu einem Mindestgebot von 30 Euro angeboten, unter anderem mit den Worten: „SSSuper ... Tolle ... Halzband (Cartier Art)" und „ ... Halzband, Art Cartier ... Mit kl. Pantere, tupische simwol fon Cartier Haus ...[sic!]". Das Gericht kam zu der Auffassung, dass der Beklagte mangels ausreichender Geheimhaltung[37] seiner Zugangsdaten eine Pflichtverletzung begangen habe, die gegenüber den Grundsätzen der Störerhaftung im immaterialgüterrechtlichen Bereich sowie den Verkehrspflichten im Wettbewerbsrecht einen selbständigen Zurechnungsgrund darstelle:

> „Benutzt ein Dritter ein fremdes Mitgliedskonto bei eBay, nachdem er an die Zugangsdaten dieses Mitgliedskontos gelangt ist, weil der Inhaber diese nicht hinreichend vor dem Zugriff Dritter gesichert hat, muss der Inhaber des Mitgliedskontos sich so behandeln lassen, wie wenn er selbst gehandelt hätte. [...] Der Grund für die Haftung desjenigen, der seine Kontaktdaten nicht unter Verschluss gehalten hat, besteht [...] in der von ihm geschaffenen Gefahr, dass für den Verkehr Unklarheiten darüber entstehen können, welche Person unter dem betreffenden Mitgliedskonto bei eBay gehandelt hat, und dadurch die Möglichkeiten, den Handelnden zu identifizieren und gegebenenfalls (rechtsgeschäftlich oder deliktisch) in Anspruch zu nehmen, erheblich beeinträchtigt werden."[38]

Nimmt man den BGH beim Wort, dann führt die unzureichend geschützte Aufbewahrung der Benutzerkonten-Zugangsdaten ohne weiteres zu einer Fiktion von Täterschaft: Der Inhaber des Mitgliedskontos sei demnach im Falle eines Missbrauchs seines Zugangs durch Dritte so zu behandeln, als ob er über diesen Zugang selbst gehandelt hätte. Aufgrund ihrer sehr allgemeinen Formulierung scheint diese Handlungsfiktion für ungesicherte eBay-Konten nicht nur auf den hier entschiedenen Fall von Wettbewerbs- und Schutzrechtsverletzungen anwendbar zu sein, sondern auch auf zahlreiche weitere schuldrechtliche Problemfälle des elektronischen Geschäftsverkehrs, in denen Dritte über ein fremdes Be-

34 Vgl. BGHZ 173, 188 – Jugendgefährdende Medien bei eBay.
35 Vgl. BGHZ 180, 134 – Halzband.
36 BGHZ 180, 134.
37 Der Beklagte hatte die Zugangsdaten in seinem auch für die Ehefrau zugänglichen Schreibtisch verwahrt.
38 BGHZ 180, 134 (139/ Rn. 16).

nutzerkonto Willenserklärungen abgeben und Verträge schließen. Die Urteilsbegründung legt dies jedenfalls auf den ersten Blick nahe, soweit sie sich nicht etwa auf ein erhöhtes Risiko von Rechtsverletzungen, sondern vielmehr auf das Interesse des Rechtsverkehrs an einer klaren Identifizierbarkeit der unter dem Benutzerkonto jeweils Handelnden stützt.[39]

Dass ein besonderes Interesse des Rechtsverkehrs daran besteht, mögliche Geschäfts- und Vertragspartner jederzeit eindeutig identifizieren zu können, leuchtet ein. Die Identität der Vertragsparteien gehört grundsätzlich zu den wesentlichen Voraussetzungen einer vertraglichen Einigung. Handelt ein Dritter unter fremdem Namen oder entsprechend unter fremdem Benutzerkonto, so kommt eine Haftung des Kontoinhabers nach Rechtsscheingrundsätzen in Betracht.[40] Die Haftung scheidet jedoch – wie der BGH in den Entscheidungsgründen selbst erwähnt[41] – insbesondere dann aus, wenn der Kontoinhaber das Handeln des Unberechtigten nicht zumindest hätte erkennen müssen – oder auch dann, wenn der Vertragspartner nicht schutzwürdig ist, etwa weil er den Missbrauch erkannt oder fahrlässig nicht erkannt hat. Diesen Vorbehalt einer Abwägung der schutzwürdigen Interessen beider Vertragsparteien möchte der BGH dann aber nicht mehr für den Fall der deliktischen Haftung für Schutzrechtsverletzungen gelten lassen: Derjenige, welcher die Zugangsdaten seines eBay-Kontos pflichtwidrig nicht unter Verschluss halte, könne sich nämlich von vornherein nicht auf ein gegenüber dem Schutz der in Rede stehenden Rechtsgüter vorrangiges Interesse berufen.[42]

Diese Gewichtung der beiderseitigen Interessen mag auf den ersten Blick über jeden Zweifel erhaben sein: Pflichtwidrigkeit auf der einen Seite, Verletzung von Immaterialgüterrechten sowie wettbewerbsrechtlichen Leistungsschutzrechten auf der anderen Seite. Fraglich ist aber, ob es hier überhaupt auf die Verkehrsinteressen, insbesondere auf die Interessen der Parteien eines deliktischen Haftungsfalls, ankommen durfte. Denn die Abwägung der schutzwürdigen Interessen des Rechtsverkehrs, die sich auf die Identifizierbarkeit der Handelnden beziehen, beruht vor allem auf rechtsgeschäftlichen und nicht auf deliktischen Gründen: Es geht eben um die Kenntnis der Identität der Vertragspartner, da ohne sie keine Verträge zustande kommen. Demgegenüber gehört die Identifi-

39 BGHZ 180, 134 (140/ Rn. 18).

40 So bereits *Oechsler*, Die Bedeutung des § 172 Abs. 1 BGB beim Handeln unter fremdem Namen im Internet, AcP 208 (2008), S. 565 ff.; siehe allerdings nunmehr BGH VersR 2011, 932 = NJW 2011, 2421.

41 BGHZ 180, 134 (140 f./ Rn. 19), m.w.N.

42 BGHZ 180, 134 (141/ Rn. 19).

zierbarkeit von künftig in Anspruch zu nehmenden deliktischen Haftungsgegnern eher zu den allgemeinen Bedürfnissen präventiver Rechtsverfolgung.[43] Es darf daher bezweifelt werden, ob eine Haftungskonzeption für den Missbrauch von Benutzerkonten durch Dritte, welche mit den Grundsätzen der (rechtsgeschäftlichen) Rechtsscheinhaftung vergleichbar ist,[44] auf den deliktischen Bereich angewendet und dort sogar – mangels einer Interessenabwägung – noch wesentlich weiter ausgedehnt werden darf. Gegenüber derartigen Bedenken bringt der BGH schließlich auch die Interessen der Allgemeinheit in Stellung:

> „Das vorstehend dargestellte Haftungsmodell belastet den Beklagten nicht in unverhältnismäßiger Weise. Damit wird lediglich unter Berücksichtigung der neuen technischen Entwicklungen der Grundsatz fortgeschrieben, dass derjenige, dem ein rechtlich geschützter Bereich zur Nutzung und gegebenenfalls auch zur Gewinnerzielung zugewiesen ist, im Rahmen seiner Verantwortlichkeit für diesen Bereich für Rechtsverletzungen haftet, wenn er pflichtwidrig Sicherungen unterlässt, die im Interesse Dritter oder der Allgemeinheit bestehen."[45]

Die Antwort des BGH auf die neuen technischen Entwicklungen besteht demnach in der Begründung von Verantwortlichkeits- und Haftungssphären, die in ihrem Umfang den Handlungsbereichen des Nutzers entsprechen sollen. Einen solchen Handlungsbereich erkennt das Gericht im Zugang des eBay-Benutzerkontos, das aufgrund von Kontrolldaten und Passwortschutz als „ein besonderes Identifikationsmittel" diene, dessen „Identifikationsfunktion [...] weit über die Verwendung etwa eines Briefpapiers, eines Namens oder einer Adresse hinaus [geht], bei denen der Verkehr weiß, dass diese gegebenenfalls von jedermann nachgemacht oder unberechtigterweise verwendet werden können."[46]

Es mag zwar mit guten Gründen bezweifelt werden, ob der BGH das Wissen des Rechtsverkehrs über die möglichen Identitätstäuschungen durch eBay-Konten, die jederzeit leicht unter falschen Namen und Adressen eingerichtet werden können, zutreffend einschätzt.[47] Weitaus mehr Beachtung verdient jedoch der konstruktive Schritt, den das Gericht an dieser Stelle macht, indem es eine neue Sphäre technischer Verantwortlichkeit begründet: Der Inhaber des

43 Vgl. *Leistner*, Störerhaftung und mittelbare Schutzrechtsverletzung, GRUR-Beil. 2010, S. 1 ff. (6 f.).

44 Den Vergleich leistet der BGH selbst: BGHZ 180, 134 (140 f./ Rn. 19); vgl. entsprechend die Urteilsanmerkung von *Rössel*, CR 2009, S. 453 ff. („deliktische Rechtsscheinhaftung"); dazu wiederum einschränkend *Leistner*, GRUR-Beil. 2010, S. 7.

45 BGHZ 180, 134 (143 f./ Rn. 23).

46 BGHZ 180, 134 (139 f./ Rn. 18).

47 Siehe dazu etwa die Kritik von *Hartmann*, in: *Wandtke* (Hrsg.), Medienrecht. Praxishandbuch, Bd. 5, 2. Aufl. (2011), S. 92/ Rn. 288.

eBay-Kontos haftet als Täter einer Wettbewerbs- und Schutzrechtsverletzung nicht etwa deshalb, weil er etwas getan hat, sondern weil es in einem seiner Identität zugewiesenen technischen Bereich zu einer Tat gekommen ist.

III. „Mittelbare" Täter fremder Taten?

Die beschriebenen haftungserweiternden Tendenzen der Rechtsprechung, die in der „Halzband"-Entscheidung ihren vorläufigen Höhepunkt erreicht haben, legen die Vermutung nahe, dass sich die Zuschreibung von Verantwortlichkeiten gegenüber dem individuellen Menschen immer schwieriger gestaltet und früher oder später in einer Aporie enden muss: Der Täter erscheint danach nicht mehr nur als der individuell verantwortliche Urheber seiner eigenen Handlungen im traditionellen Sinn, sondern wird zugleich für die Taten verantwortlich gemacht, die nicht er selbst, sondern ein Dritter (eigenverantwortlich) begangen hat – kurz gefasst: er wird zum Täter fremder Taten.

Man könnte in der sich ankündigenden Paradoxie zunächst nur eine zugespitzte Fortschreibung der bekannten, im Strafrecht diskutierten Problematik des Einheitstäterbegriffs bei Fahrlässigkeitsdelikten erblicken, der im Hinblick auf die graduell unterschiedlichen Beiträge zu Tatbestandsverwirklichungen und Formen von Sorgfaltspflichten keine entsprechenden Differenzierungen zulässt.[48] Parallel dazu scheint auch die deliktische Zurechnung im Zivilrecht[49] ihre Schwierigkeiten im Umgang mit den vielfältigen Verflechtungen von Handelnden und Beteiligten zu haben, die ihm insbesondere in den sozialen Informationstechnologien als „mittelbare Rechtsverletzungen"[50] begegnen.

So ist der genaue Rechtsgrund der täterschaftlichen Haftungserweiterung im „Halzband"-Fall bis heute unklar geblieben:[51] Auf eine Verletzung erweiterter Verkehrspflichten[52] kann er sich streng genommen nicht stützen, da zum Zeitpunkt der Pflichtverletzung, also der unzureichenden Sicherung der Zugangsda-

48 Vgl. hierzu *Renzikowski*, Restriktiver Täterbegriff und fahrlässige Beteiligung, 1997, S. 154 ff.

49 Die zivilrechtliche Haftung des als Täter oder Teilnehmer an einer deliktischen Handlung eines Dritten Beteiligten (§ 830 BGB) richtet sich nach den im Strafrecht entwickelten Regeln; vgl. BGHZ 63, 124 (126); 89, 383 (389).

50 Eingehend hierzu *Leistner*, GRUR-Beil. 2010, S. 1 ff.

51 Siehe bereits *Hartmann* (o. Fn. 47), S. 92, Rn. 288.

52 Vgl. die entsprechenden Interpretationen von *Peifer*, jurisPR-WettbR 5/2009, Anm. 1; *Hecht*, Verantwortlichkeit für Benutzerkonten im Internet, K&R 2009, S. 462 ff.; Leistner, GRUR-Beil. 2010, S. 7.

ten, noch überhaupt keine konkrete Gefahr einer Schutzrechtsverletzung bestanden hat. Der BGH mochte die Pflicht zur Sicherung der Zugangsdaten ohnehin nicht mit einer erhöhten Gefahr von Rechtsverletzungen begründen, sondern vielmehr mit einer Gefahr für den Verkehr, soweit Unklarheiten über die Identität des Handelnden entstehen könnten.[53] Aber auch eine darauf Bezug nehmende Einordnung als „deliktische Rechtsscheinhaftung“[54] erscheint wenig überzeugend, zumal die Haftung unabhängig davon bejaht werden soll, ob die Identität des Handelnden für den Verkehr tatsächlich unklar geblieben ist oder nicht.[55] Ebenso wie die Begründung einer erweiterten Verkehrssicherungshaftung vermag auch ein erweitertes Rechtsscheinkonzept keinen adäquaten Zusammenhang herzustellen zwischen der Pflicht zur Verwahrung von Zugangsdaten und der – wenn überhaupt – erst später eintretenden Gefahr einer Verletzung von Rechtsgütern, die zum Zeitpunkt der Pflichtverletzung noch gar nicht als gefährdet gelten können.[56]

Plausibler erscheint dann schon ein Rekurs auf den Rechtsgedanken der spezialgesetzlichen Zurechnungsnormen zur Haftung des Unternehmens- oder Betriebsinhabers für seine Mitarbeiter oder Beauftragten (§ 99 UrhG, § 14 Abs. 7 MarkenG, § 8 Abs. 2 UWG).[57] Dieser soll die arbeitsteilige Organisation seines Unternehmens oder Betriebs zwar zur Gewinnerzielung nutzen, nicht aber dazu, die Handlungsverantwortung auf abhängige Dritte abzuwälzen oder gar auf das gesamte Kollektiv zu verteilen. Um eine ganz ähnliche Verhinderung von Verantwortungsdelegation oder -verwirrung scheint es dem BGH in der „Halzband“-Entscheidung zu gehen: Auch hier soll sich der Inhaber des eBay-Kontos nicht mit der – in den Fällen „mittelbarer“ Rechtsverletzungen sicherlich häufig vorgebrachten – Behauptung entlasten können, dass nicht er selbst, sondern ein Dritter über den Zugang gehandelt habe.[58] Verkürzt ausgedrückt: Als Techniknutzer trägt er auch die Technikhaftung.

Doch der vom BGH neu konstruierte „eigene“ Zurechnungsgrund des eBay-Kontoinhabers, der seine Zugangsdaten nicht ausreichend sichert, geht deutlich über die Haftungsverantwortung des Unternehmensinhabers hinaus, da letztere

53 Vgl. BGHZ 180, 134 (140/ Rn. 18).
54 Siehe *Rössel*, CR 2009, S. 453 ff.
55 Siehe *Leistner*, GRUR-Beil. 2010, S. 6 f.
56 Vgl. hierzu *v. Ungern-Sternberg*, Die Rechtsprechung des Bundesgerichtshofs zum Urheberrecht und zu den verwandten Schutzrechten in den Jahren 2008 und 2009 (Teil II), GRUR 2010, S. 386 ff. (392).
57 In diesem Sinn *v. Ungern-Sternberg*, GRUR 2010, S. 392.
58 Vgl. *v. Ungern-Sternberg*, GRUR 2010, S. 392.

nur auf unternehmens- oder betriebsbezogene Handlungen beschränkt ist.[59] Demgegenüber soll die Haftung des eBay-Kontoinhabers unabhängig von den konkreten Handlungen und Verwendungsweisen bestehen, alleine aufgrund der hohen „Identifikationsfunktion“[60] des Kontos. Als ein „rechtlich geschützter Bereich“ scheint dieses dem Kontoinhaber nicht nur, wie der BGH ausführt, „zur Nutzung und gegebenenfalls auch zur Gewinnerzielung zugewiesen“ zu sein, sondern geradezu auch eine informationstechnische Erweiterung der ganzen Identität des Kontoinhabers darzustellen.

Hinter den immer weiter gefassten Verantwortungszuschreibungen und -zumutungen für „mittelbare“ Rechtsverletzungen, die auf den ersten Blick nur mit immer weiter gehenden Verkehrs- oder Verhaltenspflichten oder mit einem seltsam auf den allgemeinen Verkehr bezogenen Rechtsschein oder auch mit einer Analogie zu anderen, indes spezialgesetzlich normierten Formen einer Verantwortlichkeit für Handlungen in kollektiven Zusammenhängen begründet werden können, dürfte sich nach alledem eine weitaus tiefergehende Veränderung eines wenig hinterfragten zivilrechtlichen Grundkonzepts verbergen: Danach ist es nicht mehr der individuelle Mensch alleine, dem als isoliertem Subjekt Handlungen, Vorsätze, Willenserklärungen, Verantwortlichkeiten und schließlich Rechte und Pflichten zugeschrieben werden. Vielmehr dürfte seine um informationstechnische Artefakte erweiterte Identität zugleich in eine neue, erweiterte Fassung von Rechtsfähigkeit und Rechtssubjektivität münden.

IV. Informationstechnisch assoziierte Rechtssubjekte

Die Probleme und Defizienzen der deliktischen Handlungszuschreibung und ihrer systematischen Einordnung machen deutlich, dass die traditionell am menschlichen, als „selbstbestimmt“ bestimmten Individuum ansetzende Zurechnungsperspektive in demselben Maß ihre Überzeugungskraft verliert, in welchem sie – statt auf objektive Verursachungszusammenhänge und subjektive Vorsätze rekurrieren zu können – vermehrt einzelfallbezogene Pflichtverletzungen und Verhinderungsmöglichkeiten konstruieren muss, um Täter überhaupt noch ausfindig zu machen. Allem Anschein nach findet die individualistische Perspektive gerade in den zunehmenden informationstechnischen Verflechtun-

59 Dazu *Leistner*, GRUR-Beil. 2010, S. 6.
60 BGHZ 180, 134 (139/ Rn. 18).

gen keine autochthonen Handlungssubjekte mehr, sondern muss ihre Subjekte erst zum Handeln bringen.

Mag es sich bei der „mittelbaren" Haftung als Täter für Taten, die nicht seine eigenen sind, auch bloß um eine Fiktion handeln, so sind in derartigen Fiktionen, den „Krücken des Denkens"[61] im Sinne Josef Essers, jedenfalls immer zugleich die Vorboten künftiger rechtlicher Wirklichkeiten zu sehen. Die Zukunft neuer Handlungs- und Verantwortungskonstruktionen lässt sich allerdings in der traditionellen Terminologie kaum noch adäquat erfassen; gefordert sind daher neue Begriffe, die einer neuen Rechtswirklichkeit der Verflechtungen sozialer Informationstechnologien besser gerecht werden.

Rechtssubjekt ist aus einer solchen Sicht nicht mehr nur das menschliche, nach seinen selbstbestimmten Handlungen und Willensäußerungen bestimmbare Individuum. Vielmehr wird die Person im informationstechnischen Medium nunmehr auch mit artifiziellen Entitäten, im vorliegenden „Halzband"-Fall mit einem passwortgeschützten eBay-Konto identifiziert. Von dieser erweiternden Identitäts- und Handlungszuschreibung kann sie sich kaum noch befreien. Beispielsweise kann sie sich nicht mehr von der Verantwortlichkeitszurechnung des eBay-Kontos entlasten, indem sie – wie etwa bei der Störerhaftung – weitere zumutbare Prüfungspflichten erfüllt, die sich auf eine mögliche Verhinderung des Missbrauchs richten.[62]

Kaum von Bedeutung ist hier auch, ob der Kontoinhaber selbst es war oder aber eine dritte Person, die den Zugang für Schutzrechtsverletzungen und Wettbewerbsverstöße missbraucht hat.[63] Erneut sind es die Zuschreibungen der gesellschaftlichen Beobachter, hier des elektronischen Geschäftsverkehrs mit seinen spezifischen Erwartungen an Bestimmbar- und Adressierbarkeiten von Personen, die das Rechtssubjekt konstituieren. Sie bestimmen, in welchem Umfang und innerhalb welcher Grenzen die menschliche Person als Haftungs- und Zurechnungssubjekt von Handlungen erweitert wird. Und gerade in den Verflechtungen der Kommunikations- und Informationstechnologien erreichen diese Erweiterungen ein solches Maß, dass sich die menschliche Person über die Grenzen ihres biologischen Körpers und ihres vermeintlich selbstbestimmten Willens hinaus zunehmend als eine feste Verbindung von Menschen und Dingen dar-

61 *Esser*, Wert und Bedeutung der Rechtsfiktionen. Kritisches zur Technik der Gesetzgebung und zur bisherigen Dogmatik des Privatrechts, 2. Aufl. (1969), S. 200.

62 BGHZ 180, 134 (141/ Rn. 19 f.).

63 Relevant ist das Dazwischentreten eines eigenverantwortlich handelnden Dritten freilich weiterhin bei der Prüfung eines Schadensersatzanspruchs, insbesondere für die Frage des Vorsatzes; siehe dazu BGHZ 180, 134 (142/ Rn. 20).

stellt, oder in den Worten von Bruno Latour: als eine „Assoziation von Menschen und nicht-menschlichen Wesen“.[64]

Freilich werden diese Erweiterungen in den juristischen Begründungen nicht als solche benannt; dies wäre auch höchst verwunderlich. Die Rechtsdogmatik ist weiterhin fest verwurzelt in einer begrifflichen Tradition, die noch von natürlichen Personen, Selbstbestimmung und Willenserklärungen spricht – und das, obwohl doch längst klar sein müsste, dass Personen kommunikative Konstrukte sind,[65] dass Selbstbestimmungen auf Fremdzuschreibungen beruhen[66] und dass Willenserklärungen ohne Geschäfts- und Erklärungswillen[67] kaum noch ihren Namen verdienen.

Um den Anschein der Aufrechterhaltung individueller Zuordnung von Rechten und Pflichten zu wahren, begründet man die Haftungserweiterungen daher mit erweiterten Kontroll- und Sicherungspflichten und stellt in diesem Zusammenhang verschiedentlich Zumutbarkeits- und Wahrscheinlichkeitsprognosen an. Diese Form der Verantwortungszuschreibung ist jedoch kaum berechen- und vorhersehbar, zumal sie in dem bereits beschriebenen Maß von der richterlichen Würdigung im Einzelfall abhängig bleibt.[68]

Ein Ausweg aus der damit verbundenen Rechtsunsicherheit dürfte auf der Basis der alten individualistischen Konzepte kaum noch zu finden sein; erforderlich sind daher zunächst eine der informationstechnischen Wirklichkeit angemessene Beschreibung der sozialen Akteure und ihrer Handlungen und – darauf aufbauend – neue rechtliche Konstruktionen, die den Herausforderungen dieser Wirklichkeit gerecht werden können. Nur wenn sich das juristische Augenmerk deutlicher auf das „lebende Recht“, das heißt an dieser Stelle: auf die Eigenrationalitäten der sozialen Kommunikations- und Informationstechnologien einstellt,

64 Vgl. *Latour*, Das Parlament der Dinge. Für eine politische Ökologie, 2001, S. 82 ff.; siehe auch ders. (o. Fn. 26), S. 173 ff.; sowie ders., Eine neue Soziologie für eine neue Gesellschaft. Einführung in die Akteur-Netzwerk-Theorie, 2007, S. 76 ff.

65 Hierzu vor allem *Luhmann*, Soziale Systeme. Grundriß einer allgemeinen Theorie, 1984, S. 122 ff., 153 ff. und 426 ff.

66 Vgl. *Luhmann* (o. Fn. 65), S. 346 ff.

67 Zum Wegfall der Voraussetzung des Erklärungsbewusstseins siehe insbesondere BGH NJW 1995, 953; hierzu *Habersack*, Fehlendes Erklärungsbewusstsein mit Wirkung zu Lasten des Erklärungsempfängers?, JuS 1996, S. 585 ff.; vgl. ferner *Eisenhardt*, Zum subjektiven Tatbestand der Willenserklärung, JZ 1986, S. 875 ff. (878 ff.).

68 Unter den den entsprechend kritischen Kommentaren zur Ausweitung der Verkehrssicherungspflichten durch die „Halzband-Entscheidung“ siehe etwa *Peifer*, jurisPR-WettbR 5/2009, Anm. 1; sowie die allgemeine Kritik von *Hoeren*, NJW 2008, S. 2615 ff.

können die einschlägigen zivil- und immaterialgüterrechtlichen Probleme einer systematischen Lösung näher gebracht werden.

V. Rechtssubjektsteile

Informationstechnische Systeme können sich aus dieser Perspektive als neue, artifizielle Bestandteile von Rechtssubjekten darstellen, denen entsprechend erweiterte Verantwortlichkeiten zugemutet werden. Sie erscheinen insoweit aber nur als unselbständige Teile von Subjekten, nicht jedoch als Teilrechtssubjekte im eingangs beschriebenen Sinn. Sie sind mit menschlichen Individuen kraft gesellschaftlicher Zuweisung kommunikativ verkoppelt, so dass sie mit diesen eine „Assoziation", „Assemblage", oder anders ausgedrückt: eine neue soziotechnische Einheit bilden.

Die Zurechnung von eBay-Konten und anderen informationstechnisch erzeugten Artefakten kann dabei offenbar in einer Weise erfolgen, dass diese bereits zur Sphäre des Rechtssubjektes gerechnet werden, ohne dass es allerdings noch weiterer „subjektiver" Selbstbestimmungen oder Willensäußerungen eines individuellen Menschen bedarf. Selbst wenn eigenständig oder auch eigenverantwortlich Handelnde – Ehefrauen, Kinder und andere Familienangehörige – hinzukommen und diese artifiziellen Erweiterungen für Rechtsverletzungen missbrauchen, scheint das die Einheit des soziotechnischen Zurechnungssubjekts kaum zu berühren.

Das ursprünglich durch seine psychophysische Integrität und Fähigkeit zur Selbstbestimmung begründete, aber auch begrenzte Rechtssubjekt „Mensch" wird demzufolge um einen nicht-menschlichen Teil, den informationstechnischen Zugang via eBay, erweitert. Als Teil des erweiterten Rechtssubjekts bewirkt dieses Artefakt sogleich die beschriebenen Ausdehnungen von Handlungs- und Verantwortlichkeitszuschreibungen und wird in diesem Sinne zu einer „Agentur verändernder Wirksamkeit"[69], die sich hier insbesondere als Agentur von Veränderungen der Rechtswirklichkeit zeigt. Gleichzeitig führt die Assozia-

69 Vgl. hierzu *Latour*, Eine neue Soziologie für eine neue Gesellschaft (o. Fn. 64), S. 76 ff.; *Schulz-Schaeffer*, Technik als sozialer Akteur und als soziale Institution. Sozialität von Technik statt Postsozialität, in: *Rehberg* (Hrsg.), Die Natur der Gesellschaft, 2006, Teilband 2, 2008, S. 705 ff. (706); ders., Technik in heterogener Assoziation. Vier Konzepte der gesellschaftlichen Wirklichkeit von Technik im Werk Latours, in: *Kneer/ Schroer/ Schüttpelz* (Hrsg.), Bruno Latours Kollektive. Kontroversen zur Entgrenzung des Sozialen, 2008, S. 108 ff.

tion menschlicher und nicht-menschlicher Teile eines erweiterten Rechtssubjekts freilich auch dazu, dass Menschen ihre artifiziellen Subjektsteile modifizieren, etwa indem sie in Reaktion auf gewachsene Verantwortungszumutungen neue technische Kontrollmöglichkeiten und Zugangsrestriktionen einrichten. Doch alleine die wechselseitige Beeinflussung der assoziierten Teile würde es noch nicht rechtfertigen, von einer neuen soziotechnischen Zurechnungseinheit zu sprechen. Vielmehr ist es der weitere Aspekt der gemeinsamen Konstituierung eines neuen, eigenständigen Handlungsträgers, eines „hybriden Akteurs",[70] der die Mensch-Ding-Assoziation von Nutzer und technischem Zugang zu einem erweiterten Rechtssubjekt macht.

Bei dieser Einheitsbildung aus heterogenen Assoziationen müssen allerdings zugleich deren Grenzen bedacht werden. Nicht jede menschlich-technische Wechselwirkung führt zwangsläufig zur Entstehung neuer Akteure. Im Gegenteil: In den meisten Fällen dürfte es lediglich bei veränderten Rollenfestlegungen unter dem wechselseitigen Einfluss von Mensch und Technik bleiben. Nur in solchen Fällen, die keine individualisierbaren Handlungsverantwortlichkeiten mehr plausibel erscheinen lassen, sondern von untrennbar menschlich-technischen Verantwortungssphären handeln, kann von erweiterten Rechtssubjekten überhaupt die Rede sein.

Wenngleich im „Halzband"-Fall durchaus Zweifel angebracht sind, ob die Assoziation von Benutzer und Benutzerkonto auch hier tatsächlich als untrennbar anzusehen ist oder ob nicht vielmehr die zahlreichen Möglichkeiten von Identitätstäuschungen und Interventionen Dritter das Gegenteil nahelegen, hat jedenfalls der BGH eine solche Untrennbarkeit vorausgesetzt.[71] Im Ergebnis hat er damit ein um einen informationstechnischen Zugang erweitertes Rechtssubjekt konstruiert, das sowohl für die Folgen des selbstbestimmten, eigenständigen Handelns eines menschlichen Individuums als auch für die Wirkungen seiner assoziierten technischen Artefakte verantwortlich gemacht werden kann.[72]

70 Vgl. *Schulz-Schaeffer*, Technik in heterogener Assoziation (o. Fn. 69), S. 120 ff.

71 Die Untrennbarkeit stützt sich hier insbesondere auf die Funktion des eBay-Kontos als ein „besonderes Identifikationsmittel": BGHZ 180, 134 (139/ Rn. 18).

72 Insoweit besteht durchaus eine konzeptionelle Nähe zu dem bereits erwähnten Rechtsgedanken der Haftung des Unternehmensinhabers (§ 99 UrhG, § 14 Abs. 7 MarkenG, § 8 Abs. 2 UWG), welcher sich ganz entsprechend nicht hinter den in einer arbeitsteiligen Organisation mit ihm assoziierten abhängigen Dritten, d.h. Mitarbeitern oder Beauftragten, „verstecken" können soll. Allerdings beruht die Assoziation im „Halzband"-Fall nicht nur auf den kommunikativen Verflechtungen einer sozialen Organisation, sondern darüber hinaus auf einer stabilen informationstechnischen Verbindung zwischen dem menschlichen Nutzer und seiner über eBay erzeugten digitalen Identität. Diese wird da-

C. *Ausdifferenzierungen: Teilrechtssubjektivität im elektronischen Geschäftsverkehr*

I. Informationstechnische Akteure

Damit ist auch schon eine denkbare und inzwischen sogar gängige Lösungsmöglichkeit im Umgang mit den neueren Phänomenen der sich zunehmend verselbständigenden Informationstechnologien vorgezeichnet: Wie in den Fällen der Haftungszurechnung für Rechtsverletzungen könnte beispielsweise auch beim Einsatz von Softwareagenten und autonomen Programmen im elektronischen Geschäftsverkehr die konkrete Willensäußerung oder Selbstbestimmung des individuellen Menschen in den Hintergrund treten.[73] Damit wäre der Weg geebnet für vielfältige Möglichkeiten, elektronische Willenserklärungen in erster Linie nicht mehr subjektiv, sondern objektiv zuzurechnen, sei es nach Rechtsscheingesichtspunkten[74] oder sei es auch nach abstrakteren Risikoerwägungen und -prognosen, die sich auf die Beherrschbarkeit der technischen Vorgänge beziehen.[75]

Für diese Art der Zurechnung, wie sie schon in der zitierten „Halzband"-Entscheidung ganz besonders weit gefasst erscheint, stehen die Prognosen jedoch schlecht: Eine derartige Ausdehnung der Handlungs- und Willenszurechnung über immer weitere Verkehrs-, Prüfungs- und Sicherungspflichten, die sich als eine stetige Erweiterung des menschlichen Verantwortungssubjekts darstellt, wird über kurz oder lang zu einer Überforderung des Menschen als ein vermeint-

her – anders als die ausschließlich unternehmensbezogene Haftung des Inhabers – nicht durch die konkrete Handlungs- oder Nutzungsart begrenzt. Im Übrigen stellt sich die Frage, ob nicht gerade die Einrichtung und Nutzung informationstechnischer Zugänge zu den wesentlichen Elementen der sozialen Kommunikation gehört, folglich der Nutzer hier als abhängiger Dritter gelten muss. In ähnlicher Richtung, allerdings mit Blick auf die entsprechende Ausweitung der Verkehrssicherungspflichten, *Peifer*, jurisPR-WettbR 5/2009, Anm. 1: „Die Ausweitung dieser Pflichtenkategorie auf die Eröffnung und Unterhaltung eines elektronischen Kontos erzeugt die Gefahr, dass zum Sozialleben notwendig gehörende und hierfür unvermeidbare Tätigkeiten als potentiell gefährlich eingestuft werden."

73 Vgl. etwa *Gitter*, Softwareagenten im elektronischen Geschäftsverkehr. Rechtliche Vorgaben und Gestaltungsvorschläge, 2007, S. 29 ff. und 159 ff., m.w.N.

74 In Betracht kommt etwa eine Analogie zur Ermächtigung zum Ausfüllen einer Blanketterklärung; vgl. hierzu *Gitter* (o. Fn. 73), S. 180; ferner *Oechsler*, AcP 208 (2008), S. 568 ff.

75 Vgl. *Wiebe*, Die elektronische Willenserklärung. Kommunikationstheoretische und rechtsdogmatische Grundlagen des elektronischen Geschäftsverkehrs, 2002, S. 156 ff. und 216 ff.

lich selbstbestimmtes Individualwesen führen. Zugespitzt ausgedrückt: Die immer neuen Risikobeherrschbarkeits- und Gefahrenverhinderungsmöglichkeits-Verantwortungszumutungen des Informationstechnologierechts werden zunehmend unzumutbar, wenn das Verantwortungssubjekt vermittelst informationstechnischer Medien mehr und mehr für Dritte haften soll.

Gewiss hat die Rechtsprechung die Auswirkungen der „Halzband"-Haftung schon wieder eingedämmt, etwa indem sie deren Maßstäbe nicht auf den Fall von Urheberrechtsverletzungen via WLAN[76] und erst recht nicht auf die Fälle rechtsgeschäftlichen Handelns übertragen hat.[77] Aber die in immer neuen Einzelfallabwägungen zwischen „objektivem" Rechtsschein und „subjektivem" Tatbestand immer wieder anders zu gewichtenden Interessen dürften – wie bereits erwähnt – kaum zu einer erhöhten Erwartungs- und Rechtssicherheit beitragen.

Anstatt in beinahe jeder neuen Fallkonstellation die Verantwortung von Menschen für ihre assoziierten informationstechnischen Artefakte über den Umweg einzelfallabhängiger Verkehrs-, Prüfungs- und Sicherungspflichten aus eigener richterlicher Anschauung zu bestimmen, müsste eine systematische Lösung darauf bedacht sein, menschlich-technische Verantwortungssphären innerhalb klarer Grenzen festzulegen, die als solche mit Bezug auf die im elektronischen Geschäftsverkehr beobachtbaren normativen Maßstäbe generell anerkennungsfähig sind.

Es ist dann durchaus denkbar – wenn auch in deutlich engeren Grenzen, als sie die „Halzband"-Rechtsprechung zieht –, dass beispielsweise die über einen informationstechnischen Zugang begangenen Rechtshandlungen oder -verletzungen einem insoweit erweiterten Rechtssubjekt objektiv zugerechnet werden. Diese Zurechnung wäre dann aber genereller Natur und nicht von den im Einzelfall immer wieder aufs Neue zu prüfenden Pflichtverletzungen und subjektiven Verfehlungen des menschlichen Nutzers abhängig. Wer auf dieser Basis von Anfang an weiß, dass er generell für einen bestimmten Teil seines informationstechnischen Systems haftet, kann selbst entscheiden, ob er diesbezüglich erhöhte Kon-

76 Vgl. hierzu BGHZ 185, 330, (333 ff./ Rn. 12 ff.) – Sommer unseres Lebens: Der IP-Adresse eines WLAN-Anschlusses komme keine mit einem eBay-Konto vergleichbare Identifikationsfunktion zu. Demzufolge spreche lediglich eine widerlegbare Vermutung für die Verantwortlichkeit des Anschlussinhabers.

77 Bereits in der „Halzband"-Entscheidung (BGHZ 180, 134 [140 f./ Rn. 19]) betont der BGH, dass in den Fällen vertraglicher Haftung weiterhin Raum für eine Abwägung der Interessen beider Vertragspartner bleibt. In diesem Sinn nunmehr BGH VersR 2011, 932 = NJW 2011, 2421: keine vertragliche Haftung bei unbefugter Nutzung eines eBay-Mitgliedskontos. Zu einem dennoch erkennbaren „gewissen Wertungswiderspruch" gegenüber der „Halzband"-Entscheidung siehe *Stadler*, jurisPR-ITR 14/2011, Anm. 2.

troll- und Sicherheitsvorkehrungen trifft oder aber für mögliche Schäden einen Haftungsbetrag bereithält oder auch nach anderweitigen Versicherungslösungen sucht.

Die Grenzen dieser Zurechenbarkeit eines informationstechnischen Artefakts zu einem erweiterten menschlich-artifiziellen Subjekt sind jedoch bereits dann überschritten, wenn es sich dabei um Softwareagenten oder eigenständige Programme zur Erstellung und Übermittlung von Willenserklärungen handelt. Softwareagenten und andere „autonome" Programme erweisen sich nämlich zunehmend als eigendynamisch operierende Akteure, die nach Risikogesichtspunkten als immer weniger beherrschbar gelten dürften.[78] Mit ihren „Agentenherren" können sie daher allenfalls eine lose „Mensch-Ding-Assoziation" bilden – eine instabile Verbindung, die durch ihr eigen- und widerständiges Verhalten zudem fortlaufend gestört wird. Insoweit liegt ein Vergleich mit interpersonalen Beziehungen womöglich viel näher: Könnte der Softwareagent also möglicherweise doch mehr sein als ein Rechtssubjektsteil, womöglich sogar ein Teilrechtssubjekt?

II. Autonomisierung teilrechtsfähiger Akteure

Werden Softwareagenten und autonome Programme für Vertragsschlüsse im elektronischen Geschäftsverkehr eingesetzt, so kann ihr rechtsgeschäftliches Verhalten häufig kaum noch auf einen Erklärungs- oder Handlungswillen eines konkreten Menschen zurückgeführt werden. Mehr noch als auf der haftungsrechtlichen Ebene besteht die informationsrechtliche Herausforderung gerade auch darin, die neuen Phänomene elektronischer, agentenvermittelter Rechtsgeschäfte begrifflich angemessen zu erfassen und den damit einhergehenden Rechtsproblemen mit entsprechenden Konstruktionen gerecht zu werden. Die zentrale Frage lautet dabei: Inwieweit sind derartige autonome Agenten noch menschlichen Individuen als deren quasi-personale Bestandteile zuzurechnen –

78 Ähnlich *Gitter* (o. Fn. 73), S. 174 f., die in den „autonom" und immer weniger vorhersehbar handelnden Agenten zunächst eine „neue Qualität von Anwendungen" sieht. Allerdings möchte sie deren Verhalten dann trotzdem der Person des menschlichen Agentenherrn zurechnen. Dabei stellt sich aber schon die Frage, ob dem individuellen Menschen überhaupt noch eine Risikohaftung für derart unbeherrschbare Anwendungen zugemutet werden darf; insoweit näher an der Problematik *Wiebe* (o. Fn. 75), S. 216 ff.

und unter welchen Bedingungen müssen sie anderen Risikosphären zugeordnet, womöglich sogar als teilrechtsfähige Subjekte angesehen werden?[79]

Zugegeben: Es mag schon ungewöhnlich genug erscheinen, Menschen und informationstechnische Systeme als assoziierte Teile eines erweiterten menschlich-artifiziellen Rechtssubjekts anzusehen. Umso fremder dürfte dann der Gedanke anmuten, dass die artifiziellen Teile unter bestimmten Bedingungen eine eigene Rechtssubjektivität erlangen könnten. Dabei sollte aber weiterhin im Auge behalten werden, dass Rechtsfähigkeit in zahlreichen Zwischenstufen auftritt und keineswegs unmittelbar von irgendwelchen intrinsischen Eigenschaften einer Entität abhängt, sondern vielmehr funktional zugeschrieben wird.

Wenn Softwareagenten nicht mehr bloß nach vorhersehbaren Programmen, sondern zunehmend flexibel und eigendynamisch operieren,[80] wenn sie also nicht mehr nur „automatisch", sondern in einem spezifischen Sinne auch „autonom" agieren, kurzum: wenn sie als „autonome Automaten"[81] auftreten, warum sollte ihre rechtliche Einordnung dann nicht wieder verstärkt auf Konzepte zurückgreifen, die bereits auf die Interventionen dritter, selbständig handelnder Akteure eingestellt sind? In Betracht zu ziehen ist damit vor allem das im deutschen Zivilrecht in §§ 164 BGB normierte Recht der Stellvertretung, das entsprechend auch Softwareagenten als Vertreter des menschlichen Nutzers oder „Agentenherren" behandeln könnte.[82]

Die Anwendung der Regeln der Stellvertretung wird für gewöhnlich schon mit der Begründung verworfen, dass Softwareagenten wie andere Programme auch keine eigenverantwortlich handelnden Rechtssubjekte, also nicht rechtsfähig, geschweige denn beschränkt geschäftsfähig seien und damit die Voraussetzungen der Stellvertretung von vornherein verfehlen.[83] Doch an dieser Stelle

79 Vgl. hierzu *Teubner* (o. Fn. 6), S. 17.

80 Von dieser Voraussetzung konnten frühe Arbeiten zur „automatisierten Willenserklärung" noch nicht ausgehen. Dennoch richtungweisend bereits *Köhler*, Die Problematik automatisierter Rechtsvorgänge, insbesondere von Willenserklärungen, AcP 182 (1982), S. 126 ff. (132 ff.).

81 Dazu *Bung/Gruber/Ziemann* (Hrsg.), Autonome Automaten. Künstliche Körper und artifizielle Agenten in der technisierten Gesellschaft, 2012 (im Erscheinen).

82 Vgl. *Teubner* (o. Fn. 6), S. 10 ff. und 23 ff.

83 Vgl. etwa *Cornelius*, Vertragsabschluss durch autonome elektronische Agenten, MMR 2002, 353 (354 f.); siehe auch Gitter (o. Fn. 73), S. 178.; demgegenüber zur prinzipiellen Möglichkeit der Zuerkennung von Rechtssubjektivität bereits *Solum*, Legal Personhood for Artificial Intelligences, North Carolina Law Review 70 (1992), S. 1231 ff.; *Allen/Widdison*, Can Computers Make Contracts?, Harvard Journal of Law & Technology 9 (1996), S. 25 ff. (35 ff.); *Weitzenböck*, Electronic Agents and the Formation of Contracts, International Journal of Law and Information Technology 9 (2001), S. 204 ff. (209 ff.);

lohnt es sich, noch einmal auf Eugen Ehrlichs Ausführungen zur Rechtsfähigkeit zu verweisen: Es gibt sie eben nicht, „die“ (eine) Rechtsfähigkeit. Als gesellschaftliche Institution erscheint sie auch heute – vielleicht mehr denn je – im Plural: Ehrlich hat bereits eindringlich gezeigt, wie vielfältig konstruierbar die semantischen Artefakte sind, die uns in der gesellschaftlichen und rechtlichen Kommunikation begegnen, ob als mehr oder weniger in ihrer Rechtsfähigkeit beschränkte oder erweiterte Rechtssubjekte, als Rechtssubjektsteile oder Teilrechtssubjekte, als Personen oder auch als partielle Personen.

Deshalb ist es keineswegs abwegig, Softwareagenten und autonomen Programmen eine Teilrechtsfähigkeit zuzuerkennen – eine Rechtsfähigkeit, die freilich zunächst beschränkt ist auf die Fähigkeit, rechtswirksame Willenserklärungen als (Quasi-)Stellvertreter abzugeben.[84] Darüber hinaus ist es aber durchaus noch denkbar, ihnen bei Bedarf noch weitere Aspekte der Rechtsfähigkeit zuzuweisen, etwa eine gewisse Vermögensfähigkeit, um bereits vor einem „risikogeneigten“ Einsatz im elektronischen Rechtsverkehr eine ausreichende Haftungsmasse zur Verfügung zu halten.[85] Natürlich kommen in dieser Hinsicht auch weitere Konzepte, zum Beispiel Pflichtversicherungslösungen nach dem Vorbild anderer technischer Risikobereiche in Betracht.[86] Auch ist zu vermuten,

Wettig/Zehendner, A legal analysis of human and electronic agents, Artificial Intelligence and Law 12 (2004), S. 111 ff. (122 ff.); *Andrade et al.*, Contracting agents: legal personality and representation, Artificial Intelligence and Law 15 (2007), S. 357 ff. (361 ff.); *Teubner* (o. Fn. 6), S. 8 ff.; *Sartor*, Cognitive automata and the law: electronic contracting and the intentionality of software agents, Artificial Intelligence and Law 17 (2009), 253 ff. (282 ff.).

84 Vgl. hierzu Teubner (o. Fn. 6), S. 23: „Die neue Differenz des elektronischen Vertragsrechts heisst: Vertretungsfähigkeit – ja, Geschäfts- oder Rechtsfähigkeit – nein.“ Streng genommen ist aber bereits in der Vertretungsfähigkeit eine der „Zwischenstufen“ der Rechtsfähigkeit zu erkennen. Es geht also weniger um eine Vertretungsfähigkeit ohne Rechts- oder Geschäftsfähigkeit – vielmehr handelt es sich dabei um eine Teilrechtsfähigkeit *als* Vertretungsfähigkeit.

85 Vgl. hierzu vor allem das Konzept der „elektronischen Person“ von *Wettig/Zehendner*, A legal analysis of human and electronic agents, Artificial Intelligence and Law 12 (2004), S. 111 ff. (127 ff.); dazu näher *Wettig*, Vertragsschluss mittels elektronischer Agenten. Eine interdisziplinäre Untersuchung mit juristischem Schwerpunkt unter Einbeziehung internationaler, technischer und philosophischer Aspekte, 2010, S. 369 ff. Eine eigenständige Haftung für Rechtsverletzungen ist dann ebenfalls denkbar, sofern die „ePerson“ schließlich auch für deliktsfähig gehalten wird. Grundlegend zur Frage der „maschinellen Haftung“ bereits *Wein*, The Responsibility of Intelligent Artifacts: Toward an Automation Jurisprudence, Harvard Journal of Law & Technology 6 (1992), S. 103 ff. (111 ff.).

86 Vgl. bereits *Karnow*, Liability for Distributed Artificial Intelligences, Berkeley Technology Law Journal 11 (1996), S. 147 ff. (193 ff.). Der Gedanke an mögliche Äquivalen-

dass sich ein Stellvertretungsrecht der Softwareagenten als ein neues „Sonderrecht“[87] in eine etwas andere Richtung entwickeln wird als das tradierte „humane“ Stellvertretungsrecht.

D. *Aussichten: Grenzen der Rechtsfähigkeit*

Soweit informationstechnische Systeme einerseits neue, externalisierte Bereiche der menschlichen Persönlichkeitsentfaltung, andererseits neue soziale Akteure herausbilden, mag es nach alledem sogar als prinzipiell denkbar erscheinen, unter gewissen Voraussetzungen auch nicht-körperlichen, nicht-lebendigen, informationstechnischen Artefakten Personalität zuzuschreiben. Einschränkungen ergeben sich hier jedoch daraus, dass informationstechnische Systeme trotz ihrer Komplexität und kommunikativen Kapazitäten in der Regel noch immer nicht für bewusste, denkende, wahrnehmende, sozialfähige, imitationsfähige, geschweige denn lebendige Wesen gehalten werden. Demnach ist jedenfalls davon auszugehen, dass artifizielle Akteure im Recht weiterhin auf eine andere, dem technischen Medium entsprechende Weise „personifiziert“ werden als lebendige Menschen.

Ein eigenständiger Schutz von Persönlichkeit und Würde setzt dabei gewiss mehr voraus als bloße Rechtsfähigkeit in dem für Softwareagenten angedachten eingeschränkten Sinn. Informationstechnische Systeme mögen bereits heute nicht mehr nur als rein technische Artefakte zu qualifizieren sein, sondern zugleich als soziale Medien, mitunter auch als eigenständige Akteure, die als komplexe, eigendynamisch operierende, womöglich sogar eigensinnige „Agenten“ mitkommunizieren. Sie mögen auch zu Willenserklärungen und Vertragsschlüssen in der Lage sein und in dieser Hinsicht als (partiell) rechts- und geschäftsfähig gelten. Zu rechtlich geschützten, etwa mit Grundrechten ausgestatteten Wesen werden sie dadurch aber noch lange nicht – und zwar auch dann nicht, wenn sie eines Tages ein ähnlich intelligentes Verhalten zeigen sollten wie Menschen.

Erst wenn es artifiziellen Wesen im Laufe ihrer zukünftigen Entwicklung gelingen sollte, als soziale Mitglieder in die menschliche Gesellschaft eingebunden zu werden, kommt auch eine Anerkennung ihres quasi-personalen Eigenwertes in Betracht. Das setzt aber zuallererst eine gewisse soziale Nähe zu Menschen

te zur Kraftfahrzeugversicherung wird schon durch die neueren Entwicklungen softwaregesteuerter „Roboterautos“ nahegelegt; siehe unter <http://www.faz.net/-01ioj3> (23.09.2011).

87 Vgl. Teubner (o. Fn. 6), S. 23.

voraus. Um zu erreichen, dass Menschen gegenüber nicht-menschlichen, artifiziellen Artefakten eine personale Haltung[88] einnehmen, müssten diese nicht nur intelligent handeln, sondern darüber hinaus als menschenähnlich wahrnehmbar sein. Sie müssten daher eine gewisse geistige und auch körperliche Identität aufweisen und ähnlich wie lebendige Wesen nach Anerkennung oder wenigstens Zuwendung streben, ferner müssten sie zumindest teilweise sozial- und verständigungsfähig sein.[89] Nur wenn sie diese Bedingungen erfüllen, haben sie eine Aussicht darauf, in die Menschengesellschaft aufgenommen zu werden als Wesen, denen Sympathie und Mitleid, Fürsorge und Schutz, insbesondere auch rechtlicher Schutz ihrer eigenen, dann insoweit personal begründeten Würde zu gewähren sind.

Die personale Anerkennung in Menschengesellschaft stellt sich insoweit als ein „Zur-sozialen-Welt-Kommen" dar, das sich auch als eine moralisch-rechtliche Geburt beschreiben lässt, die zunächst einen sozialen Entwicklungsprozess voraussetzt, in dessen Verlauf ein Wesen erst allmählich zu einem Mitglied der Menschengesellschaft heranwächst und dann schließlich Rechtspersonalität erlangt. Die „Vollendung der Geburt" als Bedingung der „Rechtsfähigkeit des Menschen" (§ 1 BGB) ist dabei keineswegs, wie es scheinen mag, rein empirisch bestimmbar, sondern bedarf zuallererst einer normativen Festlegung, wer zur Gattung „des" Menschen gehören und ab welchem Zeitpunkt seine soziale Mitgliedschaft in Menschengesellschaft beginnen soll.[90] Hinreichend menschenähnliche Wesen haben daher durchaus Aussicht darauf, eines Tages wie Menschen behandelt zu werden oder auch als Menschen zu gelten.

Doch Menschenähnlichkeit setzt neben kognitiven Fähigkeiten eben auch gewisse körperliche Eigenschaften voraus. Diese lassen sich ohnehin nicht mehr isoliert voneinander betrachten: Denken lässt sich nämlich nicht etwa im Sinne älterer funktionaler, insbesondere computationaler Vorstellungen über den menschlichen Geist[91] auf Software und Programme reduzieren, die innerhalb einer prinzipiell beliebig konstruierbaren Hardware ablaufen könnten. Vielmehr

88 Zu den Voraussetzungen der personalen Haltung im zwischenmenschlichen Bereich siehe *Strawson*, Freiheit und Übelnehmen, in: *Pothast* (Hrsg.): Seminar: Freies Handeln und Determinismus. 2. Aufl. (1988), S. 201 ff. (208 ff.).

89 Vgl. entsprechend *Gruber* (o. Fn. 5), S. 119 ff.; sowie ders. (o. Fn. 14).

90 Näher hierzu *Gruber* (o. Fn. 14).

91 Unter den funktionalen Computertheorien des Geistes siehe vor allem *Putnam*, Minds and Machines, in: *Hook* (ed.), Dimensions of Mind. A Symposium, 1960, S. 148 ff.; *Block*, The Mind as the Software of the Brain, in: *Smith/Osherson* (eds.), Thinking. An Invitation to Cognitive Science, Vol. 3, 2nd ed. (1995), S. 377 ff.; ders., Consciousness, Function, and Representation. Collected Papers Vol. I (2007), S. 27 ff. und 141 ff.

ist es nur auf der Basis der „Wetware“[92] eines lebendigen Körpers überhaupt denkbar. Denn der Denkende unterscheidet sich vom bloß Programmierten gerade dadurch, dass seine Gedanken durch eine eigene, selbst erlebte und leiblich erfahrene, mithin authentische Entwicklungs- und Lebensgeschichte ihren Sinn gewonnen haben und nicht erst von fremder Hand „einprogrammiert“ worden sind.

Dass gerade auch komplexe kognitive Fähigkeiten heute nur noch als verkörperte Prozesse begriffen werden können, zeigen nicht zuletzt auch die jüngeren neurowissenschaftlichen Erkenntnisse über die Beteiligung des motorischen Nervensystems an den neuronalen Transformationsleistungen, aufgrund derer Menschen die in ihrer Umgebung beobachtbaren Gegenstände räumlich bestimmen und darauf bezogene Bewegungen als Akte ausführen,[93] aber auch die Handlungen anderer Menschen wahrnehmen und diese als Interaktionspartner erkennen können.[94] Es bedarf also menschlicher oder lebendiger Körper zumindest, die dazu imstande sind, die Handlungen ihres jeweiligen Gegenübers aufgrund ihrer eigenen visuo- und sensomotorisch zusammengesetzten Lebensgeschichte wie eigene Akte nachzuempfinden und schließlich phänomenal – in der wechselseitigen Beobachtung – einen gemeinsamen Handlungsraum herauszubilden.[95]

Aber damit ist noch immer nicht ausgeschlossen, dass es nicht doch in fernerer Zukunft einem informationstechnischen System in der körperlichen Gestalt eines mehr oder weniger humanoiden Roboters gelingen könnte, trotz seines artifiziellen Ursprungs als lebendig, ja sogar als menschenähnlich zu gelten, weil Menschen seine Akte wie eigene Handlungen nachvollziehen können und weil

92 Freilich ist die Versuchung groß, auch lebendige Körper wieder ausschließlich computational zu beschreiben; vgl. etwa *Bray*, Wetware: The Computer in Every Living Cell, 2009.

93 *Gallese*, Embodied simulation: From neurons to phenomenal experience, in: Phenomenology and the Cognitive Sciences 4 (2005), S. 23 ff.

94 Dazu, insbesondere zur Rolle der Spiegelneurone, *Rizzolatti/Sinigaglia*, Empathie und Spiegelneurone. Die biologische Basis des Mitgefühls, 2008, S. 91 ff.

95 Eingehend hierzu *Gruber*, Normen der Empathie – zur Einfühlung, in: *Gruber/Häußler* (Hrsg.): Normen der Empathie, 2012 (im Erscheinen); zur räumlich-zeitlichen Verankerung des Leibes und der darauf basierenden Möglichkeit der Wahrnehmung eines Anderen siehe vor allem *Merleau-Ponty*, Phänomenologie der Wahrnehmung, 6. Aufl., 1966 (Nachdruck 1974), S. 169 ff. und 397 ff.

sie es mitfühlend als Wesen mit ähnlichen Erfahrungen, Empfindungen und Verletzbarkeiten wahrnehmen, kurz: weil Menschen sich ihm verbunden, verwandt, nahe fühlen. Das allerdings wäre der Anfang einer neuen Form von Rechtssubjektivität.

Über die Autoren

Dr. Susanne Beck, LL.M. (LSE)

Studium der Rechtswissenschaften an der Universität Würzburg (1996–2000). Referendariat in Schweinfurt, Würzburg und Sydney, Australien (2001–2003). Promotion zum Thema „Stammzellforschung und Strafrecht – zugleich eine Bewertung der Verwendung von Strafrecht in der Biotechnologie" am Graduiertenkolleg Bioethik, IZEW Tübingen (Betreuer: Prof. Dr. Dr. Eric Hilgendorf, Universität Würzburg, 2003–2006). Wissenschaftliche Hilfskraft am Lehrstuhl für Strafrecht, Strafprozessrecht, Rechtstheorie, Informationsrecht und Rechtsinformatik, Würzburg (2003–2008). Masterstudium an der London School of Economics mit dem Schwerpunkt „Theory of Comparative Law" (2006/2007). Tätigkeit als Assistant Professor im Bereich „Hong Kong Business Law" am United International College in Zhuhai, China (2007/2008). Wiss. Mitarbeiterin am Lehrstuhl für Strafrecht, Strafprozessrecht, Rechtstheorie, Informationsrecht und Rechtsinformatik, Universität Würzburg (seit 2008). Forschungsinteressen: Medizin- und Biostrafrecht; Strafrecht und moderne Technologien; Wirtschaftsstrafrecht; Rechtsvergleichung; Rechtsphilosophie.

Dr. Beatrice Brunhöber

Studium der Rechtswissenschaften und Fremdsprachliches Rechtsstudium (Britisches/US-amerikanisches Recht) an der Humboldt-Universität zu Berlin (1995–2001); Mitarbeiterin im Wissenschaftlichen Dienst des Deutschen Bundestages (2001–2002); wissenschaftliche Mitarbeiterin am Lehrstuhl für Strafrecht, Strafprozessrecht und Rechtsphilosophie von Prof. Dr. Bohnert an der Freien Universität Berlin (2002-2007); Visiting Scholar an der George Washington University in Washington, D.C. (USA) mit DAAD-Stipendium (2005); Referendariat beim Kammergericht Berlin (2007–2009); Promotion zum Thema „Die Erfindung der demokratischen Repräsentation in den Federalist Papers" bei Prof. Dr. Hasso Hofmann (Buch des Jahres 2010); wissenschaftliche Mitarbeiterin am Lehrstuhl für Strafrecht, Strafprozessrecht und Rechtsphilosophie von Prof. Dr. Marxen (2009–2010) und seit September 2009 am Lehrstuhl für Strafrecht, Strafprozessrecht, Rechtsphilosophie und Rechtsvergleichung von Prof. Dr. Hörnle an der Humboldt-Universität zu Berlin. Forschungsschwerpunkte: Medizinstrafrecht, Strafprozessrecht mit seinen europäischen Bezügen, Rechtsphilosophie, Rechtsvergleichung.

Dr. Malte Gruber

Studium der Rechtswissenschaft und der Philosophie an den Universitäten Frankfurt am Main und Mainz. Referendariat in Frankfurt und Speyer. Rechtsanwalt mit zivilrechtlichen und immobilienrechtlichen Tätigkeitsschwerpunkten (2001–2010). Promotion zum Thema „Rechtsschutz für nichtmenschliches Leben. Der moralische Status des Lebendigen und seine Implementierung in Tierschutz-, Naturschutz- und Umweltrecht“ am Institut für Kriminalwissenschaften und Rechtsphilosophie der Universität Frankfurt (Betreuer: Prof. Dr. Dr. h.c. Ulfrid Neumann, 2002–2005). Wissenschaftlicher Mitarbeiter am Frankfurter Institut für Wirtschaftsrecht, Lehrstuhl Prof. Dr. Dr. h.c. mult. Gunther Teubner (2006–2010). Akademischer Rat a. Z. am Fachbereich Rechtswissenschaft der Goethe-Universität Frankfurt am Main (seit 2010). Forschungsinteressen: Privatrecht, Rechtstheorie, Rechtsphilosophie sowie Natur-, Bio- und Neuroethik.

Prof. Dr. Dr. Eric Hilgendorf

Studium der Philosophie, Neueren Geschichte und Rechtswissenschaft in Tübingen. Abschluss der Fächer Philosophie und Geschichte mit einer Magisterarbeit zur "Entwicklungsgeschichte der parlamentarischen Redefreiheit in Deutschland". Promotion zum Doktor der Philosophie mit einer Arbeit über "Argumentation in der Jurisprudenz", Juristische Promotion mit einer Untersuchung über die "Strafrechtliche Produzentenhaftung in der Risikogesellschaft", ausgezeichnet mit dem Preis der Reinhold und Maria-Teufel-Stiftung. 1996 Habilitation für die Fächer Strafrecht, Strafprozessrecht und Rechtsphilosophie mit der Publikation "Zur Abgrenzung von Tatsachenaussagen und Werturteilen im Strafrecht". Seit Sommersemester 1997 Professor für Strafrecht und Nebengebiete in Konstanz. Ab Wintersemester 1998/99 Prodekan und Studiendekan, ab Wintersemester 1999/2000 Dekan in Konstanz. Seit Sommersemester 2001 Inhaber des Lehrstuhls für Strafrecht, Strafprozeßrecht, Rechtstheorie, Informationsrecht und Rechtsinformatik an der Universität Würzburg. Seit Wintersemester 2010/11 Dekan in Würzburg. Forschungsinteressen: Medizin- und Biostrafrecht; Bioethik; Medienstrafrecht, insbesondere Computer- und Internetstrafrecht; Strafrechtlicher Ehrschutz; Europäisches Strafrecht; Geschichte des Rechts und Rechtsphilosophie.

Dr. Christian Neuhäuser

Studium der Philosophie, Soziologie, Politikwissenschaft und Sinologie in Göttingen, Berlin und Hongkong, Promotion in Potsdam (2006–2010), von 2009 bis 2010 Wissenschaftlicher Mitarbeiter am Institut für Philosophie in Potsdam, seit 2011 Akademischer Rat (a. Z.) am Institut für Philosophie der Ruhr-Universität Bochum. Forschungsgebiete sind: Wirtschaftsethik, Menschenrechte und -würde, Umweltethik, kollektives und korporatives Handeln, Demokratietheorien und Methodik der Angewandten Ethik und Sozialphilosophie. Wichtige Publikationen sind: „Unternehmen als moralische Akteure", Suhrkamp 2011; „Humiliation, Degradation, Dehumanization: Human Dignity Violated", Springer 2010 (Hg. mit P. Kaufmann, H. Kuch, E. Webster); „Handbuch Angewandte Ethik", Metzler 2011 (Hg. mit R. Stoecker, M.-L. Raters).

Dr. Jan C. Schuhr

Studium der Rechtswissenschaften in Erlangen (1994–1999). Vordiplom in Mathematik (2002). Promotion zum Thema „Rechtsdogmatik als Wissenschaft – Rechtliche Theorien und Modelle" (2005), ausgezeichnet u.a. mit dem Staedtler-Promotionspreis 2005. Referendariat in Nürnberg und München (2003–2005). Ab 1999 wissenschaftlicher Mitarbeiter, ab 2006 wissenschaftlicher Assistent und seit Mitte 2006 Akademischer Rat a.Z. am Lehrstuhl für Strafrecht, Strafprozessrecht und Rechtsphilosophie der Universität Erlangen-Nürnberg bei Prof. Dr. Joachim Hruschka bzw. (seit 2004) Prof. Dr. Hans Kudlich. Seit 2005 zudem zugelassen und tätig als Rechtsanwalt. Forschungsinteressen: Wirtschafts-, Medizin- und Computerstrafrecht, allgemeine Deliktsstrukturen, Prinzipien des Strafverfahrens, Rechtsphilosophie und Rechtslogik.

PD Dr. Dr. Tade Spranger

Studium der Rechtswissenschaften in Bonn (1990–1995) Referendariat (1996–1998); Promotion zum Dr. iur. 1997 (2000 ausgezeichnet durch die Stiftung der dt. Städte, Gemeinden und Kreise zur Förderung der Kommunalwissenschaften in Verbindung mit der Carl und Anneliese Goerdeler-Stiftung); 1999 Wissenschaftlicher Mitarbeiter in einem Projekt zum internationalen Bio- und Gentechnikrecht; 2000–2004 Wissenschaftlicher Assistent und Habilitand am Institut für Öffentliches Recht (Abt. Verwaltungsrecht) der Universität Bonn; Promotion zum Dr. rer. pol. 2002; Aufenthalte am Instituto des Estudos Avançados und an der Faculdade de Direito da Universidade de São Paulo (2002) sowie an der

University of Technology Sydney (2004–2005; Feodor-Lynen-Stipendiat der Alexander von Humboldt-Stiftung); seit 2006 Leiter der BMBF-Gruppe „Normierung in den Modernen Lebenswissenschaften“ am Institut für Wissenschaft und Ethik, Bonn; 2008 Habilitation (Öffentliches Recht, Europarecht, Internationales Wirtschaftsrecht und Recht der Biotechnologie); Mitgliedschaften (u.a.): Ethik-Kommission der Medizinischen Fakultät, Universität Bonn, Arbeitsgemeinschaft „Internationale Dimensionen der Bioethik“ der Deutschen UNESCO-Kommission, DFG-Senatskommission für Grundsatzfragen der Genforschung, DFG-Arbeitsgemeinschaften „Biobanken“ und „Neuromodulation“.

Henning Wegmann

Dipl.-Jur., Studium der Rechtswissenschaften in Bonn, 1. Staatsexamen 2010; bis August 2011 Mitarbeiter in der BMBF-Gruppe „Normierung in den Modernen Lebenswissenschaften“ am Institut für Wissenschaft und Ethik; derzeit Promotion zum Thema „Die Bedeutung der Lebenswissenschaften im Sportrecht“ in Bonn; Juristischer Vorbereitungsdienst am Landgericht Bonn seit Oktober 2011; Forschungsschwerpunkte: Sportrecht, Zur rechtlichen Situation intersexueller Menschen nach deutschem Recht, Stammzellforschung, Arzneimittelrecht, Datenschutz.